電車で怒られた！

「社会の縮図」としての鉄道マナー史

田中大介

光文社新書

はじめに、あるいはdeparture：
穏やかな電車に編み込まれたマナー

「バッグがあたってんだよ！」――突然、耳元で怒声がはじけた。休日であったため、それほど電車は混んでいなかったが、子どもを前に抱えておりリュックを背負ったままだった。後方のリュックにも注意をしていたが、すこし触れていたのだろう。「しまったな」と思ったが、それと同時に「これくらいのことでそんな風にいわなくても……」という反感もなかったわけではない。すぐにリュックを持ちかえてその場はすんだが、自分が悪いとはいえ、なにか割り切れない気持ちが降車駅まで続くことになる。

それほどのことはなくとも、何年かに一度――ときにいいがかりのように思えることもあるが――睨《にら》まれたり、舌打ちをされたりしたこともあったように記憶している。私がだいぶぼんやりしているせいもあるが、大都市で電車通勤をしている読者の方にも経験があるのではないだろうか。逆に怒りや苛立《いらだ》ちを抱いた人もすくなくないかもしれない。新型コロナ禍以降、マスクの着用を含めて、さらに他者のふるまいに神経質になった人もいるだろう。

とはいえ、一般的に日本の車内は静かで、安全とされる。たしかに周りをみてみれば、多くの人がモバイルメディアなどに目を落としている。読書、勉強、漫画、動画、ゲーム、親しい人との交流、あるいは仕事の連絡かもしれない。目をつぶっている人もいれば、あきらかにぐっすりと眠っている人もいる。ニューヨークの地下鉄であればもっと緊張感があるし、居眠りは避けたほうが賢明だろう。たとえば、在ニューヨーク日本国総領事館のＨＰには、地下鉄ではイヤホンを外し、携帯電話に集中しすぎず、周囲を警戒するようにという注意が掲載されている。そう考えれば、ラッシュアワーでなければ、日本の電車はおおむね穏やかな空間であり、乗客たちも思い思いの時間をつかのま過ごしているようにみえる。

そんなとき個人的に思い出すのは、映画『千と千尋の神隠し』に出てくる電車のシーンである。自分のアイデンティティがゆらいでいる主人公はすこし不安そうで、周囲は半透明でグレーな幽霊的な存在として描かれている。互いに無関心を装っていることを表しているようにもみえる。だからこそ、どんなに人が近くにいても他人として放っておきながら、自分に集中することもできる。何者にもならなくてもよい、誰でもない存在でいれば、アイデンティティの社会的な重みからも解放される——静かな電車のシーンには、移動という中間領域におけるそんな不安と気楽さを感じることができる。私が電車のなかでぼんやりできるのも、そうした感覚を前提としているからだろう。

　けれども、冒頭のような出来事が発生すると、そんなまどろみはふいに打ち破られる。いつもとても静かなだけに、ちょっとしたことでもトラブルがおきると、余計にびっくりしてしまうということもあるだろう。そう考えると、電車の穏やかな——こういってよければ——やや弛緩《しかん》したようなのんきな空気は、ふだんはあまり意識しないような、ある条件のもとで維持されているものであることがわかる。そして、すこしその条件を踏み外すと、突如《とつじょ》として電車のなかは不機嫌な面持ちとなる。マナーという「縛り」が姿を現すのはそんな瞬間だろう。

「なんて行儀の悪さだ」、「あのふるまい、迷惑だな」、「なんであんなに怒るのか」、「もっと言い方があるだろう」……etc.。たとえば周りに聞いてみると、ショートメールの着信時に短い音が何回か鳴ったとき「音切れば?」と強めにいわれたとか、座席の前に立っていたら「つま先があたってるんだけど!」と座っている人にすごまれたとか、逆に混んでいる車内で本を広げている人を肘で押した、などなど。ときに大事になることもあるけれど、多くの場合、ひとつひとつは些細《ささい》なことであり、そうした出来事もまれにおきるにすぎない。にもかかわらず、私たちはなぜ電車のなかのちょっとしたことでイライラしてしまうのだろうか。逆の立場からいえば、私たちはなぜこんなにも人をイラつかせてしまうのだろうか。

一定の時間、大量の他者たちと狭い空間に閉じ込められれば、ストレスやフラストレーションもたまる。混雑した電車がもたらすリスクやコストとどのように付き合っていくか。大都市で電車通勤をしている人びとは、日々、そうしたことに向き合っている。とくに日本の大都市圏の通勤時間は世界的にみてかなり長いことで知られている。もちろん、大きくみれば、こうしたことは日本社会における都市構造と交通体系の問題だろう。しかし、そのような大きなシステムは急に変更できそうもない。電車通勤をやめるといっても、仕事や住居、収入や資産の都合で難しいことも多い。ままならぬ都市生活の都合によって選択された電車通勤——その苛立ちは、気の毒にも鉄道員がやり玉にあがることもあれば、身近な乗客のマナーに向けられることもある。穏やかな電車の風景にはりめぐらされているマナーという目にみえない気遣いの網の目。電車のなかで怒って、怒られて——本書ではそんな交通空間のコミュニケーションの歴史と現在を通して、現代日本における都市構造やその変容を考察してみたい。

近年、Road Rageという粗暴な行為やあおり運転が話題になるように、自動車移動においても、こうした苛立ちや感情的な爆発は存在する。ただし自動車の場合、強力な動力機関をもつ車両をみずから操作することになる。そのため、そうした感情の起伏は運転者自身に大きなリスクやダメージを与えることになりかねない。一方で、車室はパーソナルスペースとして確保されており、運転手同士の距離は隔たっている。他の自動車とトラブルがおきて、相手と直接やりとりする場合、しかるべき場所に停車し、車内から出て近付かなければならないだろう。それだけでもだいぶ手間がかかるし、安全確保を怠れば事故のリスクも高くなる。だからこそ、大きな社会問題にもなる。

このように自動車のリスクとダメージの発生は、運転者の技量にゆだねられる部分が大きい。そのため、自動車運転には厳格な制度と資格が設定されている。私たちは自動車を運転するために教習を受け、試験を通過し、免許を取得しなければならない。そのうえで道路交通法に則った運転が義務付けられ、違反には罰則が科されている。自分でそのスピードを操作できる自由さやパーソナルスペースの開放感はあるものの、運転の責任は軽くない。

一方で、電車は運賃さえ払えば、基本的にはどんな人でも乗車できる。電車に乗るために免許・資格は必要ないし、運転は運転手に任されているから、身を任せて気楽な時間を過ごすことができる。その一方で、他者への気配りも欠かせない。実際、子どもから高齢者までさまざまな人びとが乗車しており、車内ではお互いのふるまいの機微《きび》も目に入りやすい。コミュニケーションも——あえてとろうと思えばだが——すぐにとれる距離にある。「公共交通」と表現されるように、そこは多様な人びとが直接的に対面する空間なのである。そのため、パブリックスペースにおけるコミュニケーションの仕方をなんとなく覚えていかなければならない。その意味で車内の秩序維持は、罰則をともなう法律よりも、マナーという規範に頼っている部分が大きい。ただし、マナーは変化することもあるし、その理解にばらつきがでてくることもある。冒頭のようなモヤモヤ、イライラが発生しやすく、大小さまざまないざこざやもめごとにつながりやすいのは、そのためでもある。

たとえば、冒頭で私が怒られたように、近年の電車内ではリュックの前抱えのマナーが定着している。このマナーの広がりは、個別的な違和感が他者と共有され、事業者によって公式化し、規範として定着するプロセスをよく表している。

20世紀後半にも荷物の持ち方に注意し、網棚にのせるよう指示する営団地下鉄（現・東京メトロ）のマナーポスターは存在していたが、問題はショルダーバッグであった。しかし、１９９８年になると、「腹立たしい〝リュック災害〟」という記事が出ている（『ダカーポ』１９９８年８月19日）。２０００年に実施された日本民営鉄道協会による第１回「駅と電車内の迷惑行為ランキング」では、荷物の持ち方・置き方は第３位となっており、そのなかに「リュックは邪魔なので前にかかえるか、網棚にのせてほしい」という意見がある。ただし、２０００年代を通じて、荷物に関する順位は次第に下がっていった。しかし、通勤スタイルのカジュアル化もあり、２０１６年になるとふたたび４位に上がり、２０１８年には１位となる。なかでも「背中や肩のリュックサック・ショルダーバッグ等」を迷惑と思う人が66・２％に上り、急激にマナーとして意識されていったことがわかる。リュックの扱いが東京メトロのマナーポスターに現れたのは２０１３年８月で、前抱えを推奨する表現になったのは２０１５年８月からであるから、そうしたキャンペーンの結果ともいえるだろう。

このように、１９９０年代後半以降、混雑時のリュックが「迷惑」なものとして認識され、２０００年代以降、リュックの前抱えのマナーが現れはじめ、２０１０年代になってそうしたマナーが推奨されるようになったと考えられる。したがって、リュックの前抱えは、通勤・通学時にリュックを使う人びとが増えたことにより現れ、定着した比較的新しいマナーといえるだろう。ただし、その後の東京メトロのポスターでは、前抱えというよりも、状況ごとに変化する持ち物のポジショニング一般に注意を促しており、網棚に置くことを推奨している。このように電車内におけるリュックのマナー上の位置はなかなか安定しない。しかし、その分、状況ごとに細やかに気にする必要があるものになっており、それゆえ互いのモヤモヤ、イライラの原因になりやすい。

　このような電車のなかの数々の不満や憤りは、その裏返しとして「本来ならこうすべきなのに」といった規範意識が存在していることを示している。そして、そうした苛立ちがくりかえされ、不満がたまっていくことによって「あるべき規範」が失われたと感じ、「最近、電車のマナーが悪くなった」と考える人もいるだろう。

　そこでもうひとつ注目したいのは、電車のマナーに関わる言説からみえる「日本社会」像である。とくに「あるべき規範」を前提とするマナーは、その時代ごとの「あるべき社会」像を表現している。「個人的なもの」にすぎない電車のなかの些細なモヤモヤ・イライラだが、それは「社会的なもの」という大きな広がりのなかで発生している。より正確にいえば、鉄道マナーに関するこまごまとした出来事は、なぜか「日本社会は劣化した」等の大きな語りをよびこみやすい。だとすれば、そこで参照される「あるべき社会」とはどのようなものなのだろうか。

本書では、20世紀前半から21世紀にかけての日本社会において、具体的にどのような鉄道の規範――現在では「マナー」とよばれることが多いもの――が掲げられ、どのように「社会」に結び付けられてきたかについて分析する。これらの分析を通して、日本の大都市に生活する人びとがどのような公共交通の秩序を作り出し、そこで生きているのかを考えたい。それは日本の都市社会における自画像の系譜と現在を示すことにもなるだろう。

第1章では、「社会の縮図」としての近代交通、日本の大都市の特徴、電車通勤の規範に関する社会学的な視点を整理しておきたい。ただし、この章はややかたくるしい内容になるため、飛ばしていただいてもかまわない。

第2章では、鉄道における「規範の劣化」言説の歴史と現在を確認しながら、それをどのように評価できるかを鉄道治安や規範意識の視点から考察する。「規範の劣化」は事実とはいえないにもかかわらず、なぜずっとくりかえされてきたのかが問題となるだろう。

第3章では、20世紀前半から半ばにかけて「交通道徳」や「エチケット」とよばれた鉄道の規範の内容と意味、およびそこで前提とされていた「社会」像がどのようなものであったのかを明らかにしたい。ここでは現在とは異なる「社会の縮図」像があったことを示すことになる。

第4章では、20世紀後半に定着した「マナー」とよばれる鉄道の規範の内容と意味が、それ以前のものとどのように異なり、どのような「社会」像の変化をともなっていたかを確認する。とくにマナー論争が勃発することによってマナー感度が高まっていく様子を描いていく。

第5章では、20世紀末から21世紀にかけての公共交通における秩序維持の現代的変容がいかなるものであったか考えたい。第1章・第2章は社会学的な視点・論点の整理で、第3章・第4章は時系列的な記述をともなう歴史社会学だが、この章は、それらをふまえて主題別に論じる現代社会論となる。とくにジェンダー秩序の変容や情報社会化によって車内空間がどのように再編成されていったかを考察する。

「おわりに」では、日本社会における公共交通の秩序維持と公共交通の国際比較を展望することでまとめとしたい。

鉄道空間における規範の在り方と語られ方の歴史と現在を知りたい方は、やや内容の硬い第1章・第2章はとばして、第3章〜第5章を読み進めていただきたい。

目次

図表作成　マーリンクレイン

第１章
「社会の縮図」としての鉄道

1・1　「社会の縮図」としての鉄道

鉄道はいかなる意味で「社会の縮図」なのか

「鉄道の車内は社会の縮図である」――しばしばこのようにいわれてきた。世のなか、世間、世界、人生ということばになることもある。本書でも何度も参照するように、こうしたいいまわしは戦前から書籍や新聞・雑誌などでくりかえされ、現在もインターネット上でみることができる。

では「社会の縮図」をどのようなことばとしてとらえることができるだろうか。それは、鉄道が「社会の縮図」のような時と場であるという「実態のレベル」と、鉄道を「社会の縮図」として語ることでなんらかの規範的な効果が期待される「言説のレベル」でおおまかにわけることができる。この1・1では前者について整理し、後者については1・3で考えることにしたい。

「社会の縮図」といえるのは交通の場だけではない。家族、学校、地域、企業その他の集団・組織や場所・空間を「縮図」としてとらえ、それをもとに「社会」全体を語ることもあるだろう。またそれらを横断して作用する経済、法律、政治、宗教、科学といった制度・機能的な部分領域を通して「社会」を語ることもできる。そもそも社会は鉄道のみでなりたっているわけではないし、人びとは狭い空間に、限られた時間乗っているにすぎない。つまり、社会生活のなかのごく一部にすぎない時と場であるはずだ。にもかかわらず、そこに「社会」を感じるのはなぜなのだろうか。また、公共交通にはバス、船舶、飛行機など多くのものが存在するにもかかわらず、日本社会において鉄道がその固有の意味において「社会の縮図」であるとはどのようなことなのだろうか。

まず、鉄道の車内では「見知らぬ他者」としばらく共にいるという点が重要だろう。とくに満員電車のように大量の見ず知らずの人びとと密接しながらじっとしているという状況は、他の社会的な場と比べるとかなり特異だろう。

家族・地域などのコミュニティであれば生活を通じて親密な関係が形作られる。役所・会社のような公式組織では契約上の関係が成立する。趣味的なサークルや社会活動的なアソシエーションであれば、人びとが興味・関心を共有し続ける限りにおいて関係は継続するだろう。つまり、コミュニティ、公式組織、サークル、アソシエーションなどの場合、持続的な関係やメンバーシップの形成が予期できる。

しかし、公共交通の人間関係は、多くの場合、偶然乗り合わせたにすぎず、その場限りの関係でしかないし、さまざまな目的をもった多様な属性の人びとが含まれている。見知らぬ多様な人びとが限られた時間、狭い空間に「共に在る」というだけの匿名《とくめい》的な関係——逆にいえば、初めて会うような互いに素性の知れぬ他者とその場限りではあっても、つかのまの関係を作らざるをえない。大量の他者と出会い、短い時間ながら、狭い空間で共存する経験——これが、多様な集団・組織とそれらを横断的に含んだ大量の人びとで構成されている「社会」という広がりを感じさせるのではないだろうか。

そうした「他者の共在」を作り出しているのは、鉄道という近代的なテクノロジーのスピードである。民俗学者の柳田國男がかつて「縮地の術」（『秋風帖』初版は１９３２年。『柳田國男全集２』ちくま文庫、１９８９年収録）と述べ、地理学者のＤ・ハーヴェイが「時間と空間の圧縮」（『ポストモダニティの条件』吉原直樹監訳・和泉浩・大塚彩美訳、ちくま学芸文庫、２０２２年、原著は１９８９年）と理論化したように、鉄道はそれがなければ容易にたどりつけない広い範囲を結び付ける。その結果、さまざまな地域の人びとが狭い車内に同乗することになる。また、鉄道のスピードとルートは、それまで「行けなかった範囲」を——実際に行かないにせよ——「行ける範囲」として認識させる。そうすれば、目の前にいない他者や行ったことがない地域との想像上のつながりを得ることもできるだろう。人類学者のＢ・アンダーソンによれば、19世紀以降の活版出版による情報の共有と鉄道交通による移動範囲の拡大によって、広範囲の見ず知らずの人びととの一体感、すなわち「想像の共同体」（『定本　想像の共同体』白石隆・白石さや訳、書籍工房早山、２００７年、原著は２００６年）としての国民国家が現れたという。鉄道は、対面の他者や目前の空間を越えた関係や範囲とのつながり――すなわち広域的な「社会」を形作る媒体＝メディアとしても作用しているのである。

このように多様で多数の匿名的他者と対面で出会い、広域の空間のつながりを作り出すがゆえに、交通空間はとりわけ「社会の縮図」を感じさせるのではないか。だからこそ、「電車内の些細な出来事」を「社会全体の問題」として語らせてしまうのかもしれない。

一方で、広い範囲に住む大量の見知らぬ他人同士が、通勤・通学などの日常的手段として鉄道を利用するとどうなるだろうか。それぞれが勝手な動きをすれば、安定した運行を保つことは難しく、遅延・事故につながる混乱に陥るかもしれない。そのため、大量の人びとが共通の時刻表をもとに、同じようなテンポでリズムよく乗降する必要がある。19世紀末の社会学者であるＧ・ジンメルは、近代の大都市を「時計」、「時間割」によって正確さが求められる時間の秩序（「大都市と精神生活」原著１９０３年。『都市社会学セレクション』松本康訳、日本評論社、２０１１年収録）として構成されていると述べた。数十秒、数分単位で緊密なダイアグラムが組まれている都市鉄道であればなおさらだろう。英国の鉄道がグリニッジ天文台の平均時を標準時として用いたことはよく知られているが、鉄道網が広がっていった結果、各地でバラバラであったローカルな時間は、広い地域で共通するユニバーサルな時刻となった。鉄道は、標準時をもとにした均質な時間的経験を形作り、各地域に広がった他人同士のふるまいを――見ず知らずの関係のまま――同期し、後続させるのである。これらのことは、社会学では近代社会における「脱‐埋め込み」(disembedding) というプロセスとして理解されている（アンソニー・ギデンズ『近代とはいかなる時代か？』松尾精文・小幡正敏訳、而立書房、１９９３年、原著は１９９０年）。

鉄道は、広域に存在する見知らぬ他者たちを局所の空間に共在させ、共通の時間を通じて連携させる。このような「対面する他者同士という関係」と「対面的な時と場を越えた広がりとつながり」という二つの意味において、鉄道はくりかえし「社会の縮図」として言及されてきたのではないか。そうであるがゆえに19世紀以降、鉄道は先進諸国における大都市や国民国家の形成において重要な役割を果たしてきた。

１・２　通勤の基本構造と鉄道都市・東京

通勤の誕生とそのコミュニケーションの基本構造

近代社会において産業化が進むと、企業組織に所属し、給与を得て生活する労働者が多く現れる。このとき、生産手段をもたない労働者たちは、生産手段が所在する会社・工場に通うようになる。そのため、こうした人びとの「住む場所」と「働く場所」は、空間的・機能的に分離したものになる。さらに人口集中によって都市化や郊外化が展開すると、この「職住分離」はさらに進み、そのあいだをつなぐ移動は長距離化・長時間化するだろう。

たとえば、社会学者の磯村英一は、近代社会の都市空間を、住居のような「第一空間」、職場のような「第二空間」、繁華街・交通のような「第三空間」という三つの空間の分化と拡大としてとらえている（『都市社会学研究』有斐閣、１９５９年）。つまり近代的な都市化とは、住む場所、働く場所、遊ぶ場所が離れ、それを「通勤」などの移動がつないでいくプロセスなのである。

このような「通勤」は、鉄道の拡大にともない、19世紀以降のイギリスの都市部で誕生したといわれる。郊外居住にともなう鉄道移動は、最初は裕福な層のものだったが、次第に中産階級、そして労働者階級にも広がる。都市化の進展や鉄道技術の伝播《でんぱ》はアメリカやヨーロッパの諸都市、さらに非ヨーロッパ圏にも及んだ。「かつては恵まれたごく少数の人々の営みだった通勤は、いまや先進国でも途上国でも、多くの人の普通の日課となった。実際、二十世紀の大半で、通勤は移動の自由と経済成長のバロメーターだった」（イアン・ゲートリー『通勤の社会史』黒川由美訳、太田出版、２０１６年、原著は２０１４年：１７８頁）。

こうして大規模な日常的な移動現象——ラッシュアワーの通勤は、「ホワイトカラー」や「オフィスワーカー」とよばれる新しい中間層が都市部で増大するなかで誕生し、拡大していった。逆にいえば、旧中間層・都市下層が周縁化されやすく、資本家・都市上層等が回避できなくもないのが、ラッシュアワーの通勤といえるだろう。公共交通による通勤ラッシュは、都市のミドルクラスの人びとに特徴的な生活様式として広がっていくことになる。ある意味では、公共交通がミドルクラスらしいふるまいを作りあげていった側面もある。

たとえば、先のジンメルによれば、近代以降の大都市では「公的な輸送手段」の発達によって、聴覚よりも視覚のコミュニケーションが優越しているという。

19世紀のバスと鉄道と市電の発達以前には人びとはけっして数分間から数時間もたがいに語り合うこともなく、たがいに眺めあうことができたり、あるいはそうしなければならないといった状態にはなかった（ゲオルク・ジンメル『社会学　上巻』居安正訳、白水社、１９９４年、原著は１９０８年：２５２頁）。

公共交通において、騒がない、静寂を保つというマナーは定番のものである。ヘッドホンの音漏れを不快に思う人もすくなくないように、ちょっとした聴覚刺激の抑制も推奨されている。また、隣席の見知らぬ人から急に声をかけられるようなことがあれば、面食らう人もすくなくないだろう。他人同士として距離をとることが重視されるため、視覚を通じた間接的なコミュニケーションが推奨されており、声をかけることはイレギュラーな事態と考えられているためだ。

たまたま乗り合わせた大量の人びとが、そのつど、知り合いになることは現実的ではない。また、匿名性の高い大都市においては、近接・密着する人がどのような人なのかはわからない。だからこそ、他人同士としてきちんと距離をとること――つまり精神的・物理的な距離を作りだす必要がある。たとえば、都市の公共空間において「すぐ近くにいるが、関わり合わない」、「見えているが、あまり見ない」、「近くにいるが、気にしない」といった態度を人びとがとることがある。社会学者のＥ・ゴッフマンは、これを「儀礼的無関心」（『集まりの構造』丸木恵祐・本名信行訳、誠信書房、１９８０年、原著は１９６３年：93-94頁）とよんだ。ただの「無関心」や「無視」と異なるのは、相手を認知しつつ、適切な距離を取り、過度に踏み込まない態度がマナーとして尊重されているためだ。戦前の日本の鉄道においても、電車の席が端から順に埋まって、混んでくるにしたがって乗客間の距離が縮まっていくことが観察されている。これも他人同士として距離をとったコミュニケーションのひとつといえるだろう。

　また、そうした状況で人びとの距離が不意に縮まることを避けるための工夫もある。ゴッフマンはそれを「関与シールド」（Ｅ・ゴッフマン『集まりの構造』：43頁）とよぶ。たとえば、本やスマートフォンに目を落とし、吊り広告や車内ディスプレイを見上げていれば、周りをじろじろ見たり、不意に目があったりすることを避けることができる。密着状況にあっても心理的な距離をとることもできるだろう。逆に、そうした他人同士としての儀礼的な距離をふまえない接触や感覚刺激は、逸脱行為とみなされる。

　たとえば、２０２３年度の「駅と電車内の迷惑行為ランキング」では、１位：座席の座り方（詰めない・足を伸ばす等）、４位：騒々しい会話・はしゃぎまわり、５位：荷物の持ち方・置き方、7位：強い香り（香水・洗剤・柔軟剤・化粧品等）、14位：混雑した車内での飲食、などとなっている。これらはおおよそ定番の迷惑行為であるが、都市鉄道での飲食が歓迎されないのは、近接する人の味覚・嗅覚を無遠慮に刺激するためでもあるだろう。

このように大都市の公共交通においては、五感（視覚・聴覚・触覚・味覚・嗅覚）のうち視覚にコミュニケーションの余地が大きく残される。そのため、駅構内・電車内には標識・広告のような視覚的情報があふれており、通勤読書も定着している。現在、紙媒体の情報はスマートフォンなどのモバイルメディアやデジタルディスプレイにとってかわられている。しかし、視覚以外の感覚への刺激はかわらず抑制されており、通勤電車における視覚情報への需要はいまだ旺盛である。もちろん駅や車内の音声アナウンスは、交通空間における聴覚情報としてきわめて重要である。ただし、「通勤電車の拡声器公害」（『朝日新聞』１９８８年１月23日）などといわれ、耳障りなものとして何度も批判されてきた歴史があり、鉄道における音の扱いには慎重さが必要となる。このように、近代都市における公共交通の車内秩序は、視覚以外の感覚を抑制した、視覚を中心としたコミュニケーションの空間となっている（車内のコミュニケーションを題材にした社会学的議論の整理については浜日出夫「親密性と公共性」〈長谷川公一ほか編著『社会学　新版』有斐閣、２０１９年〉に詳しい）。

さきほど参照した磯村英一は、「第三空間」を二つに区別している。繁華街のような空間は、人間が個性を発揮し、交流が活発化する「積極的第三空間」である。その一方で、交通空間は非人間的な疎外を受け、交流が不活性化する「消極的第三空間」であるという。繁華街では人びとの交流は促進され、活動的になるが、公共交通では交流が抑制され、静寂がもとめられる。「視覚偏重」、「儀礼的無関心」、「関与シールド」などの間接的なコミュニケーションは、第三空間を消極化する技法ということができるだろう。

ただし、この積極的・消極的という区別は、固定的なものではない。歴史的・制度的な分化と交錯のプロセスのなかにあると考えたほうがいい。たとえば、長距離鉄道のなかで宴会のような状態になることもあれば、通勤電車で暴動が発生したこともある。交通の空間だからといって、つねに「消極的第三空間」であるわけではない。特定の時間と空間を第三空間として積極化したり（たとえば祭礼やイベントを開催し、そのための環境を整備する）、消極化したり（たとえば他人同士として控えめにふるまうようなルールやマナーを整備し、空間を管理する）する制度や実践がさまざまに存在している。このように、匿名的な人びとが大量にあつまる第三空間のひとつである鉄道空間が、「積極化」したり、「消極化」したりするせめぎあいの歴史と現在――それが本書の視点である。

とはいえ、「通勤」における宴会や暴動は、普通、望ましいとはされていない。したがって、視覚以外の感覚を刺激しすぎず、視覚を中心にして間接的にコミュニケーションすることで他人同士として距離をとって効率的に移動すること――これが大都市の公共交通における規範の基本構造、あるいはコミュニケーションのパターンであるとひとまずはいうことができるだろう。もちろん、必要な場合には積極的関与がもとめられることもあるが、そうしたふるまいは、どちらかといえば応用問題になる。その場合、「匿名的存在」として規範を適用するのではなく、配慮が必要な人という社会的特性を織り込んだ「変形ルール」を適用して対応することになる（「変形ルール」についてはＥ・ゴッフマン『出会い』佐藤毅・折橋徹彦訳、誠信書房、１９８５年、原著は１９６１年を参照）。

いずれにしても、大量の人びとを他人同士として抑制的にふるまわせ、効率的な移動を確保する――大都市の時間的・空間的な広がりは、そのようにして維持されている。そのため、「通勤」が共通の現象になった近代社会の公共交通のコミュニケーションには似たところがある。

ただし、先のジンメル、ゴッフマンなどの社会学者の議論は、現在の日本社会においても腑に落ちやすいが、普遍的理論として扱えば論点先取になる。第３章以降で詳述するように、日本社会の鉄道規範は日本特有の秩序理解や言説編成を通して表現されている。とくにこれらの言説は、鉄道を「社会の縮図」とする際に「欧米的なもの」と「日本的なもの」を対照化させて議論することがしばしばある。そのため、右記の公共交通における規範の基本構造は、戦前から現代にかけて徐々に形成されてきたものと考えたほうがいいだろう。鉄道という近代的なテクノロジーやシステムを導入するなかで現れた大量の人びとの匿名的・近接的な関係にどのように対応すべきか――そのとき日本社会は、右記の社会学が依拠するような欧米的な言説を参照し、それを独特のかたちで変形し、適用してきた。

たとえば、現代日本の都市交通の静かさや人びとの抑制されたふるまい、あるいは満員電車での忍耐強さは、海外から称賛されることもあれば、奇妙なものとして皮肉交じりに批判されることもめずらしくない。さらに、そうした海外の視点で語られた「奇妙さ」が日本社会において参照され、公共交通のふるまいの理解に影響を与えることもある。このように、ときに特殊とされる交通文化が指摘されやすい理由のひとつには、日本の大都市の生活が鉄道の運行に依存していることが挙げられるだろう。

「鉄道都市・東京」、あるいは「鉄道大国・日本」

日本の大都市は、鉄道システムを基礎にして都市構造や都市生活が組み立てられている。街は駅をコアとして形作られることが多く、都市は路線のネットワークとして広がり、日常生活は鉄道の定時運行を前提にして組み立てられる。たとえば、日本の大都市の不動産は「駅から何分」「都心まで何分」という時間的な距離で評価されることが多い。駅を中心にして街が構成され、多くの人びとが電車通勤をしていることを前提としているためだろう。一方、定時運行がうまく働かなければ、学校・職場に行けない、家に帰れない、待ち人に会えない、予定が狂うといった事態になりかねない。「時間の秩序」として構成された近代都市だが、日本では鉄道の定時運行がそのかなめを担っているのである。

一方、ロンドンやニューヨークなどの先進国の大都市では、自家用車を中心とするモータリゼーションが進んでいる。２００１年時点では、ニューヨーク都市圏における交通手段の利用割合は自動車75%・公共交通９%であり、「自動車都市」となっていることがわかる。グレーター・ロンドンでは自動車49%・公共交通16%、パリ都市圏では自動車44%・公共交通17%である。東京都市圏の自動車32%・公共交通31%と比べると、自動車の利用率が非常に高いことがわかるだろう（矢島隆「比類なきトランジット・メトロポリス東京」〈家田仁ほか編著

『鉄道が創りあげた世界都市・東京』計量計画研究所、2014年：20頁〉)。2008年までのパーソントリップ調査でも東京への通勤圏の鉄道分担率が大きく、通勤圏を中心に2000年代以降も増加しているが、自動車分担率は減少している（清水哲夫「東京都市圏の交通計画」〈『地学雑誌』123巻4号、2014年：542–555頁〉)。モータリゼーション以降も鉄道が都市構造の中心であるように、東京などの日本の大都市は「鉄道都市」であるといえよう。

日本の大都市が「鉄道都市」として歴史的に形成されてきた背景には、私鉄による「郊外開発と郊外鉄道の計画的・一体的整備」（矢島隆「比類無きトランジット・メトロポリス東京」：41頁）がある。関西では箕面《みのお》有馬電気軌道（現・阪急）の小林一三が先鞭をつけ、関東では渋沢栄一が構想し、田園都市株式会社（現・東急）などが進めたことで知られている。こうした鉄道と一体化した都市整備は、各私鉄の鉄道事業や都市開発のモデルとなった。公的セクターも、私鉄の都市開発を支援しつつ、住宅・都市整備公団や東京都住宅供給公社などを通して、みずから大規模なニュータウン開発をおこなっている。この都市開発と鉄道事業の緊密な連携によって、「都心で働き、郊外で生活し、鉄道でそのあいだを通勤する」という都市生活のフォーマットが日本の大都市で広がったのである。

東京・名古屋・大阪などで生活しているとあたりまえのように思えるが、他の都市ではそうではない。たとえば、パリ都市圏では都心の内部で働き、生活する割合も高い。ニューヨーク都市圏では自動車の割合が圧倒的であったことはすでにみたが、日本の地方都市においても同様にモータリゼーションが進んでいる。分割・民営化以降、ＪＲで継続的に黒字を続けているのは東日本・東海・西日本であるように、鉄道経営が安定して成立するのは日本の大都市圏であるといえるだろう。とりわけ新幹線を軸線とした東海道メガロポリスとよばれる「東京、名古屋、京阪神の三大都市はコンパクトな都市構造を有し、鉄道が都市交通システムの主役の座を占めている」（斎藤峻彦『鉄道政策の改革』成山堂書店、２０１９年：３頁）。そうした大きな偏りはあるものの、日本社会における鉄道が担う旅客輸送の割合の高さや一人当たりの鉄道利用料の高さは世界的にも際立っており、「鉄道大国・日本」ともいわれる（斎藤峻彦『鉄道政策の改革』：11－12頁）。

　こうして日本の大都市では戦前期から鉄道事業と都市開発が一体化し、現在でも電車通勤を前提にした都市生活が組み立てられている。そのため、【郊外↔電車↔都心】以外の選択肢――他の都市でよくある【郊外↔自動車↔都心】や【都心（自転車・徒歩）】など――が生活スタイルとして想像しにくい。この定住と移動のパターンの選択しがたさ――つまり電車通勤以外を想像しにくいこと――は、電車での苛立ちの感覚や鉄道マナーがくりかえし語られる構造的な背景になっている。日本社会——とりわけ大都市——において鉄道が「社会の縮図」として語られやすいのは、他の交通手段に比してプレゼンスが高いためでもあるだろう。

大都市の鉄道網は空間的な構造としてセットされているだけではない。広範囲に生活する大量の人びとが同期的に連携するための時間的な構造を支えているのは、日本の鉄道システムの正確かつ、綿密な「定時運行」である。日本の大都市における定時運行は、大正期に発達したとされる。当時、急激な都市化と産業化によって輸送需要が増大したが、第一次世界大戦によって物資が不足していたため、稠密《ちょうみつ》な定時運行によって使用効率を高める必要があった。そのため、列車計画の進歩、運転指令の強化、指令電話の増強、機関車乗務員の技術の向上などを通じて、世界でも突出した定時運行が実現した（三戸祐子『定刻発車』中公文庫、2005年）。ただし、定時運行があたりまえになって、それをあてにするようになると、すこし電車が遅れるだけでモヤモヤ、イライラすることにもなる。

定時運行は、鉄道事業者の労働強化や技術開発によってのみ維持されているわけではない。鉄道利用者たちがみずから効率的に動き、車内秩序を維持できなければ、その実現はおぼつかないだろう。鉄道利用者のいさかい、まちがい、もたつきなどのトラブルが頻発すれば、鉄道の正確な運行は乱れることになる。鉄道事業者のみならず、見知らぬ他者同士であるはずの鉄道利用者たちの連携や協力によっても鉄道の運行は維持されている。

実際、２０１７年度の国土交通省の調査によれば、10分未満の遅延のうち63％は「利用マナーに起因する」とされている。遅延で不機嫌になると、他人のマナーがより気になるし、マナーでトラブルになれば、遅延の原因になってしまう……そう考えると、またストレスが高まっていく――そんな悪循環が発生することもあるかもしれない。たかが10分未満のこと、定時運行にそれほど期待をもたなければいっそ気楽だろう。だが、右記のような調査が報道されるほど定時運行を重要視する社会においては、自分だけがそのように思ってもどうにもならないし、せわしない都市生活ではなかなか難しい。

鉄道システムが構築する日本の大都市の時間的・空間的な秩序は、それを利用する人びとのアクションやコミュニケーションによっても左右される。だとすれば、鉄道利用者を秩序付ける「規範」は、日本の「穏やかな電車」、およびそれを前提とした都市生活を支えていることになる。その一方で、電車で経験する私たちのストレスやフラストレーションもまた、そうした日本的な「鉄道都市」のなかで発生している。近代社会に共通する「通勤」だが、日本の鉄道にはとりわけ独特の秩序が存在しているとされてもきた。だからこそ、駅構内や車内でのふるまいかた、見知らぬ他者とのつきあいかたは——交通道徳、エチケット、マナーなどと表現された——「規範」の問題として議論され、そこに幾度も「社会」（の縮図）が見出されてきたのだろう。そして、そうした「規範」をめぐって、いざこざやトラブルもあとを絶たなかった。

ただし、規範はそうしたネガティブな帰結をもたらすだけではない。規範に対する私たちのモヤモヤやイライラこそが、電車の秩序維持のセンサー（Sensor）の一部となっているとすればどうだろうか。そうだとすれば、電車における私たちの感覚（Sense）の機微とその細やかなコントロールは、鉄道システムの安定的な運行、そしてそれを前提とした都市構造の継続的な構成と維持に寄与していることになる。「鉄道都市」への過剰適応ともいえるが、そうした規範が維持されている限りにおいて、他人同士が静かに共存できる秩序を形作っているともいえる。その意味で、「穏やかな電車」は、気遣いの網の目（＝人びとのマナーセンサーのネットワーク）に包まれることによって維持されている。こういってよければ、ぼんやりできるのんきな日本の電車の空気は、人びとのモヤモヤ・イライラと表裏一体の関係にある。

1・3　鉄道における規範の意味と役割

法律的規範と慣習的規範

とはいえ、冒頭で述べたように、電車のなかで怒ったり、怒られたりしていると、つい「最近のマナーは……」といってみたくもなる。たとえば次のような新聞記事がそうだ。

> 脚を組む腰掛け方。若い人に多かったが、中年層まで広がってきた。以前はあまりみかけなかっただらしないかけ方がどうしてこうふえたのだろうと話題になったことがある。無作法を忠告したら相手はわめいてうるせいことをいうなと怒鳴った。「無作法不感症」が多くなった。車内で編み物をやっている女性がときどきいるがアナウンスで「危険ですから編み物はやめましょう」といっている。電車の中の靴の突き付けあいは、他人への思いやりの失せた社会の縮図のようで、どうにも荒涼たるものだ（旧字体などは改め、適宜要約しており、以後の参照記事・文献の引用も同様である。傍点は引用者）。

これは１９６３年10月12日の朝日新聞の天声人語である。後ほど触れるように鉄道の「規範の劣化」言説は、戦中から連綿《れんめん》と続いており、いまでもみることができる。このような言説を信じるならば、戦後の電車の規範は、すくなくとも60年以上、劣化し続けていることになる。鉄道における規範の衰退は――それ自体は足を組むとか、行列が乱されるとか実に小さなことなのだが――劣化する「社会の縮図」として言及され続けてきた。

本書でいう「規範 norm」は、特定の社会的状況において参照されることが期待される思考・行為の基準を広く指している（社会学において「規範」や「社会規範」は理論的に重要な問題であり、社会システム論、意味学派、数理社会学などにおいて詳細な検討があるが、本書では分析に必要なことだけに触れることにする）。

人びとの思考・行為は、この規範が提示する「正常／逸脱」等の意識的・制度的な区別を通して振り分けられる。たとえば、前述の記事では、ある座り方を「だらしない腰かけ方」（行儀の良い／悪いという区別）、編み物を「危険だからやめよう」（安全／危険という区別）、あるいは「他人を思いやるべき」（望ましい／望ましくないという区別）ということで、考えかたやふるまいかたの規範を提示している。

ただし、規範には制度的に明文化された「法律」と習慣的に構築された「慣習」の二つの次元が存在する。たとえば、「適法／違法」という法律的区別と「望ましい／望ましくない」という慣習的区別では、その作用に異なる部分がある。前者は「しなければならない／してはならない」という義務と禁止の意味が強く、多くの場合、そのサンクション（賞罰）も法的に定められている。一方、後者は「したほうがよい／しないほうがよい」という推奨と抑制のあいだに選択の余地があり、そのサンクション（賞罰）があいまいなこともある。

先に述べた自動車の運転は「法律的規範」、鉄道の乗車は「慣習的規範」に比重を置いて秩序が維持されているといえるだろう。たとえば、先の儀礼的無関心や視覚中心のコミュニケーションは後者の例といえる。もちろん、鉄道においても二つの次元は重なりあっている。たとえば当初、マナー違反に関わるいざこざ、つまり慣習的規範の問題と思われていたものが、「暴行」や「痴漢」などとして認知され、警察等に引き渡されることになれば、そうしたトラブルは「犯罪」として法律的規範によって処理される事案になる。

かつての鉄道公安や現在の鉄道警察隊による取締りの対象は、こうした法律で処罰しうる逸脱行動、すなわち「犯罪」である。したがって、ここでいう規範は罰則をともなう「明文化された法律」を指している。運用上でさまざまな解釈はありうるが、法律は厳格化された手続きを通じて適用され、相対的に安定した規範である。その取締り、判決、処罰は、専門的資格に付与された権限のもとでおこなわれる。鉄道の乗客に関連して重要な法律は「鉄道営業法」だろう。その第3章には、鉄道施設の破壊、鉄道員への暴行脅迫、危険物・迷惑物の持ち込み、敷地内での寄付、販売、演説などの禁止が「違反行為」として指定され、懲役、罰金、科料などの罰則が定められている。

一方、電車のなかの逸脱行為には、法律上は取締まりにくいが、周りの人びとが白い目で見たり、距離をとったり、注意したりすることによって是正が試みられるものが多い。エチケットやマナー、あるいは礼儀作法とは、こうした「迷惑行為」を規制するソフトな「慣習」的な規範といえるだろう。たとえば、社会学者のN・エリアスが『文明化の過程』（赤井慧爾・中村元保・吉田正勝・波田節夫訳、法政大学出版局、上1977年、下1978年、原著は1969年）でヨーロッパの宮廷社会や市民社会について論じたように、いったん礼儀作法のような「慣習」的な規範に従うようになると、規範に適合するふるまいに「自負」や「尊敬」を、逸脱するふるまいに「羞恥」や「嫌悪」を抱くようになる。慣習的な規範には法的罰則がないことが多いものの、社会的面子《メンツ》に関わるサンクション（賞罰）を通じたコントロールが存在している。エリアスによれば、情感を発露させ、暴力を戦わせる戦士社会が変容し、暴力が王権に独占された絶対主義王政の宮廷社会に至るなかで、礼儀作法が重視されるようになった、という。このように「外的強制」から「自己抑制」に秩序形成の比重が移ることを、エリアスは「文明化の過程」とよんでいる。鉄道という近代的テクノロジーに関わる規範は、「文明化の過程」の行き着く先のひとつといえるかもしれない。

ただし、本書で分析する鉄道の慣習的規範には二つの特徴がある。

まず、規範の運用には「危険性の高さ」がついてまわる。なぜなら乗客たちによる規範の逸脱は重大な事故・事件につながる危険があるためである。鉄道事業者・監督官庁にとって、公共交通の安定的・効率的な運営・運行はもっとも重要な課題である。そのため、重大な危険につながりかねない事象については、厳格な法律的規範、工学的な専門知識・技術、鉄道員の職業訓練・労働規律にしたがった安全な管理・運用が必要になる。乗客たちもそうした管理・運用の方針にしたがって鉄道を利用しなければならない。一般の人びとは、自分では理解・操作できない高度な技術や複雑な仕組み、それらに関する専門的知識をもつ一部の人びとで構成された「専門家システム」（アンソニー・ギデンズ『近代とはいかなる時代か？』）を信頼し、それに依存することで公共交通が利用できるようになるためである。

ただし、管理者・事業者・専門家の管理・運用のみによって、大量の乗客を管理しつくすことは現実的には難しいだろう。そのため、乗客たちみずから規範を安定化させ、秩序維持することも欠かせない。行列の乱れ、無理な乗降、乗客のいざこざは、線路への転落や車両への接触などを引き起こして、怪我や生命にかかわる事態になりかねない。また、そうでなくても運行システムの混乱につながり、多くの人びとの行動に大きな影響が出るだろう。たとえば、戦前期に鉄道院が出版した『鐵道から家庭へ』（1919年）は、鉄道経営者が適切な鉄道利用法を説いたものだが、鉄道という交通機関の能力増進を図るためには乗客も気付いたことを鉄道従事者に積極的に指摘してほしいとしている。というのも、「一般公衆と鉄道経営者との間に責任に対する相互の了解」がないとこの文明の利器は十分な働きはできない。とくに重大な鉄道事故の原因は、第一に自然災害、第二に鉄道職員の過失、第三に旅客などの一般公衆の不注意によるものがある。第一のものはどうすることもできないが、第二・第三の原因は鉄道職員の規律と乗客の注意によって根絶しなければならないからである、とされる。

ただし、その一方で、このように「乗客たちみずからおこなう」必要があるために、鉄道の慣習的規範には「専門性の低さ」も存在する。実際、鉄道でどうふるまうべきかについては、ジャーナリスト、文化人、知識人、評論家、作家、一般の乗客までさまざまな人が意見を述べることができる。鉄道運行・運営の知識・技術については専門性が必要だろう。しかし、鉄道の利用については、乗客たちのほうが一家言もっていることも多い。そのため、鉄道の慣習的規範に関する議論は参入障壁が低く、好き勝手に語られることもある。

このように鉄道に関する規範には「危険性の高さ」と「専門性の低さ」というギャップが存在している。重大なことになりかねない「深刻さ」がありながら、誰でもなにかいえてしまう「手軽さ」もあるがゆえに、鉄道の規範は盛んに論じられてきた。「車内の小さなこと」が「社会の縮図」という大きな問題としてくりかえし語られてきた背景には、鉄道の規範に関わる「きつさ」と「ゆるさ」のギャップがあると考えることもできる。

表示的規範と非表示的規範

慣習的な規範は、法律的な定義や罰則が厳密に定められているわけではない。そのため、内容が微妙に変わってしまうこともあれば、新種の規範が現れ、既存の規範が失われることもある。なにより、こうした規範に対する人びとの理解や習熟にはばらつきがある。年齢・性別、その他の社会的属性、個人的な性格・性質、その時点の機嫌・体調ごとに規範の感じ方・表し方、理解・反応が異なるのは当然だろう。公共交通の利用にかぎっても、乗車距離や区間、時間帯や地域性、用途や車両によって事情は異なる。たとえば長距離鉄道と通勤電車で飲食の許容度に差があるように、状況ごとに必要な規範は可変的で、その参照には柔軟さが求められる。近年では「鉄道オタク」とよばれる人びとのマナーが問題となることがあるが、一般の乗客と鉄道好きのあいだで同じ構内・車内をどのように認識するかが異なり、場合によってはそこで軋轢《あつれき》が発生することもある。それぞれの乗客ごとに、いまどういう状況で、どうふるまうべきなのかという「状況の定義」は異なるし、それは流動的といえる。

　とりわけ鉄道という近代的テクノロジーとシステムは、大量の多様な人びとを限られた空間に、一定の時間、閉じ込めることになる。それほどの人びとを均一的・画一的にコントロールすることは難しい。だからこそ「社会の縮図」としてくりかえし言及され、さまざまな「規範」の試行錯誤があったのだろう。

　こうしたことに関連して、本書のように鉄道に関係する作法書、エチケット本、マナーポスター、あるいは新聞・雑誌記事等の内容を規範として分析するときには注意が必要である。というのも、「特定の規範が共有されている」ということと「特定の規範が共有されるべきとされている」ということがかなり異なるためである。前者は、わざわざ表現しなくとも人びとが内面化している「非表示的な規範」が含まれている。つまりすなおに「規範がある」といいうる。ただし、表示されていないため、トラブルなどのイレギュラーな事態になって、その規範に気付いたり、表面化することも多い。しかし後者には、そもそも知られていない、知られてはいても守られていない、知っていたが忘れてしまったもの等が含まれている。つまり、「規範がない」から規範を明示しなければならない、といいうる場合がある。そのため、それらはあえて表現する必要がある「表示的な規範」ということができるだろう。

書籍・新聞・雑誌・冊子・ポスターなどのことばやイメージを通じて「守るべきこと」として表現されるマナーやエチケットは「表示的な規範」といえる。「守るべき」とあえてメッセージを発しているということは、それを理解していない、あるいはそのように動かない人びとが一定数いると考えられているためだ。逆にそうした「表示的な規範」の「裏側」にこそ電車の「実態」や利用者の「本音」があるといえなくもない。いずれにしても、そうした資料を手がかりにして分析することで公共交通の利用者がどのように動いていたのか、そこでどのように規範とつきあっていたのかを考えることが本書の課題である。

たとえば、駅構内・車内のゴミ捨てや喫煙がわかりやすい。戦前から戦後にかけて、それらを禁ずる多くのメッセージが頻繁に発せられていた。たとえば、明治期の路面電車、大正期の省線（後の国鉄・現ＪＲ）でも喫煙制限や車内禁煙が掲げられていたが、喫煙者は後を絶たなかったという（パオロ・マッツァリーノ『日本人のための怒りかた講座』ちくま文庫、２０１６

年：１９１頁）。つまり、禁煙マナーは盛んに表示されていたが、喫煙者が十分、内面化していたわけではなかったといえる。

しかし、喫煙者がすくなくなった現在では、昔ほど声高にいわれなくなっている。ゴミ問題も同様だろう。つまり、かつて多かった駅・車内の喫煙・ゴミが次第にすくなくなることで、わざわざいわなければならない「表示的な規範」が、あえていわなくても守られている「非表示的な規範」に近くなっていったと考えられる。一方、先の記事にあった「編み物禁止」のように編み棒自体が車内でみられなくなり、言及されなくなっていくこともある。このように、「すべきという言明」は必ずしも規範であるとはいえない（盛山和夫『制度論の構図』創文社、１９９５年：１３６頁）。逆にいえば、「規範」がしっかりと共有されていない、あるいは狙い撃ちしたい「逸脱行動」があるからこそ、「すべきという言明」がくりかえされることもある、ということだ。

ゴミやタバコに関する規範はあまり表示されなくなったが、その一方で、音楽プレイヤーや携帯電話のような新しいテクノロジーが現れて、新しいルールが模索《もさく》されることもある。ヒトの行為だけではなく、車内に持ち込まれるモノの変化をみていると、たしかに世相を表しているといえそうである。鉄道の外部で現れたもの・変わったことが、入れ替わり立ち替わり電車の内部に持ち込まれる。それらのものごととどう付き合えばいいのか——そういう意味でも、鉄道の車内はその時々の「社会の縮図」であるといいたくもなる。公共交通における規範の言説は、狭い車内に詰め込まれたヒトとヒト、モノとモノ、ヒトとモノのあいだを調節する「緩衝材」や「接着剤」のような役割をもっているといえるかもしれない。

一方、非常に長いあいだ継続して表示されている規範もある。たとえば、「飛び乗り・飛び降りの抑制、整列乗車、静寂の維持、席詰めなどの規範の表示は、戦前から存在しており、現在でもよくみられるものだろう。ただし、なぜそれが守られなければならないのか、という理由付けや正当化の仕方は各時代で変化している。というのも、「こうあるべき」とされる「社会」像が、戦前から現代にかけて異なっているためである。たとえば、「車内の規範を守るべきだ」と現代社会でいわれたとき、その理由として江戸時代の幕藩体制を正当化した「上下定分の理」（人間に本来的に上下の身分差があるという思想）を理由にもちだされても、多くの人は説得されない。

これは極端な例だとしても、20世紀の日本だけみても規範を表す用語、そしてその説得・正当化の論法は変化している。第3章以降、20世紀前半の「交通道徳」、20世紀半ばの「エチケット」、20世紀後半以降の「マナー」を取り上げ、その内容と変化を詳しく分析するが、

図表 1-1：朝日新聞　見出し検索推移
交通道徳・エチケット・マナー

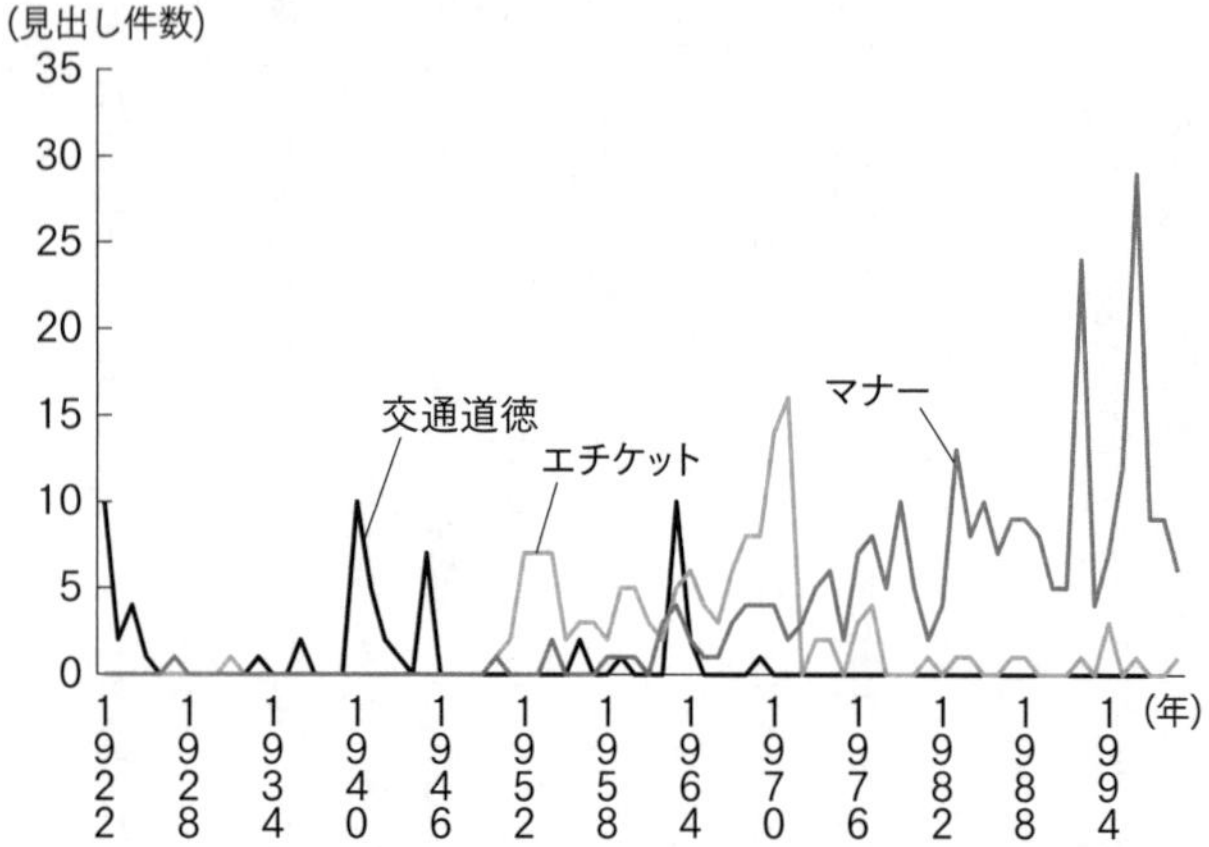

ここでは朝日新聞の縮刷版「見出し検索」を用いて使用頻度の変化をみておこう。交通道徳は「道徳」と「交通」の複合語で、エチケット、マナーは交通以外の事象にも適用できる単純語であるため限界はあるが、基本的な使用頻度の変化をみてとることができる（図表1―1）。

交通道徳という用語は戦前に現れ、戦中にそれが強調されるようになる。戦後になるとエチケットということばが流行するが、現代に近付くにつれて、マナーという用語が増加・定着していることがわかるだろう。

1970年のエチケットの頻度の高さは「新エチケット語録」という連載、1991年のマナーの頻度の高さになっているのは「さわやかマナー教室」という連載があったためである。

鉄道の規範については、「作法」や「行儀」、「エチケット」、「マナー」といったことばが同じようなものとして用いられることも多い。ただし、これらの意味内容は、その時代や地域ごとにすこしずつ異なる。たとえば、「作法」、「礼節」、「行儀」は、江戸時代においては「都市・建築物・家具・従者・荷物・衣装等の全てが舞台装置・大道具・小道具となって威信の系列を表象し、それを自他に公示し、相互に確認する儀式が至る所で念入りに執行」（渡辺浩『東アジアの王権と思想』東京大学出版会、1997年）されるものとして存在している。そのように象徴化され、定められたふるまいは、当時の階層化された体制維持のための規範の一部だったといえるだろう。

一方、mannersは、16世紀のヨーロッパの宮廷社会において重視された礼儀・礼節を指すcourtesyやcivilité/civilityなどの用語にさかのぼることができる。そうした用語で示されるふるまいは、宮廷社会に所属する人びとのものであり、階層化された権力・権威、あるいは貴族的な共同体における威信・名誉を賭けて、示し合い／読み合うための格調高いゲームの一部でもあった。ただし、宮廷の貴族から都市の市民にその担い手が移行した18世紀以降、それらは文明的な洗練を表現するような社交上のmannersへと変質し、上流社会への入場切符としてのetiquetteという用語が用いられるようになる（遠藤知巳『情念・感情・顔』以文社、２０１６年：56―57頁・４６６頁）。

しかし、本書で言及される作法・礼節・行儀やカタカナ化したエチケット・マナーは、そうした階層化された限定的な集団の社交で用いられる——異様な執念でもって呈示・解釈される——ふるまいではない。むしろそれらは、他者とのひとときの関係を適度にやりすごすための試行錯誤を表現する用語といえるだろう。しかも、それは匿名的な大衆にもたやすく適応できるようなものでなくてはならない。つまり、鉄道の規範は、階層・地位を競いあうゲームのルールというよりも、その時・その場かぎりの見知らぬ人びとの関係をひとまずは安定化させたいときに参照されるものだろう。このように公共交通における規範の内容、装置・制度という条件、説得・正当化の論法、あるいはそこで参照されるあるべき「社会」の在り方は、その時代や地域ごとに異なる。

規範の限界と「社会の縮図」というレトリック

鉄道は「社会の縮図」であるとくりかえしいわれてきたが、そこで参照される「あるべき社会」のありかたや「人びとの暮らし」は変化している。だとすれば、鉄道の規範やそこでのふるまいの変化を分析することによって、日本社会の現代的変容を見渡すことができるのではないか。「縮図としての社会」は、ただ客観的にそこにあるだけのものではない。むしろ、人びとはそのつど「社会」とよばれるものをみずから作りだし、したがおうとしてきた。そして、その在り方がしっくりこなければ、それを——ふたたび「社会」という名のもとに——別のなにかに微妙に変化させていく。そのことは、社会がただのことばにすぎないと主張する「社会名目論」を意味しない。むしろ、大量のヒトやモノが詰め込まれた公共交通の巨大な広がりがもたらす、ともすれば個人を圧倒するようにもみえる存在感（presence）や実在性（reality）に、なんとか「名」をつけて飼いならそうとしたときにもちだされることば——それが「社会」ではないだろうか。だとすれば、「社会」ということばがさまざまな意味で鉄道空間によびだされ、それによって正当化される規範が人びとの細々とした行為に適用されるその仕方から、日本社会の変容と現在をたどることもできるだろう。

もちろん、都市の公共交通を規範だけで考えることはできない（佐藤俊樹「規範と制度」〈友枝敏雄ほか編著『社会学の力　最重要概念・命題集　改訂版』有斐閣、２０２３年〉）。なぜなら、乗客の規範がきわめて整然と保たれていたとしても、技術が不完全で、経営が不健全であれば、公共交通は立ち行かなくなるからである。たとえば、乗客のマナーがいくら良くても、かつての国鉄の巨額赤字問題や現在のローカル線廃線問題を解決することはできない。満員電車についても、車両の大型化・多量連結や線路の複線化を含めた運行システムの問題が大きく、規範で解決できる部分はそれほど多くはない。そもそもなぜ鉄道によって長距離・長時間通勤をしなければならないのか、またなぜ「通勤地獄」とも称された満員電車になってしまうかといえば、既述のように大きくみれば産業化した都市や日本的な大都市の構造の問題に帰着するだろう。

その一方で、先にも述べたように乗客の規範が整っていなければ、それが原因となって逸脱・遅延・混乱によって損失が発生し、経営が脅かされることもある。そうしたことも考えれば、規範の役割は軽くはない。都市の「地」の部分としてインフラが安定的に作動するためには、そうした人間のふるまいが安定している必要がある。つまり、交通秩序は規範だけで考えることはできないが、規範なしで考えることもできない、ということだ。こうしたことはあたりまえのことかもしれないが、鉄道車内の規範については、つい「社会の縮図」として語ってしまう傾向があるため、注意が必要でもある。

鉄道という近代的なテクノロジーとシステムは、他者と共存するための時間的・空間的な秩序を構成するような「社会の縮図」を表現している。その意味でくりかえし「社会の縮図」といわれてきたことには一定の根拠があるのだろう。しかし、その一方で、「社会の縮図」を「車内の規範」の問題に集約して語れば、公共交通をとりまく多様な領域や複数の問題をショートカットして、それを棚上げにするレトリックにもなる。

実際、「社会の縮図」という用語を使って正当化される規範は、交通に関係する行政・事業者、専門家・実務者たちが人びとを効率的・合理的な交通秩序に——ときに無理があっても——従わせ、コントロールするための「戦略」のひとつでもある。「車内は『社会の縮図』なのだから、これらの規範は守らなければならない」といった説得の仕方が典型的だろう（言説レベルの「社会の縮図」）。

その一方で、鉄道は、それを利用する人びとがその過酷な環境になんとか耐えたり、やりくりしたり、抜け道を探ったりするような「戦術」が展開される場にもなっている（「戦略」と「戦術」については、ミシェル・ド・セルトー『日常的実践のポイエティーク』山田登世子訳、ちくま学芸文庫、２０２１年、原著は１９８０年）。つまり、大量の人びとが集まり、世相を表す新しいモノがもちこまれ、既存の規範をすりぬけるようにして利用され、新しい規範が模索されるという意味での「社会の縮図」ともいえる（実態レベルの「社会の縮図」）。

以上をふまえて、以下の諸章では、「社会の縮図」や「鉄道の規範」を以下のような視点で分析したい。すなわち、（1）鉄道と社会の「見えかた」、「語られかた」という「言説レベル」の問題を考察しながら、（2）そこで浮かびあがる（現在からはみえにくい）「実態レベル」の鉄道と社会の秩序のありかたを影絵のようにして照らし出す、という（1）と（2）を往還するスタンスである。

次章以降、「表示的な規範」を主たる分析資料にするため――管理者・事業者の「戦略」に傾斜した――やや息苦しい空間に思えるかもしれない。しかし、その水面下には各人各様の過ごし方の工夫（「戦術」）が存在している。そして、そうした多様な様態があるからこそ規範は必要とされるし、それがある程度共有されることで「穏やかな電車」は可能になっている。その意味では、本書で語られる「規範」は、特定の秩序の原因や人びとのふるまいを規定するというよりも、さまざまな社会的な条件のなかで現れ、人びとがみずからのふるまいを決めるときの参照先と考えておきたい。

第２章

鉄道規範は劣化したのか？

２・１　「規範劣化」言説の戦後史

前章で述べたように、鉄道は日本社会や都市生活の時間‐空間的なパターン、すなわち「構造」を長く形作ってきた。そうであるがゆえに鉄道の「規範」について調べれば調べるほど「このころからこのマナーはあったのか」と気付くこともあれば、「ずっと似たようなことで悩み続けているのだな」と苦笑いすることもある。

たとえば、前章で触れた「最近、鉄道の規範が劣化している」という言説（以下、劣化言説）は、第二次世界大戦中から盛んに論じられていた。１９４５年４月28日の朝日新聞の「道義すたれて勝利なし」とタイトルがつけられた記事では、「道義の荒廃は直ちに国民秩序の失われることを意味し、国民がばらばらになってしまっては勝利はおろか、まともな戦いをすることさえできなくなるだろう」と述べられ、とりわけ鉄道に関して以下のような「寒心にたえぬことがら」が伝わっている、という。

・疎開客、戦災客、軍公務旅客に足をとられて、一般客の悪質乗車が増えてきた

・ホームに入ると我勝ちに乗り込む姿は何という醜さであろう
・行列を離れられないから駅付近でところかまわず排泄をする
・不正乗車の増加も著しい

そして、「以上は鉄道だけの例であるが、同じ道義心の弛緩を現す事柄は姿をかえていろいろなところにあらわれている」という。このように鉄道における「道義心の弛緩」が戦時の混乱で現れていることが、かなり厳しく批判される。そして、ナショナリズムの高揚によってそれを克服し、戦争に勝利しようというわけである。

第二次世界大戦後になっても、混雑・混乱した交通状況はあまり変わらなかった。戦災による鉄道施設の破壊により事故・故障が多発し、運行本数がすくないなか、多数の乗客が駅や客車に殺到した。そのため、「殺人的混雑」が発生しているという。実際、ラッシュアワー時の長時間停車によって乗客が窓ガラスやドアを破って脱出するという大混乱が発生し、高齢者が窒息死するという事件も起きている。同時期には満員電車に乳幼児を連れ込んで圧死させた「満員電車の赤ん坊過失致死事件」もあったが、どうしようもなく混雑し、定時運行もままならぬ「殺人電車」を責めたくもなると報道は母親に同情的である。

こうしたことをふまえて朝日新聞の１９４６年11月16日の社説は、敗戦直後から国民の「道義心」の低下が問題となり、今日に至っていると論じる。この語り方だと、戦中は道義心が保たれており、敗戦によって失われたことになる。しかし、先にみたように、そうした嘆きはほぼ1年前の記事にあるように戦中から存在している。記事によれば、低下した道徳の象徴となっているものは「交通道徳」、とくに「乗物道徳」であった。そして、この公衆道徳が未熟なのは民主主義的な考え方が発達していなかったからであるという。当時の鉄道交通の混乱は、戦災による運行本数の減少などの運行の「システムの問題」なのだが、それが乗客の「規範の問題」におきかえられている。「物資の不足」を「精神の問題」でなんとかしようとするやりかたは、戦中から戦後にかけて継続している。

１９５０年代になっても「劣化言説」は語られ続けた。たとえば１９５１年3月30日の天声人語では「朝夕の通勤電車に乗るときの騒ぎを思うとお互い様にまったくいやになる。何とかなりそうにおもわれるのだが、何年たっても何ともならない。服装は見違えるようによくなったが、それに比例して乗車の行儀はすこしもよくなっていない」という。敗戦直後は物資が不足し、貧しいため規範が劣化したという「貧すれば鈍する」の論調だったが、この時期になると、日本の経済は豊かになったが規範は劣化している、という論調へ変わっていく。

さらに約10年後の１９６３年には、公共交通の行列への割込みや車内での騒音を注意した人が逆に殴られるという事件が報道される。これらの事件は「殴られた交通道徳」と題された社会問題となった。同年２月から３月の記事は、以下のように論じる。アメリカやイギリスであれば、民主主義や個人主義が発達しており、そうしたルール違反は許されない。一方、日本は経済的に豊かになっても、民主主義や個人主義が発達していないから自分にも他人にも迷惑をかけないという心がけが育っていない。だからこそ、日本では公衆道徳が守れないのだという。

１９８０年代以降も、規範劣化言説には事欠かない。たとえば、１９８４年12月３日の天声人語では、脱線事故、落書き、遅延、火災、犯罪が多発するニューヨークの地下鉄に対して、東京の地下鉄は「もっとほめられていい」という。しかし、安全、正確、清潔、どれをとっても先輩を追い越したとはいえ、線路やホームにタバコの吸いがらを投げ捨てる、降りる客がすまぬうちにわれがちに乗り込もうとする、エスカレーターや改札口に立ちふさがるなど、「乗客のマナーは模範的とはいえない」という。また、１９８７年１月22日の夕刊には「近ごろ乗客のマナーはひどい。とくに若者が腹立たしい」という電話が多く寄せられていることが報じられている。一方、同年の２月19日には「例外なく目につくのは中年およびそれ以上の年齢のオジサンたちのマナーの悪さだ」とされる。

１９９０年代にも電車や駅構内、１９９１年12月19日には線路に捨てられた空き缶などの写真を撮ってモラルの低下を告発する投稿が報じられた。投稿者は「世の中堕落してきたなあと思う」という。１９９２年11月３日の社説では、久しぶりに外国から帰ってきた人が電車のなかの風景に驚いた。席を詰めようとしない、譲ろうとしない、以前はこれほどではなかったはずだと嘆いたという。そして、いきいきとした人間同士の関係や他人をおもいやる想像力が抜け落ちており、これは日本の社会、文化の劣化ではないかと論じる。

１９９６年７月21日には、「電車の中で化粧をしたり抱き合ったり……増える『視線平気症候群』」という記事が掲載されている。前節で紹介した１９６３年の「無作法不感症」という記事から30年以上たっても、似たような内容になっている。

２０００年代に入ってもこの論調はあまり変わらない。２００６年５月20日の記事「交通機関のマナーいまや他人は空気なの？」では、「昔はもう少しマナーが守られていたように思います」とされ、モニターの８割弱が「マナーが悪くなった」と答えたという。

20世紀前半から21世紀にかけて、鉄道の車内空間が「社会の縮図」としてとらえられ、

「規範の劣化」が語られ続けてきたことを駆け足で確認してきた。もちろん「電車のなかの良い話」も幾度か報道されてはいる。しかし、多くの場合、散発的なものといえる。報道されるにしても、もっと社会に広げるべき「良い行い」として語られ、現状認識は「規範の劣化」が前提となったものになる。では、新聞報道を通じてみたように鉄道の規範は劣化しているのだろうか。今度は、鉄道関連の犯罪・法令違反の内容や件数の推移についてみることで、鉄道治安の変化について考えてみることにしたい。

2・2　鉄道治安は悪化したのか？

鉄道施設関連の犯罪取締りは、明治以来、いくつかの変化をしている。まず1900年（明治33年）の鉄道営業法によって、国鉄以外の鉄道員も含めて、警察身分をもたない鉄道係員に司法権限が付与された。ただし、一般の人々の現行犯逮捕権に比べて権限は広かったものの、取締りの多くは警察にゆだねられる。とくに警察では、1922年（大正11年）以降、移動警察を置くことで、停車場・列車内における犯罪の予防、検挙などにあたった。

さらに第二次世界大戦後、敗戦直後の治安悪化によって鉄道関連の犯罪取締りの再編が急務となった。とくに無賃乗車、闇輸送、スリ、置引、物資の抜き取り、略奪が頻発し、凶器を所持した暴力スリ団、愚連隊が横行する。そこでＧＨＱの指令のもと、１９４７年（昭和22年）以降、国鉄内部に本格的な「鉄道公安制度」が発足することになる。鉄道員のなかでも鉄道公安職員に指名されたものは、警備・犯罪捜査などの司法権限を有し、警察職員と連携することによって犯罪取締りにあたる。警察も、１９４７年（昭和22年）以降、８人一組の警察官が列車に乗り込む「警乗」を情勢に応じて実施することで、列車内犯罪の多発に対応している。

１９４９年（昭和24年）には、国鉄職員の人員整理計画に端を発するといわれる重大事件・事故が立て続けに発生している。７月６日、国鉄総裁・下山定則が常磐線の線路上で轢死体として発見される下山事件が発生して大きな衝撃を与えたが、15日には中央線三鷹駅において無人列車が暴走し（三鷹事件）、翌月には東北本線の松川駅付近で旅客列車が転覆している（松川事件）。１９４０年代後半には、集団列車強盗（東北本線）、集団麻酔強盗（東京駅）、ダイナマイト爆破未遂（鹿児島本線）などの事件も全国的に発生しており、治安悪化は周知の事実であった（濱田研吾『鉄道公安官と呼ばれた男たち』交通新聞社新書、２０１１年：58

−62頁）。

そのため、「鉄道施設や列車内の秩序の極度の悪化は、鉄道だけの問題ではなく、国家治安の観点から放置できない」とされた（川満康隆「鉄道警察について」〈『警察学論集』41（12）、１９８８年〉）。鉄道公安設置や警察による列車警乗は、こうした戦後の混乱を是正するという重い役割を担っていたのである。その後、敗戦後の治安悪化・秩序混乱が徐々に回復していくと、鉄道公安職員による活動のウエイトが高くなっていく。ただし私鉄においては、鉄道員は会社職員ということもあり、公安制度は実現せず、警察制度にゆだねられた。

さらに１９８７年（昭和62年）、日本国有鉄道が分割・民営化され、鉄道公安制度は廃止された。その際、治安維持機能に空白が生じないよう、鉄道公安に代わり、各都道府県警察本部（鉄道がなかった沖縄以外）に設置されたのが「鉄道警察隊」であった。以前の鉄道公安は国鉄職員として採用され、警察と連携していたが、これ以降、鉄道の治安維持は警察官に一元化されることになる。

では、こうした鉄道治安の取締体制の変化のなかで、犯罪取締りや鉄道犯罪の件数はどのように変化していったのだろうか。たとえば、昭和期の国鉄の治安を担った鉄道公安による鉄道犯罪刑法犯発生・検挙数および諸法令違反処置件数に絞ると、件数の推移は以下のよう

図表 2-1：鉄道営業法違反・諸法令違反処置件数

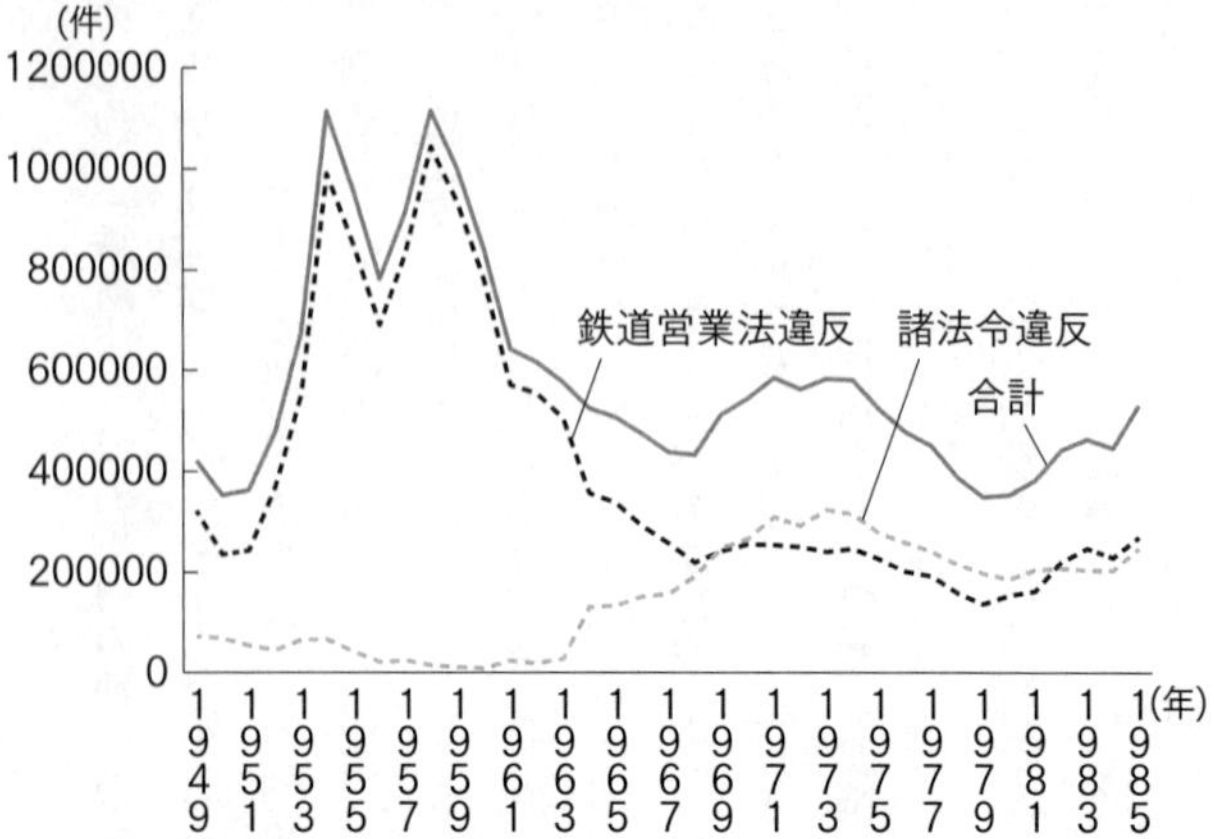

なものであった（図表2-1・図表2-2・図表2-3。『鉄道公安の軌跡』日本国有鉄道公安本部、1987年、127-128頁から作成）。

このデータをふまえつつ、以下では刑法犯、諸法令違反、鉄道妨害という三点で、戦後の鉄道治安について簡単にまとめておこう。

刑法犯の認知件数は、終戦後数年のうちにピークに達している。諸法令違反については、すこし遅れて高度経済成長期に入るころにピークに達する。ただし、双方ともに高度成長期を通じて急激に減少している。とくに刑法犯は鉄道公安が廃止される直前まで減少を続けた。戦後から高度成長期にかけてもっとも刑法犯の割合が高かったの

図表2-2：鉄道犯罪刑法犯発生・検挙件数

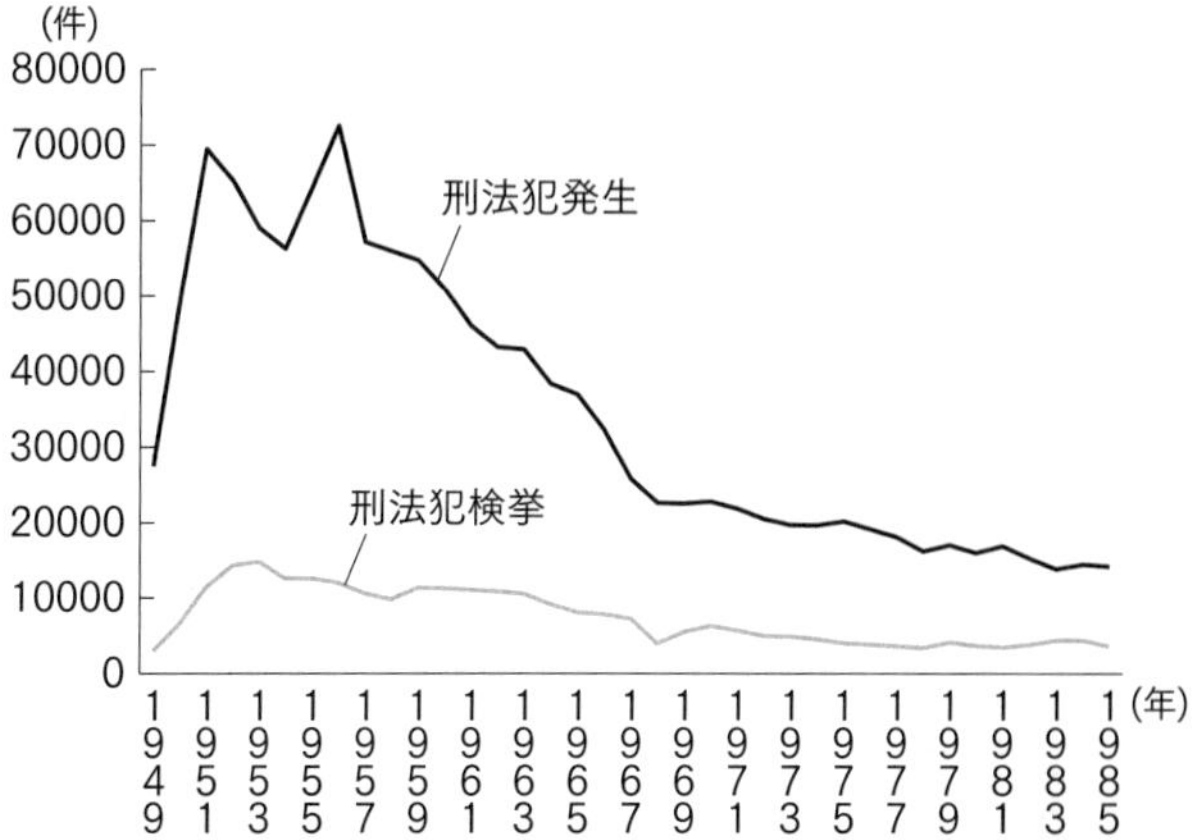

はスリ・置引などの窃盗犯である。１９５０年代半ばから１９６０年にかけて、鉄道犯罪の刑法犯のうち窃盗犯が占める割合は８割にも上り、その後も７割近くで推移している。

また、１９６０代後半以降、学生運動の活発化により、新宿騒乱事件、沖縄デー闘争など国鉄施設内への侵入や破壊行動も目立つようになる。鉄道公安はこれについても警戒を強めている。とくに鉄道施設に対するダイナマイトを用いた爆破事件、爆破未遂・予告事件が多発しており、一般人も利用する交通機関を狙った無差別テロ事件が続発した。１９６７年３月の東京駅みどりの窓口爆破事件、同年４月のひかり21号

図表 2-3：鉄道妨害発生・検挙件数

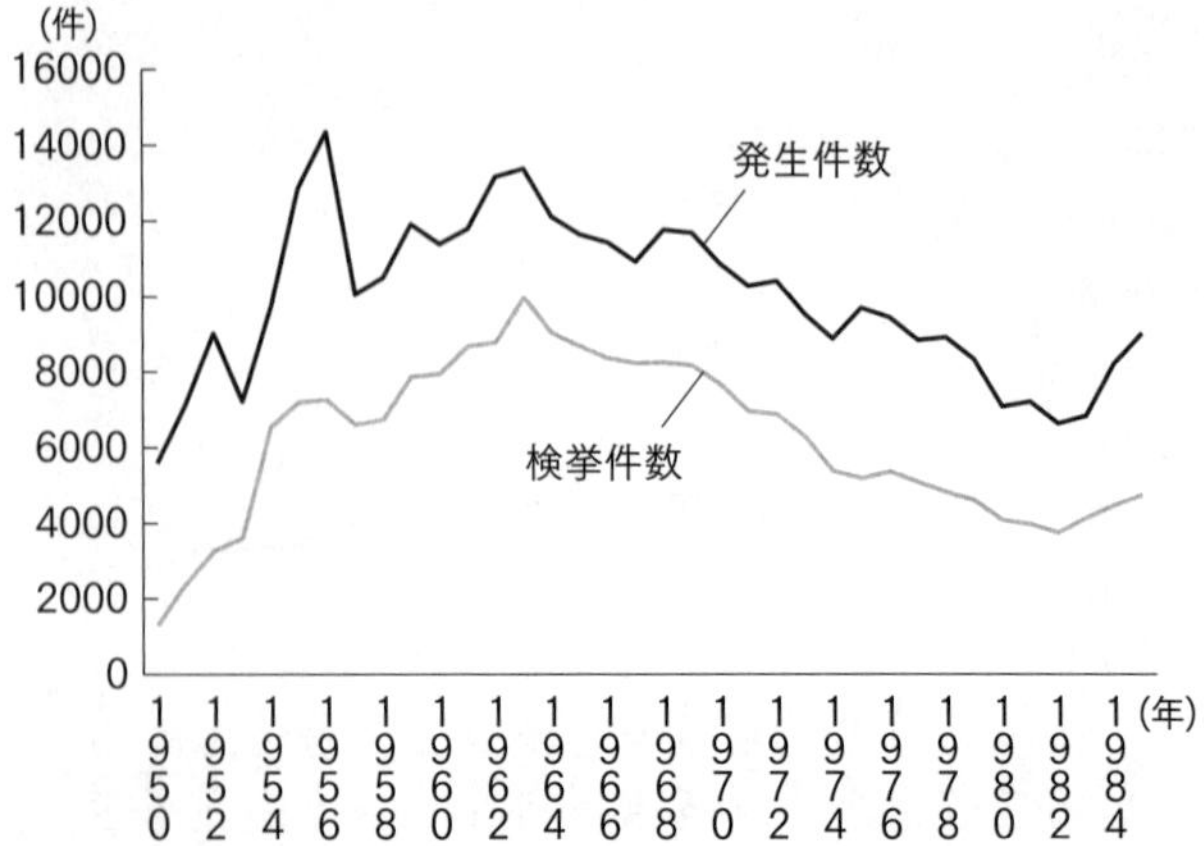

爆破未遂事件、同年7月には房総西線爆破未遂事件が発生している。不幸なことに同年6月の山陽電鉄の爆破事件では女性2人、翌年6月の横須賀線の爆破事件では男性1人が亡くなっている。1960年代後半以降、爆破予告は年間20件以上を数え、いたずらも含めて年々増加し、1972年には89件にも上った。予告のみならず、この時期には毎年のように爆破事件が発生している（濵田2011：193－194頁）。

一方、1954年に諸法令違反（営業法違反含む）の認知件数がピークを迎えたが、その内訳は不正乗車10万件、35条違反（鉄道敷地内で許可のない寄付請い・物品購買・演説勧誘等の禁止）8万件、37条違反（線路を含めた敷地内立ち入りの禁止）22万件であった。また、闇屋や担ぎ屋とよばれる不法な商売をする人びとも多く存在しており、これに関連して１６４条違反（過大な手回り品の持ち込み）の取締りがあり、28万件となっている。このように１９５０年以降に刑法犯、１９６０年以降に諸法令違反が急増しており、１９６０年代前半の鉄道犯罪の割合は、全国の犯罪数の20～28％に上るともいわれた。

しかし、犯罪・違反の認知件数が急増した１９５５年頃の鉄道公安は、以下のように述べている。

> ひと口にいって年ごとに増強されつつある輸送力と日をおって安定に向かいつつある国民生活が、敗戦後の交通地獄とそれに伴う凶悪犯罪の横行を漸減にみちびき、交通秩序が旧に復しつつあるのではないかということは、素朴な印象としては何人も否定しえないであろう（田宮新平「最近の鉄道公安」〈『国鉄線』10（12）（79）、交通協力会、１９５５年〉）。

１９５０年代半ば以降、交通秩序が回復したという印象が広がったが、実際には犯罪認知件数が急増している。これについては二つのことを考えることができる。

まず、戦後すぐは取締り体制が回復しておらず、違法行為があっても取締ることができなかった。しかし、この時期にようやく取締ることができるようになり、認知件数が上がったと考えることができる。もうひとつは、敗戦後に鉄道秩序が極度に混乱し、鉄道犯罪が凶悪化したという印象と記憶がきわめて強かったためではないか。たしかに１９４０年代末には下山事件、松川事件、三鷹事件のような重大な鉄道関連事件が発生し、大きなインパクトを与えている。

その一方で、高度経済成長期にはいると妨害件数が急増し、１９６０年にピークを迎えている。とくに問題となったのはむしろ子どものいたずらによる置石や線路内の立ち入り、およびモータリゼーションの進展にともなう踏切支障・事故であった。その後、鉄道妨害は刑法犯や法令違反ほど急減しなかったが、高度成長期を通じて徐々に減少している。

高度成長期が終わると、鉄道公安には「平和な時代」が来る。たとえば１９７８年の鉄道公安職員の座談会では、「（昭和）二〇年代には社会が非常に混乱して、鉄道の犯罪も非常に多かったというような時代から、だんだん経済的に安定してきて、過激派とか、学生運動とか、労働問題等、とにかくその時の事象にぶつかって、それなりに対応してきたわけですけれども、（中略）こういう平和な時代になって」、「平和時における公安のあり方」を考える必要があると述べられている（「座談会　時代に即応する鉄道公安–積極的公安活動を目指して」〈『国鉄線』33（3）（３４６）、交通協力会、１９７８年〉）。

　では、国鉄民営化以降、鉄道公安制度が廃止され、鉄道警察隊によって治安維持がなされるようになってからはどうだろうか。警察庁生活安全局地域課鉄道警察管理室長であった野村朋美の論考によれば（「鉄道警察隊等の活動状況について」〈『IATSS Review』Vol. 41,No. 3、国際交通安全学会、２０１７年〉）、刑法犯認知件数は２００３年のピーク時に３万８８３６件であったが、２０１５年になると１万６９７３件に減少しており、半分以下となっている。内訳をみると、約３万件から約１万件に減少した窃盗犯の割合が大きい。鉄道公安時代から引き続き、スリや置引きなどが急激に減少していったことがわかる。また、風俗犯も１９９０年代後半以降に増加をみせつつ、その後４割近く減少している。第５章でも述べるように同時期に痴漢撲滅キャンペーンが活発化するなかで認知件数が増え、その後、取締りも強化され、減少していったと考えられる。一方で粗暴犯は増加傾向にあり、２０１０年代以降、横ばいが続いている。ただし、粗暴犯全体のなかで傷害・傷害致死の伸び方はそれほどではないが、暴行が伸び続けており、２０１５年の刑法認知件数の２割となっている。傷害にまでは至らないものの、乗客たちのいざこざやいさかいが取締りの対象として際立ってきていることがわかる。意図的な故意の犯罪が目立たなくなり、鉄道の治安は全体として明らかに良くなってはいるものの、その一方で、乗客たちの苛立ちやストレスによる逸脱が相対的に目立つようになってきているといえるだろうか。ただし、公共交通関係の暴力事件自体は戦後日本においても頻繁に報道されている。たとえば、１９６０年代の「殴られた交通道徳」報道や１９８０年代に頻発した暴力事件などにみられるように、公共交通の一部の利用者のイライラは一貫して存在しており、それが近接する人びとの軋轢になっていた。

敗戦後の鉄道における極度の混乱と凶悪事件の発生、高度成長期の犯罪件数の急増と爆破事件・暴動事件の連続と比較すると、１９７０年代後半以降、鉄道治安は大きく改善したといえるだろう。すくなくとも取締りをする鉄道公安職員側においては「平和」になったという理解があった。しかし、その一方で、前節で述べたように新聞などでは、鉄道の規範は劣化しているといわれ続けてきた。そして、乗客たちは依然、イライラ、ムシャクシャしているようにみえる。では、この鉄道事業者と鉄道利用者のあいだの認識の矛盾――鉄道治安は良化／悪化した――をどのように理解すればいいだろうか。

2・3　「規範劣化」言説はなぜくりかえされるのか？

鉄道公安・鉄道警察隊に関する刑法犯・法令違反・妨害事故件数の大勢をみると、治安はおおむね改善しており、法律的なレベルで規範は劣化したとはいいがたい。また、事故数も非常に少なくなっており、鉄道は安心・安全なインフラとして定着しているといえるだろう（小島英俊『鉄道快適化物語』創元社、2018年：195頁〈次の図表2‐4は、同書データから作成〉）。車内環境についても、車体や台車の改良による振動・騒音の抑制、車体・座席の拡大、冷暖房、トイレ、照明の改善などによって、その快適性は大きく改善している（小島英俊『鉄道快適化物語』）。にもかかわらず、現代の鉄道利用者たちはいまだにイライラしているようにみえる。

それと同様に、鉄道規範の劣化言説も戦中から現代を通して継続的にくりかえされてきた。これが事実であれば、日本社会の規範は劣化し続けていることになり、映画『マッドマックス』シリーズのような暴力と混沌の世界に至っていてもおかしくない。だが、現実はそのようになっていない。だとすれば、法律的な規範というよりも、慣習的な規範が劣化してきた

図表 2-4：列車衝突・列車脱線事故推移

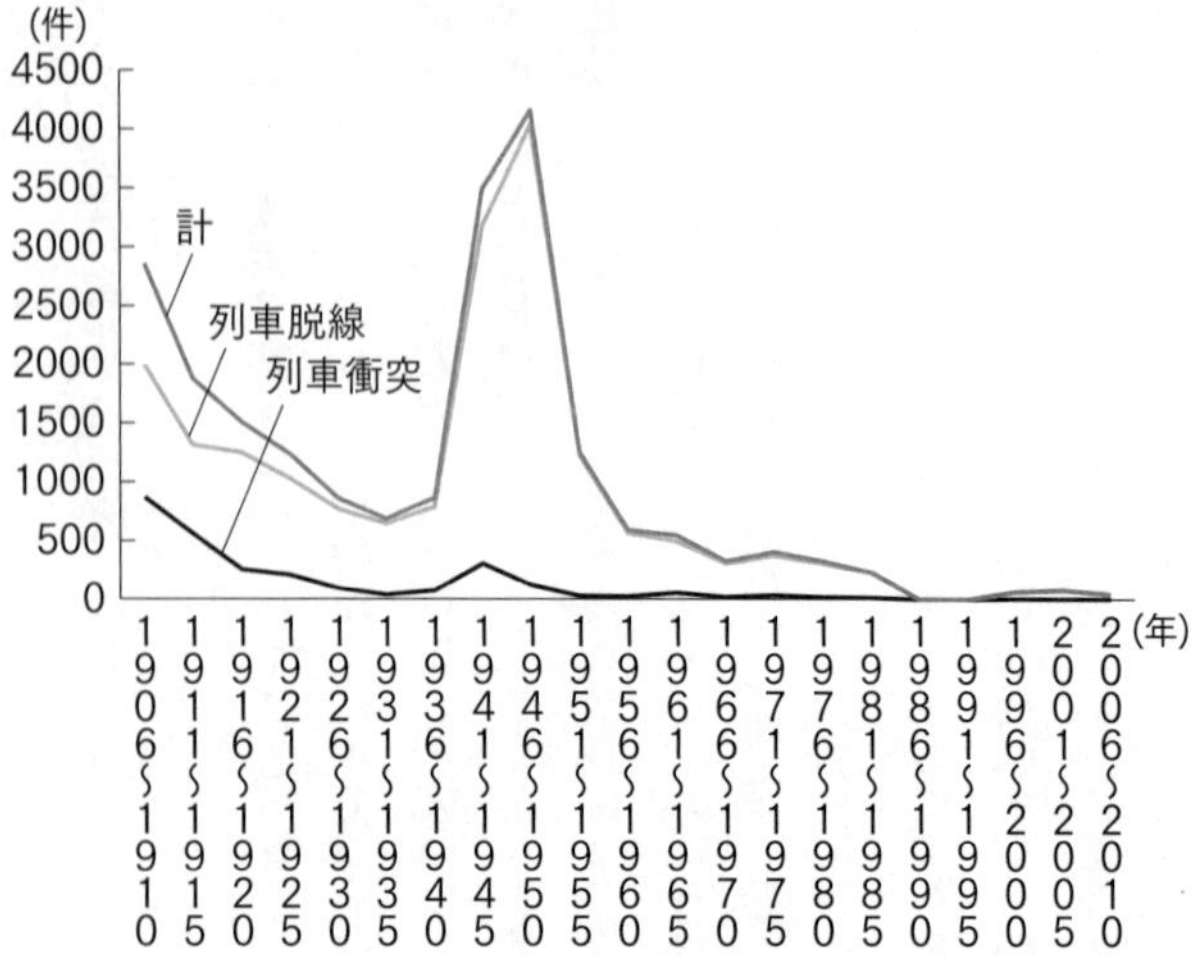

のだろうか。

　慣習的規範の「良化／悪化」の客観的実態とその長期的推移を定量的に計測することは難しい。データが限られており近年のものしかないが、マナーに関する利用者の主観的認識の推移としてわかりやすいのは、日本民営鉄道協会のアンケートだろう（図表2‐5〈このアンケートそのもののバイアスについては5・2で詳述する〉）。そこに「駅や電車内のマナーは改善されたと思いますか？」という項目がある。2010年代に入ると、「とても改善された・少し改善された」の割合と「とても悪化した・少し悪化した」の割合が逆転し、改善されたとする割合が高くなっている。つまり、近年では、マナーが良くなっていると思うひとが増えていることになる。

さらに、新型コロナ禍で発出された緊急事態宣言やまん延防止等重点措置によって乗車率が低下した時期になると（２０２０年から２０２２年まで）、さらに改善したと考える人が多くなっている。令和2年度の平均混雑率は、東京圏：１６３％→１０７％、大阪圏１２６％→１０３％、名古屋圏１３２％→１０４％と大幅に低下し、翌年もおおむね横ばいとなっている。

ただし、令和４年度の三大都市圏における平均混雑率は、東京圏：１２３％、大阪圏：１０９％、名古屋圏：１１８％となり、東京圏は15ポイント、大阪圏は5ポイント、名古屋圏は8ポイント増加している。新型コロナの影響が低下し、乗車率が戻りつつあるせいか、２０２３年にかけて悪化したと考える割合が急増している。前年5位であった「周囲に配慮せず咳やくしゃみをする」が2位に上昇しており、近接・接触に関わる警戒度が上がった状態で、乗車率が戻ったために悪化したようにもみえる。

一方、一貫してもっとも割合が大きいのは「変わらない」という意見である。この意見の割合が40～50％を維持し続けているところをみると、普通に電車を利用している限りにおい

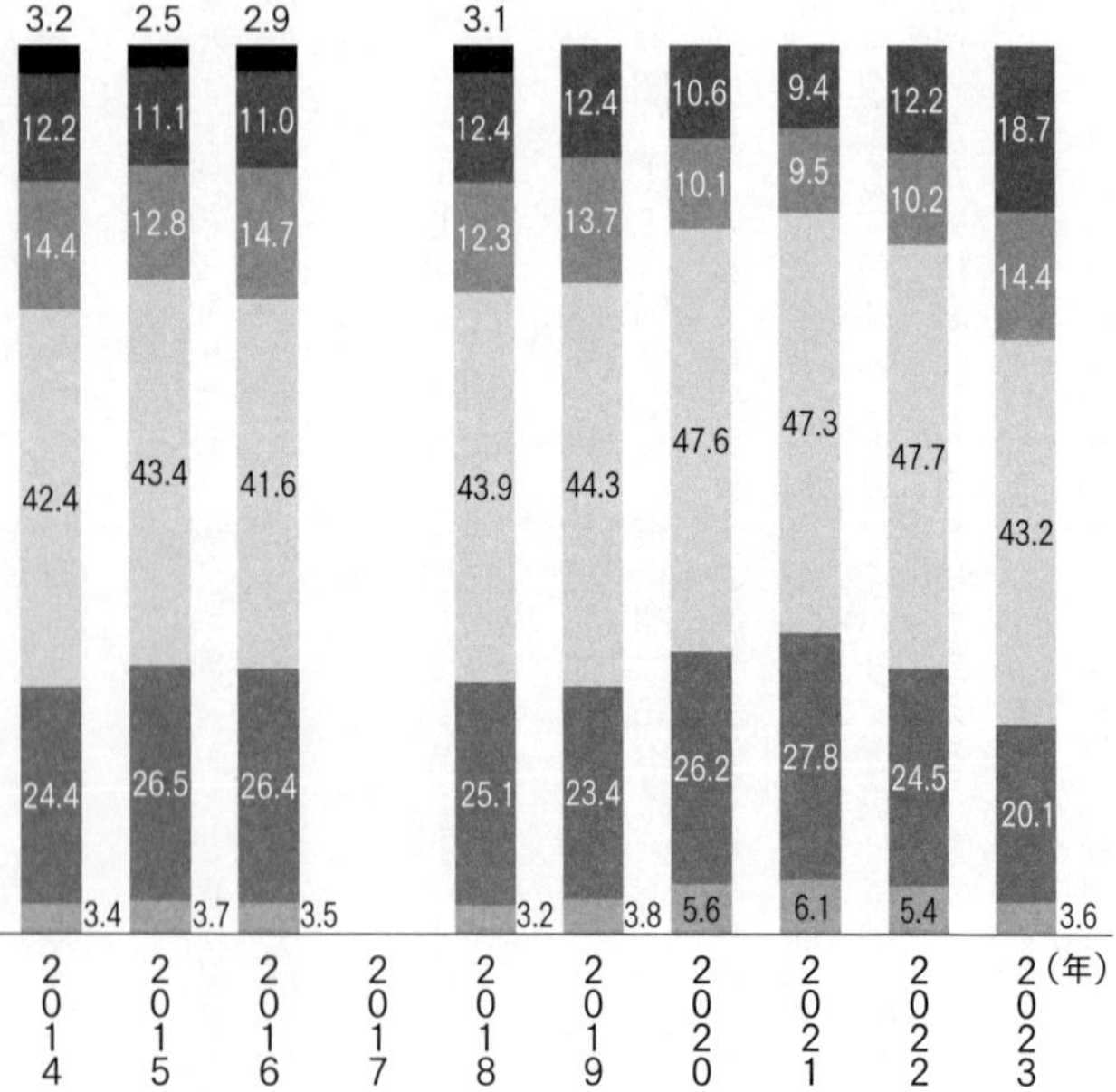
3.2
12.2
14.4
42.4
24.4
3.4
2.5
11.1
12.8
43.4
26.5
3.7
2.9
11.0
14.7
41.6
26.4
3.5
3.1
12.4
12.3
43.9
25.1
3.2
12.4
13.7
44.3
23.4
3.8
10.6
10.1
47.6
26.2
5.6
9.4
9.5
47.3
27.8
6.1
12.2
10.2
47.7
24.5
5.4
18.7
14.4
43.2
20.1
3.6
2014
2015
2016
2017
2018
2019
2020
2021
2022
2023
(年)

図表 2-5：日本民営鉄道協会
「駅と電車内の迷惑行為ランキング」

Q. 駅や電車内のマナーは改善されたと思いますか？

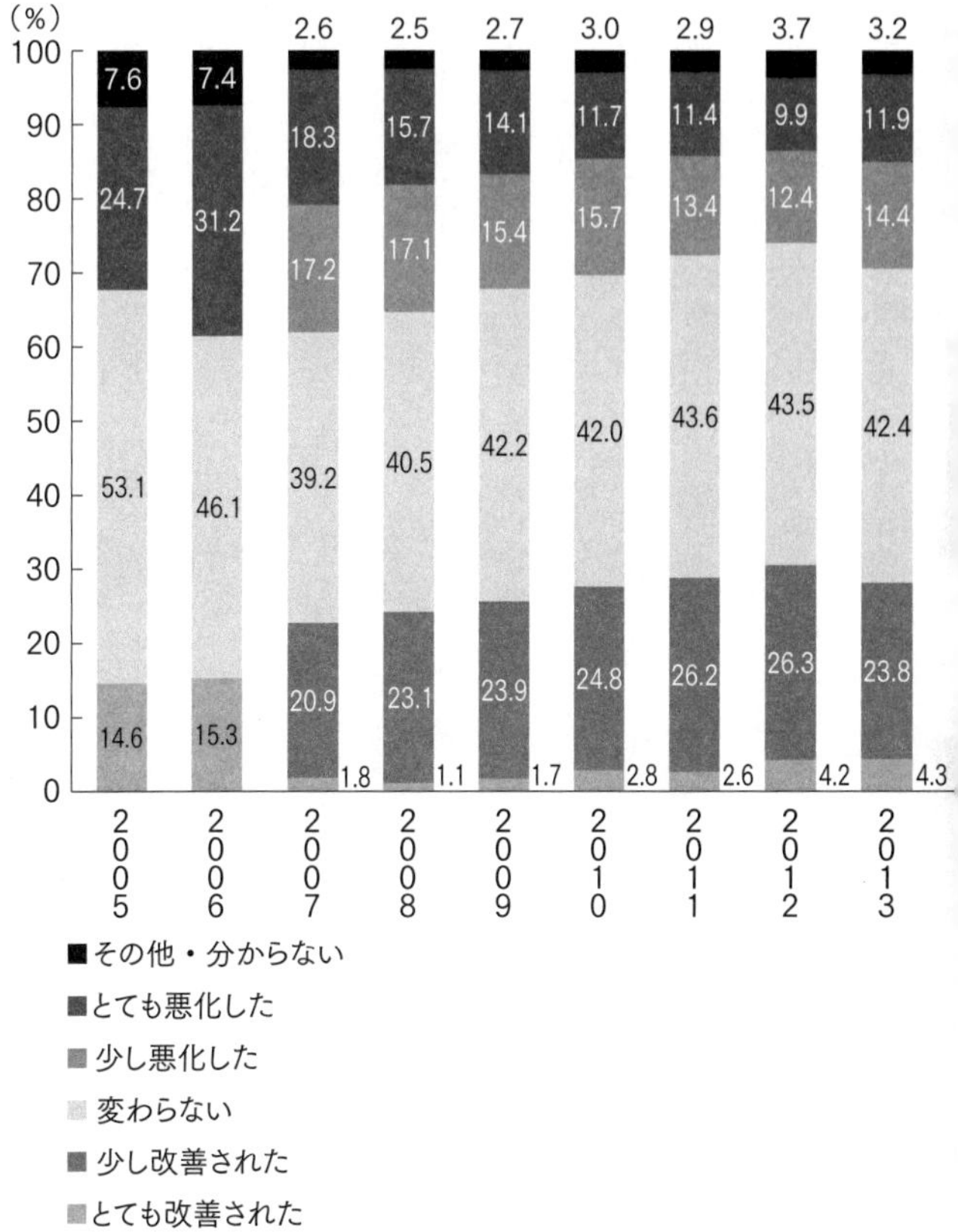

※ 2005 ～ 2006 年度は「以前より改善された／以前より悪化した／以前と変わらない／分からない・その他」という選択肢

ては、ときどき不都合や不愉快があったとしても、多くの人が「まぁこんなものだろう」と思っていることがうかがえる。こうしたことをふまえてあえて強くいえば、人びとの「マナー」は十分に備わっており、「マナー問題」は——メディアのなかにしか——存在していないといえるかもしれない。「穏やかな電車」は、乗客たちのこうした認識に支えられて成り立っていると考えることもできるだろう。

実際、現在では、過去の日本社会のほうがより劣悪な環境であり、モラルも高くはなかったことを指摘する議論も多い（『「昔はよかった」病』新潮新書、２０１７年などのパオロ・マッツァリーノの諸著作や大倉幸宏『「昔はよかった」と言うけれど』新評論、２０１３年など）。ただし、本書は、「昔のほうがマナーはひどかった」とだけいいたいわけではない。問題は、鉄道規範が劣化しているという言説が——事実とはいいがたいにもかかわらず——なぜずっとくりかえされてきたのかである。このことは、２０１０年代以降、「実は昔のほうがひどかった」という暴露戦略がなぜ定番化したのかという問題とも関係するだろう。

まず、劣化言説が「間違っている」と指摘してもあまり意味はないだろう。むしろ、事実ではなかったとしても、劣化言説がどのような機能を果たしているのかを考えることが重要である。本書で注目したいのは、規範の劣化言説の中身が事実かどうか（＝言説内容）よりも、それをいうこと（＝言説行為）によって、どのような意味や効果を発生させているのか、である。

まず、規範が「劣化している」と述べることは、発話内容として正確ではなくとも、発話自体による効果をもっている。たとえば、ある状況において誰かが「危ない！」と誰かに叫んだとしよう。その発話の宛先が自分ではなかったとしても、また実際はそれほど危険な状況ではなかったとしても（つまり正しい状況認識ではなくとも）、周りにいる人たちは、驚いてその状況から回避しようとすることがある。つまり「規範が劣化している！」という言説は、事実はどうあれ、それが発話されることそのものによって「規範を守ろう！」というメッセージとして受け取られることがあるということだ。しかも、すくなくとも発話者は「規範は劣化している」と思っているからこそ、新聞・雑誌、書籍・冊子、インターネットなどを通じて、積極的に「規範を守るべき」というメッセージを発信する。こうして鉄道規範の「劣化言説」、そしてそこで前提とされる「規範を守るべき」という言明は、メディアを通して拡張し、反響していくことになる。そう考えると、「劣化している」という発話がくりかえされるということは、その発話内容とは裏腹に、規範の言明がきちんと流通していることの表れになる。その意味では、鉄道における「規範の劣化」言説、およびそれにともなう各種マナーの広がりは、メディア現象でもある。本書の記述は、メディアを通じて生真面目に鉄道規範に関する警鐘が鳴らされ続け、鉄道利用者もそれを愚直に受け止め続けてきた歴史ともいえる。

教育社会学者の広田照幸は、『日本人のしつけは衰退したか』（講談社現代新書、１９９９年）において、しつけ衰退説を検討している。その結果、「昔はしつけがしっかりしていた」とはいえないとしている。かつてのしつけは地方間・世代間の格差が大きく、労働のしつけ以外は「ゆるゆる」の状態であり、礼儀作法も一部の階層に限られていた。にもかかわらず、「しつけが衰退した」という不安が大きくなるのは、現代に近くなるほど、家族が熱心に教育するようになり、すこしのミスも許されないと思い込んでしまうからである、という。とくに現在の教育方針として存在する児童中心主義的なイデオロギーには、「子どもを自由にさせたい」と「しっかり教育しなければならない」というジレンマがある。そのため、さらに不安がかきたてられる。しかも、新しいメディアが現れて子どもの情報環境をコントロールしにくくなる。その結果、教育に熱心になればなるほど子どもへの不安が高まり、しつけが衰退したと思えてくるというわけだ。

さらに社会学者の森真一はこうした議論をふまえつつ、現代社会においてはマナーに対する期待の違い、すなわち個人的・社会的な葛藤があることによって諍いがおこることを「マナー神経症」の時代と述べている。そして、マナーが悪化したとも、していないともいえないが、若者のふるまいに対する大人のまなざしが厳しくなっているという（森真一『日本はなぜ諍いの多い国になったのか』中公新書ラクレ、２００５年：２２９頁）。「マナー神経症」という表現からわかるように、マナーそのものが悪化したというよりも、マナーに対するまなざしが厳しくなったことによって、より細かいことがいちいち気になってくる様子がわかる。

　こうした議論を踏まえると、鉄道に関しても、規範そのものの変化というよりも、規範に対する期待水準が高度化している点が重要だろう。鉄道の快適性が上がったにもかかわらず、利用者の不快感が完全に消えることがないのも、快適性に対する期待の水準が高まっているからではないだろうか。そして、それが所与の前提となることで、周囲の小さな違和感に対してさらにセンシティブになる。次章以降詳しく述べるように、「劣化言説」はマナー改善の運動や実践と強く結びついており、そうであるがゆえにくりかえされてきた。しかも、マナーが実際に整備され、マナーに対する期待値が上がっていけばいくほど、些細な違和や軽微な逸脱に対しての寛容度が下がる。そうすると、かつて気にならなかったことまで気になりはじめ、「劣化した」という感覚（Sense）が強まってしまう。それは乗客たちのイライラやムシャクシャの要因にもなるだろう。そして、さらなるマナー改善が推進される。規範に対する人びとの高感度センサー（Sensor）を通じたフィードバック・ループが、メディアを介して発生しているのではないか、というのが本書の見立てである。つまり、マナーの感度が良ければ良いほど、乗客たちの怒りの感情がちょっとしたことでも刺激されるという逆説である。

だとすれば、そのような人びとの高いマナー意識、いわばマナーに対する高感度センサーは、どのように形作られていったのだろうか。次章以降では、これらのことを鉄道に関係する規範言説の歴史を検討することによって明らかにしていきたい。

第３章

20 世紀前半の車内規範：交通道徳の時代からエチケットの時代へ

３・１　戦前の車内空間のざわめき：永井荷風「深川の唄」から

荷風が書いた騒がしい路面電車

路面電車が都市内の交通機関として現れたのは、１８９５年に京都電気鉄道が開業されて以降のことである。東京では１９０３年に東京馬車鉄道が電化することで東京電車鉄道が設立され、大阪でも同年に電車が開業している。その後、東京では、東京市街鉄道、東京電気鉄道の二社も誕生している。この民営三社によって東京の路面電車網が広がっていくが、１９０６年には三社が合同して東京鉄道となり、１９１１年に市営化され、東京市電となった。その他、主要都市にも１９１０年前後に路面電車が開業しており、１９２０年代にバス・タクシーが本格的に実用されるまで、「路面電車はほとんど唯一の近代的な都市交通機関」であった（和久田康雄「都市交通の近代化と郊外電鉄の発展」〈『日本の鉄道』日本経済評論社、１９８６年〉）。

路面電車網が都市インフラとして定着していった１９０８年（明治41年）、永井荷風はエッセイ風の小説「深川の唄」で、四谷見附から築地両国ゆきの路面電車の風景を描いている。

軍人1人、兵卒2人、女学生2人、請負師風の男1人、商人3人、老芸者1人が乗り合わせており、のちに赤子をおぶった母親、野球道具をもった少年2人などが乗車してくる。3時過ぎなのでそれほど混んでいない。「一同黙っていずれも唇を半開きにしたまま遣り場のない目で互いに顔を見合わしている」ように、多様な人びとがお互いみつめるでもなくみあっている車内の光景は現在でもみられそうである。

しかし、その後に描かれている電車内の風景は、現在の東京からみるとずいぶん騒々しい。老芸者は、ちゅうちゅうと音高く虫歯を吸っている。請負師がういーっと大きな欠伸をする。途中で乗車した母親の背負う赤子が突然泣き出す。乗客たちが激しく泣く子をみるなか、女性は肌をあらわにして授乳をはじめる。赤子が泣き止んだとおもえば、車掌が母親に乗り換え場所についたことを注意する。母親は乳房をぶらぶらさせたままあわてて降車しようとするが、乗車するひととぶつかり合って、おむつを落としてしまう。赤子は泣き出すし、母親は踏まれないように死に物狂いで叫びだす。

電車が動き出すと、車体がゆれ、中年女性とその娘が倒れそうになり、足を踏まれた股引半纏《はんてん》の職人が「あいたっ！」と叫ぶ。しかし電車が進むうち、足を踏まれた職人はいびきをかいて居眠りをしはじめる。だれかが新聞を音読している声も聞こえている。

続いて停車場の前で止まらないうちに、2、3人の男がとびおりていく。車掌も止まってから降りるようにいうが、すでに一人転げ落ちてしまった。

停車場で車掌は、乗り換えの案内、車内のなかに詰める指示、スリの注意などを矢継ぎ早にしゃべりはじめる。老婆が乗り換えを金切り声で訴え、別の乗客は回数券を買い求めてイライラしている。さらに押し合いへしあいの混雑になった車内では、殴り合いのけんかでもはじまりそうなほど乗客が罵りあっている。銀座の大通りを通るころには電車は大混雑になっており、なかにはわらじ履きの田舎ものが3人もいる。

次の停車場では、乗り逃げをした乗客を車掌が追いかけるはめになるが、車内に残る乗客が「けちけちするな！　早く出せ！」と叫びだしている。長くなる停車で乗り込んできた女性がすでに乗車していた知人と偶然出会い、周りに聞こえる声で世間話をはじめた。電車は進むうちに結局、電車渋滞に巻き込まれ、立ち往生することになる。車掌は乗客たちに乗り換えをすすめ、乗客たちはぶつぶつと文句をいいながら降車していく。

荷風は、このような電車をめぐる近代的な空間と喧騒を、深川以東に残る江戸の伝統的な風景や音調とのコントラストとして描き出している。そのため小説としての誇張がすくなからず含まれているし、こうした記述自体が「劣化言説」のバリエーションのひとつだともいえるだろう。しかし、その一方で、現在ではみかけない光景も多く含まれている。小説であることを割り引いたとしても、ここで描かれた電車は、いまからみると、ずいぶんと騒々しく、人びとの行儀もそれほどよいとはいえない。

たとえば、停車場に改札がない路面電車では、車内で車掌が直接、切符のやりとりをする必要がある。しかも、それと同時に、車掌は乗車案内、安全確認、車内秩序に気をくばらなければならない。乗客にとっては車掌が頼りであるが、早く出発したい電車の車掌も忙しい。こうして車掌と乗客、乗客と乗客のやりとりは切迫し、せわしない車内になる。叫び声や金切り声、罵りあいや怒鳴りあいには誇張があったとしても、苛立つ乗客も多かっただろう。また、母親の授乳や乳房の露出、新聞の音読なども現在ではあまり見ることはない。

明治末期から大正期の「電車道徳」

荷風が描いた電車は、現在と比較すると、ずいぶんと賑やかで大らかであるが、悪くいえばかなり煩《うるさ》く、荒っぽい。そこには、多様な人びとのあけっぴろげな姿形や野卑《やひ》なふるまい、車掌と乗客たちの喧騒《けんそう》があふれている。現在からみると、とくに（1）車掌とのコミュニケーションがある、（2）「静粛を保つ」という規範が希薄、（3）のちに「サラリーマン」

と表現されたミドルクラスの人びとが描かれていない、といったところに特徴がある。

軌道を走る路面電車と鉄道を走る汽車・電車は法令上の扱い等は異なるが、ここではどちらも「鉄道の規範」として扱うこととしよう。こうした鉄道や路面電車の状況に対して、どのような規範が設定されたのだろうか。

たとえば、１９０４年の『東京孤児院月報』(54)や１９０９年の『成功』(16(5))には「電車道徳」と題されたエッセイがある。前者は、喫煙や痰唾《たんつば》、我先に乗車を急ぐことによる混乱、広げた足や荷物による座席の占有、老人・子連れ妻君には席を譲らず、垢抜けした婦人には鼻の下を伸ばして席を譲る紳士などが描かれ、戒《いまし》められている。後者には、降車してから乗車する、足を放り出して座らない、足を高くあげて歩かない、傘は両足のあいだにおさえる、停車場で道順を聞くなどして昇降を邪魔しないなどが挙げられている。１９１６年には芝雷山人『電車百馬鹿』(開正舎)が出版され、同年に増訂されたものが出版されている。これは迷惑行為を１００項目挙げて、「馬鹿」として指弾するものである。国分常直編『電車漫画』(漫画好楽会)、あるいは岡本一平「電車漫画」なども、電車でよくみられる迷惑行為を笑いつつ、それを抑制しようとするものだろう。

また、路面電車ではなく主に鉄道に対するものだが、第1章でも紹介した鉄道院（１９２

０年以降、鉄道省）が出版した『鐵道から家庭へ』（１９１９年）には、改札や乗降場では「秩序を保っていただきたい」とあり、「降りる方は先に乗る方は後より」、「座席の占有を避けること」、「大きな荷物は持ち込まず、必要な荷物は網棚や腰掛の下に」、「座席はまず弱者（老幼婦女等）に」、「歌、音読、談話は慎む」などが挙げられている。現在はあまりみられないものとしては、「褞袍《どてら》や襟巻をしない、羽織袴で足袋《たび》をはかない、靴や靴下を脱がない、裾をまくって毛脛を出さない、肌襦袢一枚になったりしない」、「顔や手足を窓の外にださない」、「窓から物を投げない」、「列車に瓦や石を投げない」などが記載されている。「列車の進行中に扉を開けない」は、煤煙が入る汽車時代において重要なことであった。また、とくに「車内の清潔」は、強く求められた。というのも、日本の座敷の清潔さは外国人から賞賛されるほどだが、客車内は弁当のから、タバコの吸い殻、古新聞紙、カキやミカンの皮、その他のものが手当たり次第投げ散らされて、痰唾が吐き散らされているためであるという。

　こうしたことをうけて１９２１年（大正10年）、鉄道省は第一回鉄道標語を募集している。提示された課題は、客車内では「お互いに座席を譲り合うこと」、「何処も清潔に保つこと」、「喧騒、肌脱ぎなどの不行儀はせぬこと」の三箇条を用いた標語の作成であった。荷風が描いた車内の風景――我先のふるまい、人びとのやかましさ、肌の露出など――を反転させたような規範といえる。また、翌年の第二回では「客車乗降口の押し合いを防ぐ」、「出改札の混雑を来さぬための」、「改札口の行列を乱さないような」三箇条で募集され、一等は「（乗降）一降り、二乗り、三発車」、「（出札）行先明瞭釣銭いらぬよう」、「押すな離るるな割込むな」であった。こうした鉄道標語は、駅弁をまいた紙に掲載されるなどして、戦前から戦後を通じて周知されていった。

同時期には東京市も電車の警句を募集しており、飛び降りを禁じるもの、電車を待つことを求めるもの、停留所できちんと乗降することを求める警句が入選している。第二回では、切符をきちんと切ることを求める警句が入選した。

「座席を詰めてゆずりあう」、「うるさくしない」、「ゴミを散らかさない」、「整列乗車する」などは今でもみられる１００年近く変わらない規範だといえる。一方、「肌脱ぎしない」、「停留所で乗降する」、「切符をしっかり、スムーズに切らせる」などは、近年ではあまりみることができない。「飛び乗り・飛び降りしない」は、現在では「駆け込み乗車はしない」といったほうがいいだろう。

こうした標語や「道徳」が大正期に現れてきたところをみると、荷風が描いた明治末期の電車内の様子はあながち誇張とはいいきれないことがわかる。現在の車内とは異なる秩序が存在しており、それが問題としてとらえられ、だからこそ新たに規範を設定して矯正しようとしていたのである。

「飛び乗り・飛び降り」は都会っ子のならい

駆け込み乗車の抑制、あるいは秩序だった乗降や整列乗車を求める標語は、現在でもみることができる。しかし、「飛び乗り・飛び降り」ということばの意味するところやそこで前提とされている交通環境は異なっている。

たとえば、路面電車以前に東京を走っていた鉄道馬車は、停留所がなく、乗客の求めに応じて停車していた。そのため停車のたびに速度が低下し、運行時刻がきわめて不安定になる。スピードを落としながら再加速するのであれば速度の維持は比較的容易だが、きちんといったん停車してから再発車する場合、非常に大きなエネルギーが必要となる。したがって、できるだけ停まらずに運行するために、「飛び乗り・飛び降り」をある程度許容したほうが効率がよい。そのため飛び乗り・飛び降りは、路面電車以降も暗黙の了解となっていった。路面電車に停留所が設定されても、それ以外の場所で飛び乗り・飛び降りする乗客もいたことは、鉄道馬車時代の名残でもあるだろう。

たとえば１９０４年に刊行された『東京電車案内』では、「電車の進行中飛び乗り又は飛び降りを為すは差支えなし、否寧《いやむし》ろ便利の事なる」（ここでは高嶋修一『都市鉄道の技術社会史』山川出版社、２０１９年：64頁から引用）と紹介されている。とくに飛び乗り・飛び降りは熟練が必要であるため、「老人、子供婦女子等」は試みるべきではないが、電車への飛び乗り・飛び降りの「上手／下手」は都会人らしいかどうかの試金石とされた。たとえば、先の荷風の短編小説と同時期には以下のようにいわれている。

電車の進行をはじめて飛び乗りをするは規則の禁ずるところではあるけれども実際は黙認されている。ソコデ其飛び乗りをする様を車中から見ていると人物によって感じの違うのが一寸可笑しい。先ず股引き脚絆で突っかけ草履の職人肌が飛び乗るのは、実に意気で江戸っ子敏捷の態度を現している。パナマ帽背広服の八字髭がシガーを銜《くわ》へながら靴をひとはねはねて飛びつくのは、同じ敏捷は敏捷でもパリロンドンの都人はこうだといわぬばかりの顔つきが甚だ憎い（内藤鳴雪『老梅居雑著』俳書堂、１９０７年：35－36頁）。

「粋な」、あるいは「品の良い」飛び乗り・飛び降りは、都会人が身につけるべき「かっこいい」所作のひとつでもあった。しかし、１９２０年代になると、路面電車を運営していた東京市電気局が飛び乗り・飛び降りの禁止に力を入れるようになる。この時期は、都市郊外に延伸する近郊電車の新設が加速しており、第１章でもみたように「都心・電車・郊外」がワンセットとなった都市開発が進んでいる。

図版１　大正中期、満員電車に鈴なり乗車する人たち（『都電60年の生涯』）

文学者・物理学者の寺田寅彦は、１９２３年の「電車の混雑について」で興味深いことを指摘している。寺田によれば、大混雑する東京の電車だが、空いた電車に乗るための方法はきわめて簡単である。それは「空いた電車が来るまで待つ」ということだ、という。それができれば世話はないとも思えるが、混雑した電車は乗降に時間がかかるため遅延しがちであり、その分、次の駅で電車を待つ人びとが増える。そうするとさらに電車はますます混んでいく。そう考えると、待てずに我先に乗り込もうとする乗客の大多数は、みずからもとめて満員電車に乗っていることになる。そして、そうすることによってさらに電車の混雑を悪化させている、というのである。

寺田が観察しているのは、我先に殺到し、飛び乗り・飛び乗りをすることもいとわない「待てない乗客」である。「待つこと」の合理性を指摘する寺田の観点に立てば、１９００年代に推奨されていた「飛び乗り・飛び降り」という積極的行為は、不合理で危険な行為となる。逆に「待つ」という消極的行為こそが、結果として合理的で安全な行為となる。

１９２０年代を通じて東京市は、交通調査により乗客数の統計的な把握を進め、ラッシュアワーの時間帯や駅降車人員の数量と順位などを公表するようになる。こうした調査と結果の公表は、交通全体の時間的なフローや空間的なスケールを乗客に想像させ、共有させることを意図したものだ。目先の電車ではなく、全体の運行状況を想像すれば、やみくもに突進するのではなく、落ちついて待ったほうが安全、かつ効率的に乗れる。いわば「急がば回れ」的な思考を広めていくためのものでもあった。それは、飛び乗り・飛び降りする個別の乗客の身体能力に頼った速度維持から、交通全体の流れの一部として乗客を位置付けて運行管理する手法への転換でもあった（田中大介「通勤通学する身体の形成」〈『ソシオロゴス』No.29、２００５年〉）。

大都市の混雑する電車において乗客たちが覚えるべきことは「待つこと」であった。つぎに問題となるのは、その「待ちかた」である。寺田寅彦のエッセイは「次の電車を待つ」ことを教えていた。さらに１９２０年代の「一降り、二乗り、三発車」という標語は、「降りる人を待つ」ことを、「一等国民、一列乗車」という標語は「列になって待つ」ことを教えている。現在でいう整列乗車は、そうした一連の「待ちかた」を洗練させて、順序よく乗降することの積み重ねとして現れてきたものである。

ただし、こうしたことは、すぐに定着したわけではない。すでにみたように「電車道徳」や「鉄道道徳」ということばが１９００年代から使われていたが、１９２０年代には「交通道徳」という用語で、「乗客の行動様式の統制や、それを受け入れる精神の陶冶」（高嶋 前掲書：１１５頁）が試みられた。１９２２年に「交通道徳会」が設立され、東京市・鉄道省・警視庁などと協力して、電車での降車優先、車内で奥に詰めることなどをよびかけている（同右）。さらに１９４０年には大日本青年団と大日本少年団が「交通道徳実践隊」を組織し、警視庁が「交通道徳強調週間」を設けている。中等学校の生徒や大政翼賛会の移動推進員が「交通道徳」を乗客によびかけることもあった。整列乗車は、こうした「交通道徳」運動を通して、第二次世界大戦を通じて定着することになる（同右：１１８-１１９頁）

日本の整列乗車の歴史について詳しく分析した人類学者の斗鬼正一によれば、１９４０年

図版２　戦時中の1945年当時、一列乗車が励行されていた大阪市電の停留所（提供　朝日新聞社）

の右記の交通道徳週間に「一列乗車」をよびかけるようになったという。その後、戦時体制下になっていくにつれて、一列乗車・整列乗車は、戦争勝利という名目で、国家主導のもと指導されるようになる。ただし、戦中・戦後の混乱期においては徹底しきれなかった。そのため、整列乗車が広く普及し始めるのは１９６０年代であるという。１９８０年代になると乗客たちは３列・４列で整然と並ぶようになり、先発用・次発用のスペースを設けた分散型整列乗車方式も現れ、整列乗車はより洗練された形で定着した。外国からみると、鉄道の乗降がきわめて整然としているため、「あまりに統制された国」と揶揄されたり、「秩序のある国」と称賛されたりするほどであった（斗鬼正一「整列乗車」〈『江戸川大学紀要』(29) ２０１９年〉）。

このように鉄道事業者や管理者は、およそ半世紀以上にわたって、乗客たちに「待つこと」、そして「整列乗車」を求め続けてきた。ただし、大量の人口が集積し、流動性の高い大都市においては、そうしたふるまいを知らない、忘れてしまう、うまくできない人びとが一定数出てくる。そのため、くりかえし「整列乗車」のメッセージが発せられる。整然とした乗降は、このような行きつ戻りつするような施策の蓄積と継続のなかで、洗練され、定着してきた。近代社会における都市空間の拡大は、交通機関の正確な時間や速度によって可能となっていると考えれば、乗客の乗降がよりスムーズになったことは、鉄道の運行の安定化、ひいては大都市化にすくなからぬ寄与をしたといえるだろう。

しかし、戦前期において整列乗車はまだ徹底されていなかった。こうした規範のゆるさは、電車の乗降だけではなく、車内空間におけるふるまいについても同様であった。

戦前期における鉄道規範の生成と未成

このような戦前期の鉄道の規範のゆるさについては、大倉幸宏の『「昔はよかった」と言うけれど』（新評論、２０１３年）に詳しい。新聞、投書、書籍、論考などを資料に挙げられた「迷惑行為」の一部を簡単にまとめると以下のような状況であった。

・改札や電車に殺到するあまり怪我をしたり、衣服が裂けたりする
・窓から乗り込んで荷物を投げこむ
・席を奪い合う・占領する
・食物の空箱、包装紙、竹皮、果物の皮、飲料の瓶、新聞、紙屑、吸殻などのゴミ放置
・窓からゴミや吸殻を投げ、痰を吐く
・高齢者、子供、女性、病人、傷痍軍人に席をゆずらない
・車内における肌脱ぎや化粧
・不正乗車の多さ

こうした車内の環境や人びとのふるまいは、いまからみるとかなり乱暴で荒々しい。逆に、現在の鉄道規範において、喫煙、不正乗車、大量のゴミ、モノを投げる、痰を吐く、肌脱ぎなどに関するものは、あまり表現されなくなっている。したがって、いまはみることがすくなくなったふるまいといえる。その意味で、戦前期の車内の秩序は悪く、現在は良くなっていると考えるのが妥当だろう。

一方で、こうしたことが「望ましくない」と考えられていたからこそ、右記のような言説がすくなからず存在していたともいえる。大倉も紹介するように、鉄道省編『汽車時刻表』（１９３０年10月号）の「車中の共同生活に就いて」では、注意事項が24項目にも膨れ上がっている。すでにこれ以前から「電車道徳」、「鉄道道徳」、「公徳心」といったことばが現れており、１９２０年代になると「交通道徳」を標語にした啓発活動がはじまっている。鉄道院・省を通じた交通標語の公募・広報は、そうした試みのひとつであった。

さらに、大阪ロータリー倶楽部の「公衆道徳と都市美」（都市美協会編『現代之都市美：第一回全国都市美協議会研究報告』１９３７年）において報告されたアンケート調査では、人びとが多数集まる状況における「不行儀、不秩序、不愉快、非衛生其他迷惑、嫌悪、不都合と感ぜらるる一般公衆道徳に反する様な行為」が収集されている。これらの調査は、都市美運動とよばれる戦前期の都市計画の革新、および関連する市民運動の一環として行われたものである。都市美運動（City Beautiful Movement）は、19世紀末から20世紀初頭に現れたアメリカで生まれ、日本では１９２０年代に活発化している。

集まった回答９５４件のうち、交通上に関するもの２９８件、うち乗客に関するもの１９６件と公共交通に関するものが多数となっている。この調査結果は、市民運動の一部であり、先述の日本民営鉄道協会の「駅と電車内の迷惑行為ランキング」に比べれば、公式性・継続性がなく、広く知られたものとはいえない。また、公衆道徳に関するもの一般についての調査であるため、鉄道に特化したものでもない。ただし、第5章で扱う現在の「迷惑行為ランキング」との異同を考えるうえで参考になるため、一部を以下に挙げておく。

A交通上に関するもの（２９８件）

第一　乗客に関するもの（１９６件）

1．乗客の先争いは断然止めて欲しい（41件）

2．車内で広い座席は占領するな（34件）

3．車内では騒ぎ、悪戯、飲酒食など遠慮してほしい（21件）

4．満員電車内で窓から外を見せようと泥靴のまま座席にあがらすのはぜひ止めて欲しい。他の迷惑に頓着せぬ母親が多い（13件）

5．市電やバスでなかなか空いているのに出入口を立ちふさがれるのは迷惑だ（13件）

6．車内で座席を強要?するな（10件）

7．雨降りの満員車内では濡れ傘やレインコートに気を付けてほしい（９件）

8. 老人や婦人には座席を譲れ（8件）
9. 寒い時候に自分一人のために窓を開けられるのは迷惑等（5件）
10. 満員車内で人の顔に息や咳を吐きつける無作法者がある等（5件）
11. 車内で居眠りをして隣に寄りかかるのは不愉快だ（5件）
12. 駅の待合室では大きい荷物腰掛を占領する不心得者が多い。駅の入り口で人と待ち合いするのは混雑のもの等（3件）
13. 車内に大きい荷物を持ち込むな、網棚に水物をのせるな等（3件）
14. 電車で新聞を大きく開けてみるのは迷惑だ（3件）
15. 寝台車のなかで大声で談笑したり、ボーイに怒鳴ったりするのは迷惑だ（3件）
16. 間違った市電にのってから行き先を聞いたり、降りてから釣銭をもらうのは大勢のものが迷惑する
17. その他（17件）
18. 所いとわず痰唾を吐き散らすのは非衛生だ（68件）（他項目に再出）
19. 満員車内の喫煙は迷惑だ（17件）（他項目に再出）
20. 食べかす、果物の皮、たばこの吸い殻を車内に捨て散らすのは下等な奴だ

このようにみてみると、現在の迷惑行為と共通する部分も多い。また、それぞれの項目にはより細かな意見も記載されている。どれほど共有されていたかについてはかなり心もとないが、鉄道の規範、およびその「逸脱」に関する乗客たちの厳しくも、細やかな視線がすこしずつ形成されていることがわかる。また、調査結果の約3分の1が「交通上のもの」、なかでも「乗客に関するもの」が約2割を占めているように、大量の見知らぬ人びとを集積し、安定的・効率的に移動させなければならない近代交通というテクノロジーとシステムが背負った大きな課題、あるいはそれを利用する人びとの困難が次第に可視化されてきたといえるだろう。また、戦前以来の「交通道徳」だけではなく、戦後に「エチケット」というふるまいの審美的価値を重視する鉄道の規範の萌芽をみてとることもできる。ただし、こうした不行儀・不秩序・不愉快を改善するためにどのように規範を説得するかについての論法は、現在とかなり異なっている。この点については、次節で述べることにしたい。

３・２　戦中の車内規範とナショナリズム：家庭と隣組としての交通道徳

「家庭の延長としての車内」の時代

このように戦前を通じて、すこしずつ整列乗車や車内規範が現在のような形で明示されるようになってきた。ただし、それを説得するための論法や車内空間の位置付けは、現在とかなり異なっている。第二次世界大戦前後の時期、鉄道を利用する人びとの関係や空間はどのように位置付けられていたのかを、以下の１９４１年の論考からみてみよう。

> 車内は家庭の延長であり、社会の縮図であるともいわれる。皆で立派なものにしていただきたい。これではじめて大東亜共栄圏の確立に邁進しつつある大国民としての価値があると存する次第である（大教社編輯部編『鉄道常識読本』大教社出版部、１９４１年：２６０頁。傍点引用者）。

この時期においても車内が「社会の縮図」とされていることがわかるが、その一方で、

「社会」のイメージが現在とかなり異なっている。とくに注目すべきは、ここでの「社会」が「家庭の延長」と重ね合わされているところだろう。「家庭の延長」としての車内（＝社会の縮図）という考え方は、現在とは真逆のものとさえいえる。

たとえば、２００８年から２００９年に展開され、話題になった東京メトロのマナーポスターに「家でやろう。」というシリーズがある（図版３　家以外の場所が挙げられることもある）。「家ではないのだから、車内で化粧はしないようにしよう」とか、「家ではないのだから、車内で寝そべるのはやめよう」といったことを訴えるポスターである。このように現代社会では「車内は家ではないのだから、こういうことはやめましょう」というメッセージが規範を説得するための話法として用いられている。

しかし、20世紀前半の日本社会においては「車内は家のようなものなのだから、こういうことはやめましょう」とまったく逆の説得の仕方が定着していた。１９２１年の鉄道省が募集した鉄道標語の入選作品にも、「客車内はわが家族　ゆずりあい、客車内は我客間　きれいにし、客車内は我家庭　行儀よく」というものがある。その後も、１９３６年の大久保寅一『安全への道　万人必携』（鉄道青年会出版部、１９３６年：71頁）において、「車室は一時にせよ共同の住居なれば、自分の家を綺麗にすると同じ気持ちで、常に清潔に保つ心得ありたきこ

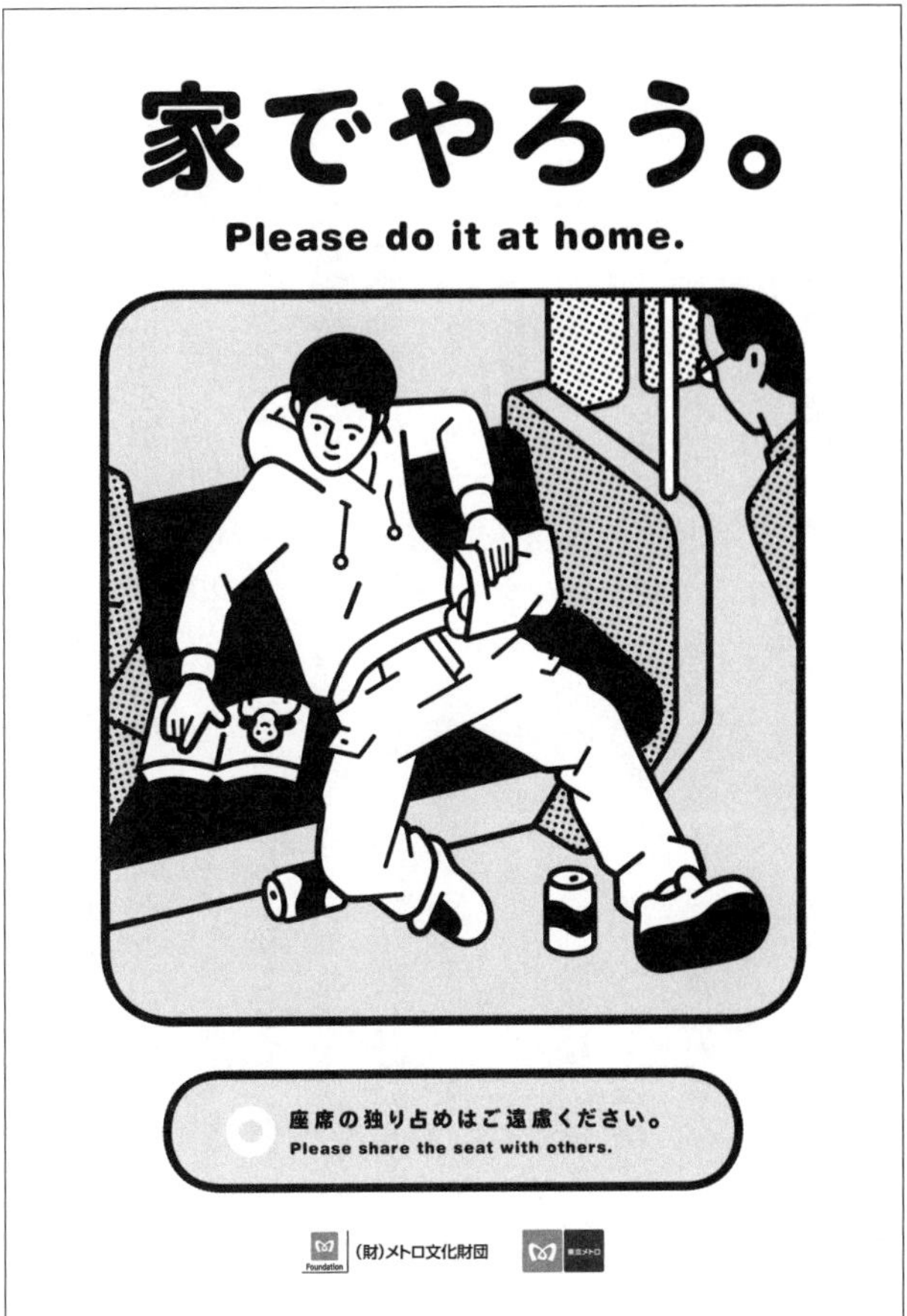

図版3 「家でやろう。」ポスター

と」と述べられている。
「家としての車内」が説得力のある論法として期待されたのは、身内に近い、自分にとって関係する人であれば気を遣って行儀良く対応するだろうと――実態はどうあれ――考えられていたためだろう。行為の順序、相互の位置、ふるまいやよそおいなどが体系立てられた「礼儀作法」が生じる伝統的な「家」の関係性をもちこむことで、車内空間の秩序維持をはかっているわけである。逆にいえば、当時の人々は、その礼儀作法の外側にいる人びとをあまり気にしない傾向があると考えられていたことになる。戦前の公共交通においても「公徳心」ということばがよく使われたものの、そこでの「公」は「家」の延長線上にある「道徳」において秩序維持されるようなものとして語られている。

一方、現代の「家ではない車内（家でやろう）」という論法は、むしろ家庭は気のおけない関係であり、多少の失礼があってもかまわない私的空間であることが前提とされている。そして、その外側にある車内空間は、尊重し、遠慮しなければならない他者がいる公的空間になる。

ここには、戦前から現代にかけて、期待される家庭像が、伝統的な「家」という関係性から近代的な「家庭」という関係性に変化し、それにともない車内空間の秩序維持のありかたも変容していることがみてとれる。

武家、上層の農家、商家などで意識されていた「家」は、家名・家産・家業を継承する、家長を中心とした経営共同体と考えることができる。家長にしたがい、みんなで働く集団といえばいいだろうか。明治期になると、このような家制度は、近代以降、戸籍法の「戸主」を中心とするものとして強化され、親や祖先への服従が重視されるようになる（本多真隆『「家庭」の誕生』ちくま新書、２０２３年：66–70頁）。明治期には、近代家族につながる「家庭」の理念も生まれていたが、「戦前において『家族』という言葉は、家制度的なニュアンスも色濃く含まれていた」（本多真隆『「家庭」の誕生』：76頁）。しかも、戦時中になると、戦前において「家庭」が「家」と対立する意味をもっていたことが忘れられ、とりわけ保守系の論調においては『家庭』は、『家』のなかにとりこまれていた」（本多真隆『「家庭」の誕生』：１３７頁）。したがって、１９４１年の「家庭の延長としての車内」は、「家」的な家族像を指していると考えたほうが自然だろう。だとすれば、江戸時代の作法・儀礼がそうであったように、「家のように」は、車内にいる人びとを――上下関係や社会的面子の力学がはたらく――ある種の利害関係者とみなして、ふるまいやたたずまいを整えることが期待されていることになる。

一方、戦後の高度成長期を通して、夫婦と子どもを中心とした性別役割分業により運営される近代家族が「家庭」と表現され、主流となっていった。このとき家族は、夫婦や子どもの情愛を核にした閉鎖的関係、すなわちその外側と分離された「私的空間」になる。とりわけ趣味や生活を重視することが、マイホーム主義や〈私生活〉志向とよばれ、〈公〉志向に優越するとされた（本多真隆『「家庭」の誕生』：２０６頁）。このような「パブリックとプライベート」を区別した語り方、および後者の重視によって、車内空間は外部化されることになる。そして、車内空間は、「家」の延長ではなく、「家庭」から分離した領域＝「公的空間」へ変化していく。その結果、車内空間を「家庭の延長」で包み込もうという方針は通用しにくくなる。それとは別様の仕方で、公的空間として秩序化しなくてはならなくなるだろう。詳細は次章以降で扱うが、「家でやろう」という現代的論法は、私的空間と公的空間の分離、およびその緊張と緩和の使い分けが前提となって以降、通用するようになったものといえる。

　永井荷風が描いた路面電車の時代には、多様な職業の人びとが乗車していた。実際、１９２０年の全就業者のうち、いわゆる「サラリーマン」を含む「新中間層」の割合は全国で約４％しかない。東京だけでみても12・86％にすぎない（日本リサーチ総合研究所編『生活水準の歴史的分析』総合研究開発機構、１９８８年）。もちろん戦前においても、現在みることができるような通勤・通学客は増えており、ラッシュアワーは発生していた。しかし、乗客のさらに多くが、近代家族を構成する戦後的な「サラリーマン」や現代的な「オフィスワーカー」になっていくのは、戦後以降になるだろう。規範を説得する対象の社会的属性が変化していけば、説得の仕方も変わる。こうして20世紀前半から後半にかけて、鉄道の規範を説得するときに前提となる「公と私」の関係や空間の感覚——「縮図としての社会」が変化していくことになる。

隣組としての車内

現代との差異を強調するためにすこし先に進みすぎた。もう一度、戦前期の車内空間に戻ることにしよう。

１９３０年代は、都市内交通だけではなく、鉄道による移動が全国規模で活発化した時代であった。１９３４年にジャパン・ツーリスト・ビューローと日本旅行協会が合併してＪＴＢが発足しており、国家による観光事業への取り組みが本格化している（赤澤史朗「観光・厚生・旅行」〈赤澤史朗・北河賢三編『文化とファシズム』日本経済評論社、１９９３年〉）。

こうした観光事業の国策化は、鉄道省の組織網を利用した旅客政策の拡大に対応しており、

１９３０年代には国鉄団体旅客数が倍になるほどであった。日中戦争に突入して以降も、国民精神総動員運動や厚生運動のなかで、ハイキング・登山・スキー・海水浴、あるいはさまざまなレクリエーションが国民の体力向上・生産能率の向上の名目のもと推奨されるようになる。１９４０年には紀元２６００年奉祝の一環として建国聖地の巡拝旅行のキャンペーンがはじまり、国家規模のツーリズムの組織化、国策的な大衆旅行がピークを迎えた（同右：31–32頁）。ただし、こうした旅行者や鉄道旅客の増大は、旅行者の質の低下や車内秩序の混乱をもたらすこととなった。しかも１９４０年代に入ると、戦争遂行が優先され、ツーリズムの過熱や旅客の増大に対する批判が現れ、旅行の自粛が求められるようになる。こうした戦前・戦中の鉄道利用者の増大と混乱のなか、車内秩序を維持するための論法が「家庭の延長」としての車内であった。

さらに戦時体制が強まると、「家庭の延長」としての車内には、「隣組」と表現される地域社会を表現する語彙が現れている。「戦時国家」、「戦時国策に協力するため」に編集された山田朝吉編の『交通手帖』（鉄道教材社、１９４２年）には、以下のような交通道徳の標語がのせられている。

> 車内は隣組精神を発揚し、座席の互譲交代をなし、不用意な言動に注意して防諜に努めるよう、紙屑食べ殻など座席の下に始末して清潔を保ち気持ちよく、楽しい旅行をいたしましょう。

戦時体制の末端組織ともいえる「隣組」の関係として車内の規範を維持することが目指されている。車内における静粛さの維持も、スパイに対する防衛という意味が付け加えられ、緊張感が漂う。とはいえ、「紙屑・食べ柄は座席の下に始末する」とされているように、現在のゴミの処理の仕方に比べるとずいぶんとおおまかではある。

また津留孝次「車内隣組の提唱」（『旅』20（5）、新潮社、１９４３年５月号）においても車内隣組運動が以下のように提案されている。

> この運動は、國民運動として大政翼賛會あたりが大いに力を入れてほしい。かかる卑近なものにこそ翼賛実践の眞諦があるといへよう。翼賛會はその下部組織を利用して、一つ一つの工場會社を説いて自治會を作らせるのである。このやうに組織化されれば乗客は、軍隊の如く整然とした挙措をとり、それが延いては日常國民生活の様相を一変さ

> せてくれるのである。車内は全く世のなかの縮図である。あらゆる階級の人、老幼男女、そして異國人が集まるところの共同生活である。しかも、この共同生活を現代の人々は、日常絶えず経験する。交通機関を利用しない生活といふものは現代では殆ど想像されないのである。特に人口稠密のわが國では、一寸した買物にも交通の便をはからなければならぬ、交通と生活とは切り離すことが出来ぬ関係にあるから交通道徳が昂揚されれば、國民道徳の水準も自から上がることとなる。……交通機関のやうに、いやおうなしに共同生活を余儀なくさせられるところで徹底的に訓練することが最も近道である（傍線引用者）。

1930年代以降、鉄道による移動者が増大していくなか、鉄道車内は、異質的で、多様な人びとと共同生活を営む「世のなかの縮図」となる。しかし、それは、「徹底的に訓練」して、「国民」という同質性の高い関係に変換されなくてはならない。戦前・戦中の車内は「家庭」や「地域」などの同質的な共同生活の空間であるべきとされ、それは「国民国家」にまで延長される。しかも、戦時体制へと進むなか、「大東亜共栄圏」や「戦時国家」というより大きな単位を天下りさせながら、その同質的な関係を強化することが目指されていた。

総力戦体制と「純日本的なもの」としての交通道徳

戦時期の日本では、総力戦体制の強力な動員によって不足する資源や人材を確保することを試みており、鉄道交通の統制も喫緊《きっきん》の課題であった。鉄道事業の「交通統制」は、世界恐慌による経済危機に後押しされ、増大する自動車と既存の鉄道の適切な関係を作る交通調整としてはじまっている。しかし、この交通調整は日中戦争がはじまるなかで総動員体制に位置づけられるようになる。とりわけ１９３８年の陸上交通事業調整法、および同年の国家総動員法にもとづいた陸運統制令（１９４０年）といった強い圧力のもとで進められた。その結果、鉄道、軌道、自動車などの全般にわたる陸上交通事業に対して、国家権力が全面的に介入する権限を得ることになる（原田勝正『日本の鉄道』吉川弘文館、１９９１年：１１２頁）。１９４０年代以降、ツーリズムへの熱が高まっているにもかかわらず、旅行の自粛を求めざるをえなくなったのは、鉄道の戦争利用のためでもあった。

こうして戦時体制を支える交通政策の一元化、および鉄道事業の統合が進んだ。たとえば大阪では、近畿日本鉄道、京阪神急行電鉄、阪神電気鉄道の３社に統合され、東京では東京急行電鉄、西武農業鉄道、京成電鉄、東武鉄道の４社、および帝都高速度交通営団に統合されている。さらに、太平洋戦争が開始されると、１９４２年に大東亜建設審議会が大東亜交通基本政策を答申し、「『大東亜共栄圏』全体にわたる一貫輸送体制のための交通網の整備」（原田勝正『日本の鉄道』：１２１頁）が重視されるようになる。

こうした鉄道事業の統制は、鉄道経営にとどまらず、鉄道乗客にも及んでいる。１９４２年6月23日、ＮＨＫ大阪中央放送局からラジオで放送された大槻信治の「臨戦下の交通道徳に就て」（ここでは『汎交通』43（8）に掲載された要旨から引用）では、以下のように述べられている。

> 殊に国家総力戦が進めば進む程、そのために必要な人と物の動きが、非常の勢いで増加する。すると現在の交通機関では、中々輸送しきれなくなってくる。鉄道や電車の線路を増設したり、車輛を増加したりするが、到底追い付かない。勢い一般の貨物や旅客を抑えて、総力戦に必要な物資や人間の輸送に振向けるより仕方がなくなるのである。
>
> （中略）
>
> 国の総力の重要な一部たる交通の輸送力を、少しでも無駄に使ってはならぬ。いわゆる重点主義で、最も必要なる物と人とを送ることが要請されてきた。昨今汽車・電車の

中などに国策輸送に協力するようにというビラが掲げられてあるのも、こうした国家の要請に当てはまるよう協力せよということにほかならぬのである。

戦時中の交通道徳は、「戦争の勝利」という正当性のために積極的に喧伝された。こうした言説は各所でみることができる。たとえば英米に対して宣戦布告がされた１９４１年には以下のようにいわれた。

> 昨今のように交通が混雑して、一枚の切符を買うのにも行列を作り、寝台券を手に入れるのには、夜中に大活動をしなければならないくらい、交通機関の有難味がしみじみと感じられる時代にこそ、交通道徳を樹立したいものである。
>
> (中略)
>
> しかるに時勢の転換とともに「颯爽とハイキング」が「国策輸送に協力せよ」となった。まさに気乗ずべしである。
>
> (中略)
>
> 世の中の人々は交通などは別にたいしたこととかんがえていないかもしれぬが、国家

総力戦下において、交通道徳がいかに重要なものであるかをまず思わねばならぬ。（中略）ここにも厳として存在していることにきづかなくてはならぬ（石井満『鉄道生活訓』鉄道研究社、1941年：14–16頁）。

1920年代以降、鉄道乗客が守るべき規範は「交通道徳」ということばで表現された。1940年代になると、それが総力戦体制下のナショナリズムの表現として用いられることで、より強力なメッセージとなった。先のNHKのラジオ放送では以下のようにいう。

日本人は実に偉大な国民だと自他ともに許しておるが、社会道徳の方面にはそこまで達するのにまだ相当な距離があるのではあるまいか。知った人同志の間では礼儀正しい人も、見知らぬ人の中に出ると、我勝ちに先を争うようになる。

（中略）

近頃車内隣組運動ということが行われているが、まったく右の自覚と反省を促すための運動に外ならぬと思われる。（中略）隣組同志が乗り合わせた気持ちになり、いたわり合い譲り合うことができればそれでいいのである。「乗り合えば皆一億の隣組」である。

（中略）

従来の交通道徳は、各個人個人の修養の問題だったが、今後の交通道徳は、その上に国家の意思が加わってきた。これまでは、実行しないものは笑われる程度だったが、今後のこれからは、励行しなければ一億国民の一人として、銃後のご奉公の勤まらぬ人間だ、ということになるのである。（中略）米英などの、個人主義的な考え方に基づく交通道徳ではなくて、純日本的なる交通道徳が生まれてくることと考える。さようにして大東亜共栄圏内にある、諸民族の指導者として恥ずかしからぬ、立派な社会を作り上げるようにしなければならぬ（傍点・傍線は引用者）。

鉄道の車内は「家庭の延長」であり、そこに乗り合わせた人びとが「隣組」として一致団結することができれば、「皆一億の隣組」となる。ここで目指すべき「社会」像とされているのは、「大東亜共栄圏」の指導者たる「帝国日本」である。その実現のためには、米英のような個人主義的な交通道徳ではなく、一億国民として「純日本的交通道徳」を作り出す必要がある。このように「家庭」や「地域」といった同質性・共同性の高い関係を鉄道のなかに実現する。そして、そのような強い紐帯《ちゅうたい》を、鉄道というネットワークを通じて広域的に連鎖させることによって、「大東亜共栄圏」を形作るという構想である。

すでに１９００年代以降、台湾鉄道、朝鮮縦貫鉄道、満州鉄道の建設がアジア各地の植民地経営において重要な役割を果たしていた。国内においても鉄道国有法が長い議論の末、１９０６年に成立している。とりわけ南満州鉄道は、情報・物資・人材などに関わる多角的な鉄道経営を通じて、中国東北南部の植民地支配の実現を目指していた（原田勝正『日本の鉄道』：１００−１０６頁）。このように、帝国主義的な鉄道構想が実現していく時代において、鉄道のなかに（あるいはそれを通して）実現すべき「社会」は、家族・地域と区別されたものではなかった。むしろ、その延長としての「国民国家」であり、さらに国外にも拡張しうる「帝国日本」でもあった。

こうしたことをふまえると、鉄道の規範が「交通道徳」、すなわち「道徳」として表記されたことの意味もはっきりするだろう。１８９０年の教育勅語に結実する「修身」科目、およびそこで用いられる「道徳」という用語には、「仁《じん》義《ぎ》忠孝《ちゅうこう》」を旨とするような儒教主義の方針が影響している。つまり父母への孝行、兄弟との友愛、そして主君への忠義などを重視した「道徳」である。戦前の道徳教育は個人・市民生活・国際社会を重視する方針とのあいだでゆれうごいたものの、１９１０年代の国定修身教科書では、家族国家観に基づいた国民道徳が強調され、１９３０年代に入ると、天皇制国家への忠誠や天皇の神格化が強まっていった（江島顕一『日本道徳教育の歴史』ミネルヴァ書房、２０１６年：１３７頁）。「家庭の延長」としての車内とは、そうした孝行を重視する儒教主義的な「道徳」という用語に適合し、天皇への忠義へと接続することで「帝国日本」にまで拡張されうるものであった。

「総力戦体制」は、政治体制の変化にもかかわらず、戦前と戦後を連続させる「システム化」と「現代化」を生み出したとされている（山之内靖『総力戦体制』筑摩書房、２０１５年）。たしかに満員電車にモノのように詰め込まれていく戦後の「サラリーマン」の姿は、機械的な大量輸送という合理化されたロジスティクス（兵站）の論理に似たところがある。それを、国家主義が企業主義に形をかえて連続している、ということもできなくはない。

しかし、車内空間は「家庭の延長」であり、その規範（≒「交通道徳」）は「純日本的なもの」でなければならないという内部化の論法は、現在とはかなり異なる。むしろ、戦後の車内空間は公的空間として外部化され、そのような空間として秩序維持が試みられていくことになる。

3・3　戦後の車内規範とデモクラシー：科学と市民としてのエチケット

科学と市民がつくる鉄道規範

１９４５年８月のポツダム宣言の受諾によって、日本は第二次世界大戦の敗戦を迎えた。敗戦は、鉄道交通にきわめて大きな混乱をもたらした。たとえば、復員兵、疎開者、引揚者、物資購入など大量の人びとの移動が発生し、旅客輸送量は戦前の３倍になっている。しかも戦災により列車キロは半減したため、主要な路線では定員の３～４倍の乗客数にもなった。都市部では空襲による住宅難によって遠距離通勤者が激増する一方、電車、都電、バスなどの公共交通も焼失していた。その結果、「とくに大都市近郊の電車区間では、朝晩のラッシュが言語を絶する状態となった」（老川２０１９：10頁）。こうした鉄道輸送の混乱や設備機器の老朽化、劣化、不足によって重大な事故も多発している。

　こうした鉄道の混乱は、乗客たちの規範の劣化をもたらしているとされた。松本仁の『デモクラシーと國民道義』（大阪新聞社、１９４６年）は、敗戦が日本國民の道徳と徳義とを失わせている、という。そしてポツダム宣言以後、「日本的デモクラシー」を打ち建てるための國民道義の第一は、「多人数群衆の場合における道義」であるとされ、基本的な交通ルールが掲載されている。「車輛不足は道義でおぎなえ」とされている通り、この時期は「民主（デモクラシー）」と「愛国（ナショナリズム）」が共存している時期でもある（小熊英二『〈民主〉と〈愛国〉』新曜社、２００２年）。

こうした鉄道の混乱や規範の劣化を改めるために手本にすべきは、アメリカ進駐軍であるとされた。彼らは「生きた道徳教材」であるという（松本仁『デモクラシーと國民道義』）。

> さすがにアメリカ将兵は、……中略……、交通機関の乗り降りには、悠然、日本人に後れて乗り込み、日本人に後れて降車するその大国民としての風格、文化国民、民主主義国民としての鷹揚たる持味は、公衆道徳の格守にあらわれて、心ある日本人をして、うたた感嘆の声を発せしむるのである。

鉄道規範に限らず当時の言説にはしばしばみられるが、戦時中に批判された欧米の個人主義的な交通道徳は、敗戦後、理想とすべき規範へと反転している。ただし、同書に掲げられている、順番の順守、迅速な乗降、荷物の納め方、高齢者・子どもへの席譲り、車内での授乳や肌脱ぎの禁止などの規範は、戦前と大きく変わっているわけではない。とくに戦後においても車内での授乳がわりあい大っぴらに続けられていたことがうかがわれる。

もう一点、１９４０年代の「交通道徳」には独特の語り方が存在する。それは「生活の科学化」である。１９４１年には「日本生活科学会」が発足しており、「国民」育成に資する生活科学による合理化が目指されていた。健康、衣料、住宅、生計、労働などに至るまで生活の各領域にわたる科学的な合理化が目指されており、『生活科学』は、国民の生活のさまざまな諸側面を「標準」という用語で描きなおすこころみであった。同時にそれは生活という領域を、機械の比喩でとらえ、産業技術から導出原理を通じて身体や生を再編成する試みであった」（新倉貴仁「国民の標準化」〈『年報社会学論集』関東社会学会２０２３年：79頁〉）。第一次世界大戦期に発展した大量生産の技術をふまえつつ、生活の科学化、あるいはそれを標語にした「標準化」は、その国民生活への応用として第二次世界大戦期に展開することになる。

戦前に現れた「生活の科学化」は、戦後の公共交通においても適用されている。ただし、それは、ナショナリズムよりも、デモクラシーということばに結びつけながら語られることになる。

和辻春樹（造船技師・科学評論家）の『生活の科学化』（弘文社、１９４６年）によれば、

「われわれは今日近代的な交通機関の恩恵に浴さないわけにはゆかないのだから、老若男女、身分の如何を問はず、あらゆる階級の人が同じ箱のなかで乗客となる。そこで公衆道徳を心得ているか、文化人としての資格を持っている人間であるかということが、極めて明瞭に鏡に映されたように観られる」という。ここでの公衆道徳は、「科学の精神ある、即ち道義心のある人の立派な品性と行為」とされ、「科学」と「道義」が等値のものとされている。そして、アメリカを中心とする欧米に敗れたのは、近代的なテクノロジーである交通機関の粗末さにみられるような科学の遅れであり、それを利用する際の「生活の科学化」が達成されていなかったからである、という。敗戦後、交通機関の設備はきわめて不完全で、品質が悪いが、世界のだれにみせても恥ずかしくないふるまいをする「生活の科学化」によって補っていく必要があるとされた。

また、電車のなかは「階級のない民主主義の社会」の縮図だが、「本人の利己主義から発した不道徳と本人の科学的教養の不足から発した不注意」が蔓延《まんえん》していると論じるものもある（末広恭雄『漫筆さかな』富文社、１９４８年：１４９–１５０頁）。末広恭雄は水産学者で、東大学生歌の作曲者としても知られているが、このエッセイでは、整列乗車という効率的交通は、公衆道徳の問題だけではなく、科学的素養の一種であるという。たとえば、つり革が他の人にあたってしまうような「振子に等しいつり革による迷惑は、科学的の不注意ともいえるが、車内に於《おい》て、科学的の考えが足りないために、人に迷惑をかけることがこの他にもずいぶんある」。ほかにも、慣性の法則を知っていれば、発車停車、カーブ時の車体の動きがわかるのでひとにのしかかることもない。汽車から物を捨てる、唾を吐く、たばこの灰も後ろの窓辺にいるひとに迷惑がかかることもない、とされる。このように、公共交通の秩序や乗客の交通道徳は、「科学」という視点から捉えなおされた。ただし、「科学と道徳」はあまり区別されておらず、その具体的な内容も戦前からあまり変わらない。

たとえば、積極的に推奨される行為として、他人に協力すること（窓開けの助力、荷物の上げ下げ、子供の背負い・抱っこの助力、通る人には体をかわす等）が挙げられている。また、「疲れて居眠りをしている人には枕となってやるだけの情味が欲しい」（ただし、これは戦前のアンケートでは迷惑とされている）、「一列に並んで電車を待つ停留所で雨が降ってくるときは傘のない人に自分の傘をさしかけてやる親切がありがたい」、「夫婦または二人連れとみれば一人ものは席を交換してやること」というように、積極的な親密さ・親切さが強く求められている。

> 「袖ふり合うも他生の縁」というが、同じ電車、同じ列車の一つ箱に乗りあわすのはよほどの縁があるといえよう。知らない同志が、知らぬ間に、ひとつの限られた箱の中で一つの社會を作っている。階級も何もない最も民主的の社會である。従って各人がお互いのことを、よほど考えて行動しないと、飛んだ迷惑をこうむる人が出てくるのが当然である（末広恭雄『漫筆さかな』）。

第二次世界大戦の敗戦を通じて、日本の政治体制は大きく変化した。その一方で、清潔を保つ、譲り合う、親切にするなど、駅や車内で守らなければならない鉄道の規範に大きな変化はない。また、整列乗車を含む乗降の効率化を進める方向性も同じである。

しかし、そうした規範の正当化の仕方は大きく異なる。「国民国家」や「戦争勝利」のために車内規範を強化する論法から、「科学精神」や「民主主義」のために車内規範を育むという論法への変化である。そのとき、車内は「家」という「同質な関係」（一億の隣組）の空間ではなく、「社会」という「異質な関係」（階級のない民主主義）の空間として位置付けられた。物資・設備の不足や科学技術の遅れによって鉄道は混乱しているが、欧米の近代的な「交通道徳」を育み、「生活の科学化」を進めることでそれは改善される――鉄道の車内は、こうした科学精神・民主主義の育成現場とみなされたのである。ただし、その民主的な関係を作るための交通道徳の内容は戦前から続くものであり、いまだ仏教的な用語（他生の縁）も用いられている。

交通道徳協会の設立とミラー書簡：道徳とエチケットのあいだのゆらぎ

敗戦後の輸送力の不足と輸送量の増大によって発生した混乱や混雑が「交通道徳の劣化」をもたらしている——こうした認識は日本政府にも共有されていた。終戦直後（１９４６年）にはふたたび「交通道徳協会」が発足し、２年後、運輸大臣（当時）により財団法人の認可を受けている。設立当初の同協会は、運輸省、文部省、内務省などの後援のもと、復興交通展覧会・移動展覧会の開催、都下中学校生徒の交通安全教育運動などをおこなっている。

さらに１９５２年、サンフランシスコ講和条約によって連合軍が撤退するにあたって、極東軍司令部運輸局ミラー大佐から国鉄総裁宛に長文の書簡が送られた。ミラー大佐は国内の鉄道旅行で体験したことをもとにして、旅客列車の惨状を報告し、国鉄側へ改善を要請している。同書簡によれば、客車はゴミだらけで、水の出ないところもある便所、洗面所はきわめて不潔である。旅客は下着を整えるためにズボンを脱ぎ、男女問わず飲酒や宴会などの大騒ぎであり、寝台車には芸者や女性を連れ込んでおり、乱れきっている。こうした状況を改善するためには、鉄道員による清掃や新聞ポスターなどを通じた車内、洗面所、便所を清潔にする運動をおこない、車掌が飲酒や騒擾《そうじょう》を抑制するための秩序維持の責任をもち、警察などの力を借りることなどが提案されている。

　この書簡を受けて国鉄営業局旅客課では、国鉄サービスの向上を通じた交通道徳の高揚と維持を検討している。そして「『車内は社会の縮図』といわれるのは、逆にいうなら、交通道徳の向上こそ社会道徳上の最も手近な道であり、社会訓練の実施方法でありうる」（中村四郎「交通道徳と国鉄のサービス」〈『国鉄線』７（6）（37）、１９５２年６月号〉）として、同年、「客車と駅を綺麗にしよう」という全国運動を展開している。さらに、こうした運動を広めていくうえで、交通道徳協会、交通協力会、観光協会などの国鉄の外郭団体への協力も方策のひとつとしてかかげられており、なかでも交通道徳協会は交通道徳に関する運動をおしすすめる中心的な存在になっていった。

　１９５２年９月交通道徳協会の再発足について触れた論考では、戦後日本人の交通道徳は外国人に比べて著しく劣っているとされる（玉井淳「交通道徳協会の再発足について」〈電気車研究会編『電気車の科学』６（11）（67）、１９５３年11月号〉）。鉄道車内の状況は「交通道徳文化の尺度」として日本人の社会道徳の程度を如実に示し、日本人の交通道徳は低下している。そのため、交通道徳の向上は、敗戦の原因となった封建制の打破にとってひときわ重要である、と説かれている。ただし「交通道徳」ということば自体が問題のひとつにもなった。

交通道徳協会は、戦時中の文部省社会教育局長、国民精神文化研究所長であった関谷龍吉によって設立された。初代理事長となった関谷は、後年、広報誌『明るい旅』（no.46、１９６8年7月25日発行）で以下のように設立を振り返っている。

> 私は戦後の混乱時代、社会道徳の再建のために、何から着手すべきかを考えた時、かかる時代に道徳などと言う言葉は全くタブーであるが、ただ交通道徳だけはお互いが困りぬいているところであるだけに、必ず反対者はないこと、かつ、公衆道徳は殆んど交通道徳によって代表されるものであるという点に思い当たり、幸いに国鉄当局、交通協力会、文部省等の支援を得て、交通道徳協会を創立したのである（傍点引用者）。

交通道徳が、より広い公衆道徳、さらには社会道徳の中心として位置付けられており、「社会の縮図」としての交通という言説の一種とをみることができる。しかし、その一方で、

「道徳」ということばを使うことはタブーとみなされていたことがわかる。「道徳」という用語が、戦前・戦中の「修身」を想起させるためであった。すでに前節でも述べたように、1880年の改正教育令で小学校教科の首位におかれ、教育勅語発布以降は小学校以外の各学校でも設置された「修身」は、戦後、国家主義的な教育の象徴として批判された。しかし、戦後の交通体制の混乱ぶりを乗り越えるためには、交通道徳協会は「道徳」というよく知られたことばにしばらく頼らざるをえなかった。とはいえ、「道徳」という重いことばを別の軽みのあるものにおきかえる努力もおこなっている。

広報誌である『交通道徳』の当時の誌面をみてみると、鉄道の規範を指すことばとして、交通道徳よりも、モラルやエチケットといったカタカナが用いられている。また、1953年の発行以来、『交通道徳』という名称であった機関広報誌は、1960年に『明るい旅』というタイトルに変更された。協会名として「交通道徳」は残ったものの、次第に「道徳」の文字は後景に退いていく。

新生活運動協会・交通道徳協会『母子記者　旅のモラル拝見　別冊明るいたび』（1967年）では、鉄道少年団に所属する子どもとその母親による鉄道車内の見聞記がまとめられている。この冊子では、「まだまだ低い旅のモラル」、「みんなが守ろう旅のエチケット」といったカタカナ表記になっている。とくに「エチケット」という用語の使用頻度が高く、ゴミとタバコの吸い殻問題を中心に報告されている。モラルやマナーなどのことばもこの段階で現れているものの、敗戦後から高度経済成長期に、鉄道の規範を指す用語として「道徳」の代わりに多く使われるようになったのは「エチケット」ということばであった。

その一方で、「大東亜共栄圏」や「隣組」は解体したものの、「家庭の延長」としての車内という論法や意識は1950年代まで継続している。たとえば「清潔きれいにしましょう車内も我が家」という標語が協会冊子の表紙裏に掲載され続けている。それまでの交通道徳と新たに導入された「エチケット」とのあいだにゆらぎをみることができる。

たとえば『国鉄線』(7(6)(37)、1952年6月号)の「国鉄展望：講和とエチケット」と題された論考では、以下のようにエチケットが論じられている。

日本社会の社会構造は家族を中心としており、道徳の基準も家族主義であり、鉄道の大家族主義ということばもそれにならっている。一方、欧米人にとっては、コンパートメントやカーテンのなかが家なのであり、その外側は別の空間であり、エチケットを守るべき場所である。しかし、日本人にとっての客車は家のなかと同じものになっている。そのため、エチケットをよびかけるにしてもお客の一人一人が親兄弟のつもりで親切にといったほうが職員にはピッタリくるし、お年寄りへの座席譲りも自分のおじいさん・おばあさんのつもりで譲りましょうといったほうがお客にもピンとくる。日本人によびかけるには客車のなかを自分の家のお座敷のつもりできれいにしましょうといえばなるほどと思ってくれる。交通道徳のポスターを募集したところ、「僕たちの庭です、山です、車です、きれいにしましょう」という文句が使われているのをみて、わがものと思って大切にしてくれという言い方がピンとくると感じる、という。

このように「家庭の延長」としての車内という方針が、「隣組」の活動や「大東亜共栄圏」の理想が失われた戦後にも残っていたことがわかる。そのため、欧米由来のエチケットという用語に対する戸惑いがあったのである。

このように、１９５０年代には「家庭の延長」として守るべき「交通道徳」と「家庭の外部」において守るべき「エチケット」という二つの論法と用語が混在していた。１９５９年6月1日の朝日新聞の記事においても、全国の国鉄で「エチケットモデル列車」を導入し、「交通道徳向上運動」に取り組んでいる、という。また、１９６3年に話題となった公共交通における暴力事件が「殴られた交通道徳」と題されて報道されていたように、「交通道徳」という用語は高度成長期においても残存している。

ただし、国鉄や外郭団体である交通道徳協会などがさまざまな改善運動やキャンペーンに取り組んでいくなかで、交通道徳は徐々にエチケットということばにおきかえられていくことになる。たとえば、１９５０年代末の国鉄営業課へのインタビューでも「旅のエチケット向上」のキャンペーンが紹介されている（井原豊明「守ってほしい車内道徳」〈日本修学旅行協会『修学旅行』(37)、１９５９年〉）。駅のポスター、電車や客車の額面、中吊りポスターなどを掲出し、特別の列車には新生活運動協会・交通道徳協会などの協力を得て、公徳袋、標語や漫画等で表現したマッチやリーフレットなども配布し、修学旅行の生徒には「交通新聞ジュニア版」を配布して、広報しているという。とくに１９６０年に「鉄道少年の会」として発足し、2年後、「鉄道少年団」となった組織が活躍し、全国に拡大していった。この団体の活動内容は、駅や車内において公徳袋やポケット吸い殻入れを旅客に配る、駅や公共広場、観光地などの清掃美化に協力する、事故防止運動に参加してパンフレットなどを配る、赤い羽根共同募金に参加するなどである。

鉄道少年団や広報誌を通じた交通道徳やエチケットの普及活動のなかで交通道徳協会がもっとも力を入れて取り組んでいたのはタバコの吸い殻を含めた「ゴミ問題」であった。とくに「公徳袋」と名付けられたゴミ袋や吸い殻入れを配布する活動や、駅周辺や車内を清掃する美化活動が「エチケット」キャンペーンの主たる内容であった。

エチケットという言説：文明的・市民的な優美なふるまいを目指して

では、戦後日本において、「エチケット」はどういった意味をもっていたのだろうか。「エチケット」という用語が流行し、強調されたのは、旧来的な礼儀作法に代わるものとされたためであった。とくに敗戦後の日本社会が民主主義を実現し、国際社会の仲間入りをするために必要なものだとされている。たとえば今和次郎は、１９５３年3月16日の朝日新聞の「エチケットの科学」という記事で以下のようにいう。「小笠原流の作法」は国粋という名のもとに徳川時代の生活が残っているため、「新憲法に即した生活はエチケットの科学から」はじめるべきである。こうして１９５０年代以降、「エチケット本」とでもいうべきジャンルの書籍・記事が多数出版されている。もちろん戦前期にもエチケットを説く文献がなかったわけではない。しかし、それらは、上流階層や海外渡航をするような人びと向けの社交やテーブルマナーを説くものであった。それらと比較すると戦後日本のエチケット本は、より大衆的な国民運動のようなものとして語られている。

こうしたジャンルを構成するうえで重要だったのは新聞であった。読売新聞では１９５１

年7月から「エチケット集」という欄が新設されている。海外を歴訪し、社交界に通じた侯爵夫人、「欧米通の前田菊子」が担当し、１９５５年11月まで掲載されている。１９５５年12月になると「エチケット」と改題され、次第に原敬の養子で英国帰りの原奎一郎（本名、原貢）が担当する回数が多くなり、１９５８年4月8日まで続いている。このように「エチケット」とは、洋行帰りの「文化人」や「知識人」によって、マスメディアを通じて、「啓蒙」されるべきものであった。かなり遅れて朝日新聞では、１９７０年9月から「新エチケット語録」というシリーズをはじめているが、翌年7月には終わっている。

　家族、親族、学校、地域、商店、会社、公共交通などの日常生活のさまざまな場面において、民主主義社会に生きる人びとはどのようにふるまうべきなのか――鉄道の規範も、こうした「エチケット本」のなかで言及されていたことのひとつであった。たとえば「エチケット集」の「乗物の心得」という回では、「乗りものに乗る時は、婦人が先で、降りる時は男子が先です。これは多くの国に共通のエチケットで、エレベーターも同様です」と紹介されている。また、鉄道の車内で靴を脱ぐのはやめたほうがいいと記した回もあり、車内は「家」でないことを示唆しているようにもみえる。実際、１９５２年5月20日の朝日新聞の記事「旅のエチケット」でも、鉄道で靴や靴下を脱ぐひとがいたが、駐留軍の将校や家族たちがいたので非常に居心地の悪い思いをしたとしている。日本人は洋式の生活に慣れていないが、エチケットの逆コースはご勘弁いただきたい、と当時の政治状況と重ね合わせて論じられている。

　1951年に子ども向けに出版された『よい子のエティケット』（山室民子ほか著、牧書店）は、「エティケットがなければ日本は住みにくい、ふゆかいな国になって、世界の国々からもお友達になってもらえない」から、新しいエチケットを身につけなければならない、と説いている。そして、「人格の尊重は民主主義の重要な要素だが、それはあたらしいエティケットにもあてはまる」とされる。

　この本では、エチケットは英語で礼儀、作法、行儀という意味で、日本語でそのようにいってもいいが、近頃はよく使われるエチケットのほうが望ましいとされている。なぜなら、現代のように交通・通信テクノロジーが発達し、スピード時代になると、のんびりした旧い時代の礼儀があてはまらず、邪魔になることすらあるためである、という。その意味で、同書では、身内への気遣いをはりめぐらすような礼儀作法をもとにした「交通道徳」はただ古いだけではなく、慇懃で、重く、遅いものと考えられているといえるだろう。一方で、「エチケット」は、新しいことばというだけではなく、華麗で、軽く、速いふるまいを表現することばになる。このことは、戦後日本における交通の効率化・高速化にとってより都合のよい規範が求められているといえる。

また、同書によれば、昔の人びとは家族や親族、知人には礼儀正しく親切であったが、よその人にはそうではなかった。それは自分だけの狭い世界に住んでいる封建制とよばれるもので、市民としての自覚や社会の正しい理解ができていなかった。しかし、いまは広く自分の属する地方や国や世界のことを考えて日常生活をととのえていかなければならないという。

ここでは、鉄道のような公的空間が「家庭の延長」であるという考え方が「封建制」として明確に批判されている。そして、国民や国家と区別する形で「市民」や「社会」ということばを使用している。また、狭い範囲（家庭・地域・国家）で守られた礼儀・作法ではなく、広い範囲（公的空間・国際関係）で通用するエチケットを身に付ける必要がある、とも説かれる。家庭を延長するのではなく、家庭とその外部を区別することで、車内の秩序維持をはかっているといえるだろう。

大人向けのエチケット本でも同様の視点がふまえられている。１９５３年出版の原奎一郎『現代エチケット』（要書房）では、１９５０年代にエチケットが流行語となったことを以下のように説明している。

エチケットという言葉は、ちかごろ一種の流行語になってしまった。誰でも口にするし、どこでも耳にする。以前なら、「行儀のいい人」とか、「失敬な奴」とかいう場合に、今の人は「エチケットを心得た人」といい、「エチケットを知らぬ奴」という。

「礼儀作法」ではなく、「エチケット」という外国語を使う理由は、日本社会の生活様式が洋風化されてきて、占領軍が入って外国人と接触する機会が多くなったためである、という。「小笠原流」などというお作法はわずらわしく、現代人の生活感情に調和せず、日常生活のテンポにもあわないため、「堅苦しい」の異名になっている。西洋風の「エチケット」に関心が向けられるようになったのもそのせいである。日本の礼儀作法は封建時代に発達したものであるために、上下のつながり、つまり上は大名から下は足軽まで、支配階級から庶民にいたるまでの「縦の秩序」を保つための礼儀であった。一方、西洋風のエチケットはまず社交をもととして、個人個人の「横の秩序」を保つためにある。日本風の礼儀作法は、知り合い・友人のあいだを重く扱うが、西洋風のエチケットは、見ず知らずの他人に対する態度を重大に考えている。日本在来の礼儀作法は、内輪に偏っており、他人をおろそかにする。西洋風は、ヒューマニズムの精神や社会連帯思想がある。個人生活・社会生活においても、民主主義をとりいれ、国際社会にでても恥ずかしくない文化的な国民として成長する必要がある。ゆえにエチケットを身に付けることが重要である、という。

このように、「エチケット」という用語によって日本社会のふるまいを整えていくことは、封建制、身分制、家族主義、国家主義の否定であり、個人主義、社会連帯、民主主義、ヒューマニズムの実現であった。戦前・戦中の「社会の縮図」としての車内空間は、大東亜帝国や総動員体制という上から整えられる「縦の秩序」を実現する場所であった。しかし、戦後になると、日本社会の先にある欧米の民主主義や個人主義という「横の秩序」を実現する場所になる。

ただし、１・３でも触れたように、もともとetiquetteは、市民にとっての上流階級への「チケット」、つまり階級社会における上昇を表現する具体的なふるまいを意味していた。一方、戦後日本における「エチケット」は、国全体として「欧米的なもの」を目指すことを表現するような抽象的なことばに拡大解釈されている。たとえば、当時、道徳に代わるカタカナ用語として「モラル」も用いられていたし、翻訳としてはこちらのほうが普通だろう。しかし、にもかかわらず「エチケット」が重視されたのは、そのようなあるべき状態を指すだけではなく、目指すべき「上」や「先」を表現する方向感覚があったからではないだろうか。またMoralのほうが信仰・内面などのより重いテーマが現れてくるということもあったかもしれない。その点でいえば、エチケットが「文化的ふるまい」という表層・表現を含意していたという点も重要だろう。たとえば、日本国憲法公布記念式典の勅語において「文化国家の建設」が謳われたが、それは軍国主義の時代を強く反省したことを示そうとしたものであった。したがって、モラルではなく、エチケットを通じて表現される文化性によって、国民全体の品位を向上させることが重要だったといえるかもしれない。

こうして、戦後に流行した「エチケット」は、最先端のテクノロジーを通してスピードアップする生活のリズム、あるいは新しい人間関係や価値観を、みずからのふるまいを通して表現するための標語となった。そして公共交通は、それらを表現するための舞台のひとつとなっている。ただし、ここで目指すべき規範であった「個人主義」や「民主主義」は、20世紀末になるとその行きすぎが強調され、今度は社会秩序の劣化の原因として語られることになる。しかし、それはまだ先の話である。

ルール以上の美しさ、積極的関与としてのエチケット

注意したいのは「エチケット」という用語は、単なるマナーを指すことばではなかったという点である。

まず、エチケットは「ルール」以上のものとされる。たとえば『現代エチケット』では以下のようにいう。禁煙車で吸わないのが当然のエチケットだが、ガラガラの禁煙車であればタバコをすってもエチケットにそむいたことにはならない。しかし、禁煙の札がなくても、満員の状況でタバコを吸えばエチケット知らずになる。このように原則と例外の区別をふまえて臨機応変に行動できることが重要である。

また、エチケットには「美しさ」が必須となる。「すべて体裁が悪く、品位を欠き、美の要素をそなえていない形式は、どんなに実用性をそなえていても、エチケットとして生きのびる資格は持ち得ない」とされる。つまり、エチケットには、実用性を越えた、ふるまいの美しさがもとめられている。たとえば、交通道徳においては、車内を清潔にすることは衛生の問題であり、あるいは「家庭の維持」であるとされた。しかし、エチケットでは文明的な空間の「美しさ」を保つためとされた。「エチケットの第一課は、禁煙、痰つばを吐かない、食べ残し、紙くずを散らかさない、心がけ一つで美しさを保たせる。そこにすがすがしい喜

びを感ずることが集団的文明生活の大きな張り合いである」（澁澤秀雄「社交生活のエチケット：車内の常識」〈『オール生活』7（5）実業之日本出版、1952年5月号〉）。

さらに、エチケットにおいては自己の在り方を他者に「積極的に表現」することが重要であるとされる。たとえば鉄道では、女性に席をゆずる、乗るときは女性を先に、降りるときは逆がエチケットであり、かよわいものを守る「騎士道精神」が重要である。騎士道精神ということばに表れているように、エチケットには男性用と女性用が用意されている。「レディファースト」が何度も使われているように、ルール以上の美しさを積極的に表現するエチケットは、非対称的なジェンダー秩序を前提としている。

1960年に出版された丸尾長顕の『魅力の教室：エチケットは美人をつくる』（光文社）は、副題にあるように、エチケットは「美しい女性らしさ」を表現するためのものであった。たとえば、電車のなかでの女性の立ち姿に対する以下のような指導が載せられている。

・電車やバスの中は、動く応接間にいるという心得が必要です。応接間にいるように美しいポーズを崩さないと同時に、他人の迷惑になる態度はつつしまねばなりません。

・疲れているからといっても、崩れるようなポーズをするのはみにくく、やはり上半身をまっすぐに立て、首もしゃんとして、静かに前方に視線をおくべきです。まして、ジロジロと他人を見たり、他人の持ち物や服装に興味の視線をそそぐのは、軽薄な感じを与えます。無関心の美しさを保つことです。

・両足をぴったりくっつけて一本の棒のようにたつのはよろめいてコッケイです。

・両手で２本のつり革を握って後ろにのけぞるポーズ、他人がもっているつり革の上に手を重ねるのは見苦しい。つり革は肘が直角になるよう持つのが自然で美しい形です。

車内は「応接間」であるとされるように、家の「内側」にありながら、来客をもてなす「外側」に近い領域として位置付けられる。公共交通は内輪の関係にある「家の延長」ではなく、あくまで「外向け」の演技（ポーズ）をすべき「上演の空間」になっていることがわかるだろう。そして、それが「無関心」の美しさを保つとされているところに欧米的な「儀礼的無関心」に近いものが導入されはじめていることがわかる。

一方、１９６２年出版の上原貴和『男のエチケット』（池田書店）では、古い家族制度、封建制度のしつけの理念を捨ててでも、形に表れたよい部分、美しい部分を生かした日本人の生活に即した新しいエチケットを創造する必要がある、という。そして、これからの日本人のエチケットは封建時代のように自らをつつしみ、自らを殺すという旧道徳ではなく、「社会に出て、充分に自己を他に認識させ、それによって社会における自己の存在価値をいくぶんでも高めるため」のエチケットが重要であるとされる。エチケットは、守るべきルールや抑制的なマナーというよりも、「趣味」や「文化」のような余裕、配慮、嗜《たしな》みであり、「美しさ」の表現であった。エチケットが、道徳やモラルとは異なる、ルールにプラスアルファされた「美しさの積極的な表現」であることは、以下のような文章にも見て取れる。

> 自分の利益のために守らねばならぬ生活のルールであり、自分を高く評価させるための生活のポーズであります。エチケットを守るということ自体が、生活の知恵であり、技術であり、一面において強力な自己主張である、という点において、かつてのモラルとは根本的に相違することなのであります（傍点引用者）。

ただし、自己を表現するエチケットは、その具体的なふるまいにおいて、それ以前の鉄道規範と大きく異なっているわけではない。たとえば、原奎一郎による２冊目のエチケット本である『私とあなたのエチケット』（文陽社、１９５７年）で列挙され、推奨されるふるまいは、戦前や現代でもみられるものが多い。ただし、「窓から物を投げる」といった荒々しい行為をいさめるものがあり、また、窓開けの了解をとったり、荷物を頼んだりするような「積極的関与」を求めるものも目立つ。

・子供に座席を独占させず、靴を脱がす。
・手回り品による座席の先取りは嘆かわしい。
・窓開けには了解をとる。
・親切の小出しではなく、席をゆずる。
・網棚の利用は重いものはだれか男のひとにたのむ。網棚に場所がないときは網棚を整理して乗せられる余地を作る親切が欲しい。
・列車の窓から物を投げない。
・車内に食べ物のくずをところかまわずまきちらさない。
・「おひざくりねがいます」という車掌の注意がある。みずから隙間をつめてひとりでもよけいにすわれる心遣いが当然。

こうしたふるまいは、ルールやモラルとして守られるべきというよりも、「美しい」からこそ推奨される。たとえば斜めに腰掛ける・膝を広げるのは「見苦しい」、車掌がおつめ願いますといっても入口に立ったままのひとは「不愉快というよりも、見る人にこっけい」である、というようにいわば「美しくない」ものとして批判される。

ほかにも、綾小路潔『エチケット入門：交際作法』（川津書店、１９５０年）で描かれているように「電車の中でおさないもの、老人に席をゆずることは見た眼にもうるわしい。もってあげましょうか、と眼の前に重そうな荷物をぶらさげて立っている人があったらしんせつに持ってお上げなさい」と述べられているように「麗しい」ふるまいとして推奨されている。

このように、公共交通におけるふるまいをエチケットとして指南するマニュアル本は、１９７０年前後まで多く出版されている。流行語の一種となったエチケットは、鉄道事業者や交通道徳協会の広報誌・冊子などにおいても、鉄道の規範を指すことばとして使用頻度の高い用語でもあった。「家庭の延長」と交通道徳は、車内空間を、礼儀作法を示すべき「内部の関係」へくりこもうとした。しかし、ここでのエチケットは、むしろ車内空間における「外部の他者」に対して表現すべき美しさを意味している。

戦前・戦中の交通道徳は、近隣を含めた「家族」によって構成された国民国家を実現するために守るべきものであった。そして、その説得には「君臣《くんしん》の義」や「長幼《ちようよう》の序」などの儒教風の論法が用いられた。しかし、戦後になるとエチケットということばが用いられるようになり、騎士道的な美学が混ざった西欧風の論法による説得へと変化していく。とくにエチケットは、国際社会の一員、民主主義の「市民」として積極的に表現するべきものであった。「社会の縮図」としての車内空間は、家庭や地域の外部において「個人と個人」が対等に存在し、美しさ・麗しさを表現しあう上演の領域となる。「社会の縮図」のイメージを「家庭という内部の延長」から、その外部にある「個人と個人」の公共的空間におきかえることで、車内空間を秩序化する——これが戦後日本の鉄道交通の課題であった。そして、それを実現するために用いられたことばがエチケットなのである。

ただし、実際に守るべき規範や推奨されるふるまいが大きく変わったかといえば、そういうわけでもない。変わったのは、規範を正当化し、説得する仕方、およびそこで理想とされる「社会」のイメージだろう。戦後日本において人びとがみずからの行為や関係を調整するときに参照する、あるいは納得できる「あるべき社会」像が変化したのである。

前節で述べたように１９９０年代の「総力戦体制」論は、戦時動員体制が現代化の原型となったと指摘し、戦前と戦後のシステム的な連続性を指摘している。「交通道徳」と「生活の科学」という表現・実践が戦前から継続していることは、それを表現しているともいえる。また、戦後の日本の満員電車の写真は、戦時の「国家のための特攻」が戦後に「企業戦士」になっただけではないかと思わせる。実際、高度成長期には「もう限界の〝カミカゼ輸送〟」と表現されることもあった（『週刊サンケイ』１９６１年12月11日号）。しかし、その一方で、戦後の公共交通の規範を語る論法の変化は、公共空間における「内部と外部」の感覚、そして人びとの規範を支える「社会」像の構造的変容を示唆している。

3・4　通勤地獄の車内規範と都市問題：「物体」のあいだのテクニック

「通勤地獄」の形成

ただし、交通道徳がエチケットということばにおきかわっていく１９５０年代から１９６０年代にかけて、本当に人びとのふるまいが「美しく」、「麗しい」ものになっていったかといえば、かなり疑わしい。なぜなら、大都市化が進む当時のラッシュアワーの電車は超満員のすし詰め状態で、「通勤地獄」とよばれていたからだ。

この通勤地獄をみずから作り出しつつ、最大の苦痛を被ったのは「サラリーマン」とよばれる勤労者であろう（もちろんそこには働く女性も含まれていたが、当時一般的であった「サラリーマン」という表記をここでは用いる）。全国で新中間層が15％を占めるようになったのは１９６０年頃であり、１９８０年に23％を超える。ただし、東京では１９５０年の時点で25％を超える状態になっている（日本リサーチ総合研究所編『生活水準の歴史的分析』総合研究開発機構、１９８８年）。このデータを参照する谷原吏によれば、新中間層の全国割合が15％にすぎない１９６０年においても、「みんなサラリーマンの時代である」という報道がされるほど、「サラリーマン」のイメージは特有の引力があったと述べている。そして、高度成長期になってサラリーマン・イメージは大衆化したという（『〈サラリーマン〉のメディア史』慶應義塾大学出版会、２０２２年：３‐６頁・１０４頁）。全国と東京の新中間層割合の大きな落差は、高度成長期における「サラリーマン」のイメージが、都市的生活のモデルとなっていたことを表しているようにみえる。そして、そこに都市的生活の憧憬と悲哀のイメージが重ね合わされる。そんな「都市のサラリーマン／サラリーマンの都市」の象徴のひとつが「地獄」とも表現された通勤ラッシュであった。

たとえば、市川崑監督の映画『満員電車』（１９５７年）は――直接、電車を描くことなく

――「サラリーマン」的な都市生活の形成と破綻をドタバタのなかで描いている。このとき「満員電車」とは、大量の人びとが、ぎゅう詰めのなか空席を激しく奪い合う、それでいて単調な生活へと突入していく日本社会のメタファーであった。

実際、すでに1951年度の時点で、朝のラッシュ時の首都圏各線の乗車率は以下の通りである（老川2019：99頁）。

・京浜東北線308％
・山手線280％
・中央線快速343％
・横須賀線231％
・常磐線291％
・総武線271％

運輸省大臣官房都市交通課監修・交通協力会出版部編の『都市交通ポケット・ブック 1968』によれば、混雑率が高まっていくと乗客に以下のような影響を与えるという。

混雑率１００％：定員乗車・座席につくか、つり革につかまるか、ドア付近の柱につかまることができる。

混雑率１５０％：肩がふれあい吊革をもてぬものが半数だが、新聞は楽に読める。

混雑率２００％：体がふれあい、相当圧迫感があるが、週刊誌程度ならなんとか読める。

混雑率２５０％：電車がゆれるたびに身体が斜めになって身動きができず、手も動かせない。

混雑率３００％：物理的限界にちかく身体に危険がある。

１９５５年10月には国鉄の新宿駅でのちに「押し屋」や「ケツ押し」とよばれる「旅客整理係学生班」が確保され、乗客はできるだけスキマなく車内に押し込まれるようになる。さらに、冬になると一日に１００枚以上も列車のドアやガラスが壊れるほどであった。「満員電車に飛び込むにはコツがありましてね、一、二、三の気合で押し入るんですよ」といわれるように、「乱闘に出陣するおもむき」、「孤独な突撃」をくりかえす特攻精神が重要ともされている（「通勤ラッシュにもまれる人々　着ぶくれ国電はパンク寸前」『週刊言論』１９６７年12月27日号）。都市部の交通混雑の時間帯を指す「ラッシュアワー」という用語は戦前から普及している。しかし、このころになると「通勤地獄」とよぶことが多くなっており、「クラッシュ・アワー」ともいわれた。当時の報道によれば、30～60キロの圧力がかかる「ラッシュの電車にのっている間は胸に米俵一俵を抱きかかえているのと同じこと」（『週刊大衆』１９６７年2月16日号）とされるほどであった。そして、車両への無理やりの詰め込みが限界に達すると、今度は乗客がドアから剥ぎ取られる。このとき「押し屋」は、「剥ぎ取り屋」にかわる。

朝晩くりかえされるこうした通勤地獄において、エチケットで謳われる「美しさ」や「麗しさ」は望むべくもない。実際、先のエチケット本のなかには、ラッシュ時はエチケットの「治外法権」であるというものもあった。

図版４『朝日新聞』1972年４月28日に掲載された、押し屋と呼ばれる新宿駅の国鉄職員（提供　朝日新聞社）

都市問題としての通勤ラッシュ

戦後の高度経済成長は、１９５５年の神武《じんむ》景気を背景に発生し、池田勇人内閣の所得倍増計画を跳躍台にし、１９７０年代前半まで続いた。しかし、経済成長にともなう大都市への過剰な人口集中は、それを受け止めきれない都市環境に多くの問題をもたらしている。住宅問題（住宅不足、住宅費高騰、劣悪・狭小住宅など）、衛生問題（ゴミやし尿の処理などの清掃、伝染病など）、水問題（上下水道の未整備、水不足など）、教育問題（教育の低下、青少年の非行・犯罪、道徳の頽廃《たいはい》など）、そして各種公害（大気汚染、騒音、水質汚染など）や街路・公園の未整備など——きわめて多くの問題が、都市生活のみならず人びとの生存や生命を脅かす切実なものとなった。この時期の都市に関する議論は、多数の深刻な問題が発生する場所として都市を語る、あるいは都市そのものを問題として語る「都市問題」の時代だったといえるだろう。

なかでも交通問題（通勤地獄、交通マヒ、交通事故、騒音、振動、排気ガスなど）は、数ある都市問題においてもシンボリックなテーマであった。これらの交通問題は、「交通道徳」や「エチケット」などのキレイごと的な規範だけで解決できるものではなかった。

１９６１年12月11日にはＮＨＫの特別番組『ラッシュアワー』（朝7時40分～8時40分）が放映され、記者の実体験とその科学的分析が試みられている。１９６２年にはイギリスのテレビでも新宿駅のラッシュ風景が放送されている。さらに翌年のアメリカの「タイム」誌で「押し屋」が紹介され、日本のラッシュアワーは世界的に有名な光景となった。同年、ＮＨＫは『生活の知恵』という番組でふたたび「ラッシュアワー」を取り上げ、実態の報告と緩和策を模索している。

　さらに同時期の朝日新聞でも、「座談会『通勤地獄』をどうするか」が３回にわけて掲載されている（図版５～７）。そこでは、都市への人口集中、郊外地域における巨大団地の造成、都心部における工場・会社の集中が重なり合っていることで、きわめて過酷な通勤ラッシュが発生していると整理されている。都市流入の抑制は難しいため、工場・会社をいかにして分散させるのかが根本的な解決とされているが、その時点でできることは「時差通勤」であるという。実際に１９６１年に総理府に交通対策本部が特設され、官庁、民間会社、学校などに「時差通勤」をよびかけている。しかし、その効果ははかばかしくなかった。

　鉄道事業者もこうした「通勤地獄」という状況を無視していたわけではない。１９５０年代後半以降、鉄道は経済発展の三大隘路《あいろ》（電力・鉄鋼）のひとつとみなされ、輸送力の強化が国家的な問題となっていた（老川２０１９：80頁）。国鉄も、増大する輸送需要に対応するべく、鉄道の近代化と輸送力の強化を目指して１９５７年度の「第一次五カ年計画」、１９６１年度の「第二次五カ年計画」を打ち出している。しかし、急増する輸送需要に対して十分

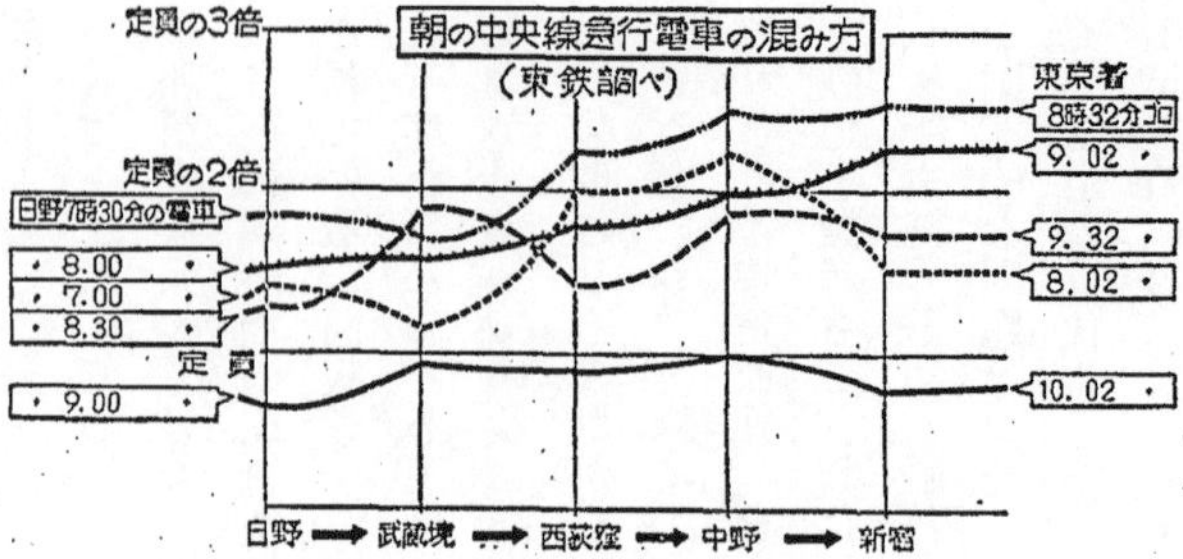

図版5 『朝日新聞』1961年1月25日「座談会『通勤地獄』をどうするか(上)」に掲載の表（提供　朝日新聞社）

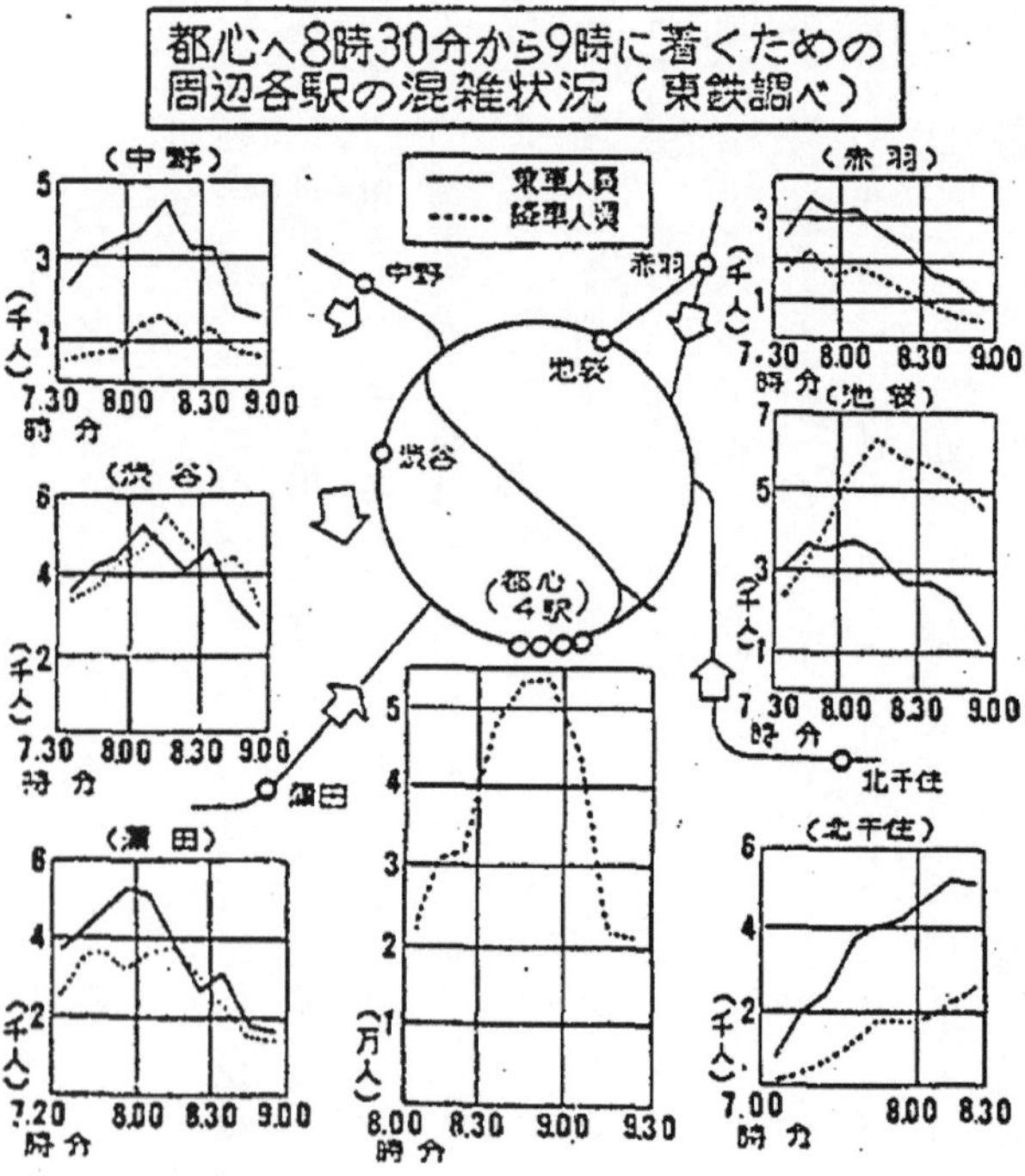

図版6 『朝日新聞』1961年1月26日「座談会『通勤地獄』をどうするか(中)」に掲載の表（提供　朝日新聞社）

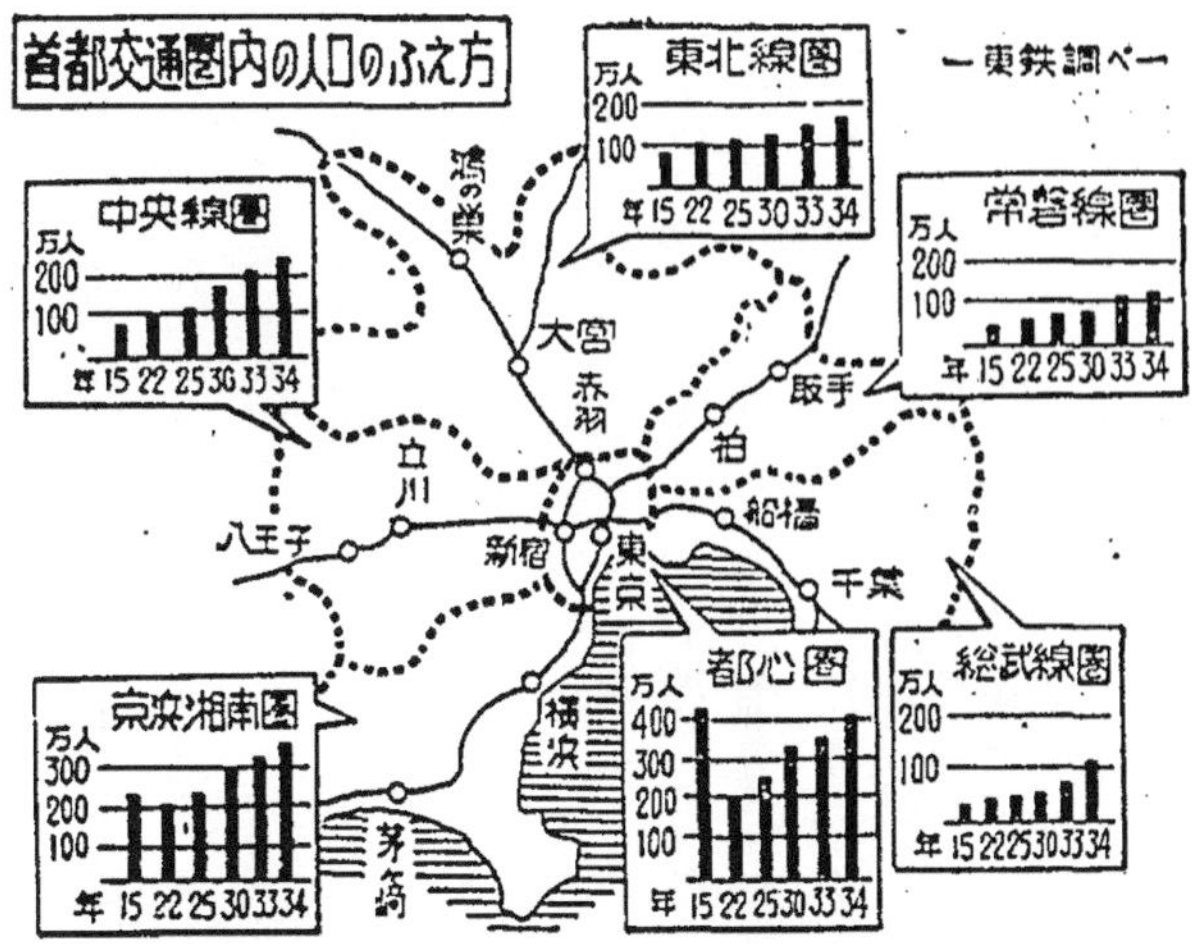

図版 7 『朝日新聞』1961 年 1 月 27 日「座談会『通勤地獄』をどうするか（下）」に掲載の表（提供　朝日新聞社）

な成果を上げることができず、いずれも新たな計画に移行し、１９６５年度からは「第三次長期計画」が実施された。具体的には区間の複線化・複々線化、電化、車両の新製、駅・ヤードの改良、自動停止装置の全線・全列車取り付け、信号の自動化、踏切の整備、立体交差化などを通じ、①幹線輸送力の増強、②通勤対策、③安全対策を実施している。これは採算を度外視してでもやるべき投資であるとされた（同右：87頁）。大手私鉄も、国鉄の第二次五カ年計画にあわせ、「第一次三カ年計画」（１９６１～63年度）、「第二次三カ年計画」（１９６４～66年度）、「第三次五カ年計画」（１９６７～71年度）を策定し、安全対策の強化と輸送力の増強をはかっている（同右：１１８頁）。

こうした流れのなか１９６４年、国鉄は、東海道本線、中央線、京浜東北線、常磐線、総武線の通勤輸送改善計画を策し、通称「通勤五方面作戦」とよばれるプロジェクトを開始している。このプロジェクトは、線路容量の大幅増加、編成車両数の増大、運転間隔の縮小、相互乗り入れの実施などを内容とするもので、１９８２年まで続くことになる。そして、一連の長期にわたる施策を継続した結果、「通勤電車の混雑率が緩和し通勤時間が短縮された」（同右：１０２頁）。

「日本の隠喩」としての満員電車

このように、「通勤地獄」を生んだ混雑率の緩和には、巨額の設備投資を必要とする長期間にわたる鉄道システムの改善を待たなくてはならなかった。一方で、短期的な解決が見込めない以上、日々の都市生活に追われる乗客たちにできることは、目の前の殺人的なラッシュになんとか耐えることであった。

「今日、勤労者が都市交通機関を利用するのはまったく『忍』の一字につきる」（平井都士夫「交通」〈『都市問題』新日本出版社、１９６９年：１８６頁〉）。自宅から鉄道などの駅までの悪路はぬかるみ、泥がはね、到着した駅でまっているのは「人の波、押されて乗り込めば殺人的・肉体消磨的なラッシュ」（平井都士夫「交通」）である。しかも多くの公共交通が運賃値上げをしており、ここでも「忍」である。

〃通勤地獄〃という言葉がある。誰しも好んで〃地獄〃と名付くところに行きたくはない。労働力を切り売りする以外に生活することの出来ない労働者は、労働力を買手のもとに運ぶため、この〃交通地獄〃をとおらねばならぬ。つめるだけつめこまれ、片足でかろうじて体をささえ、横にいる女性の長い髪を顔におしつけられ、後にぴったりひっついた人の汗までしみこみ、身動き一つ出来ずにただ耐えねばならぬあの通勤電車のものすごさ（柴田悦子「市民生活と交通」〈『現代日本の都市問題４都市交通問題』１９７０年：１４８頁〉）。

作家の三浦朱門は、「今や、東京が、いや日本全体が満員電車なのだ」、「東京の激しさを肉体的に体験しようと思ったら、朝のラッシュ時に、中央線の電車にのれば」いいと述べている（「ニッポン解剖③満員電車」〈『週刊サンケイ』13（21）（６７２）、扶桑社、１９６４年〉）。「社会の縮図」といういいかたこそされてはいないが、日本社会の隠喩として満員電車をとりあげている。三浦によれば、このような満員電車では人びとはエチケット以前の「物質」や「物体」の状態にある。しかし、そうした過酷なラッシュを生きるサラリーマンは「時代の最前線で戦う戦士」であるとみずからいいきかせて奮い立たせている。したがって、「礼儀作法をわきまえた文明人になるには、もっと電車がすいた九時半ごろまでまたねばならない」という。

ほかにも「牛馬以下のハコ詰め〝通勤地獄〟」（『週刊大衆』1967年2月16日号）という記事では、「人間が動物化する!」と表現されている。交通政策を専門とする東京大学教授は、先の朝日新聞の座談会のために実際にラッシュ時の中央線に乗車して「こりゃ人間の乗り物じゃない。ストック・カー（家畜輸送車）だってもうすこしましだ」と述べる（『朝日新聞』1961年1月26日号）。ラッシュアワーは「礼儀作法」や「エチケット」という文明的・人間的なふるまいを免除される例外的状況なのである。戦後のエチケットは、民主主義という自立した「個人と個人」の市民的な関係を目指していた。しかし、高度経済成長期の混雑率300%を超える殺人的なラッシュアワーにおいては、乗客たちはコンテナに詰め込まれる――人間・動物以下の――「物体と物体」のような存在になる。

効率的な「物体」になるテクニック

　では、勤労者はこの地獄のような満員電車にただひたすら耐えるしかないのだろうか。満員電車に対する人びとの忍耐は、交通道徳やエチケットのような鉄道規範への従順さが浸透していたことによるのかもしれない。あるいは、愛する家族を守るために会社に忠誠を誓い、生活水準の上昇の夢を描いた――「私化する家庭」と「企業主義」が生んだ高度成長期の――「サラリーマン」の矜持もあっただろう。とはいえ、交通道徳やエチケットで過剰な混雑とそのひどい苦痛自体がどうなるわけでもない。そこで苦肉の策として提示されたものに「科学的なテクニック」とされるものがある。

　たとえば、１９６５年の片方善治『生活経営学：ビジネスマン24時間の科学』（文藝春秋新社）のなかに「疲労防止法のすすめ：満員電車とビジネスマン」という章がある。そこでは、満員電車では「エネルギー消耗を最小にするための工夫や対策を考える」ことが重要だとされている。というのも、大都市の膨張に輸送機関の発達がおいつかず、満員電車にしわよせが集約されている。そのため、新技術が開発されるか、電車が大量に増発されるか、通勤人員が大量に減るかしなければ満員電車は解消されない。しかし、そうしたことは現状では望みえない。とすれば満員電車を利用していかに上手に利用するかが大事になる。たとえば、次のような工夫である。

・乗車：ゆとりは車内の真ん中にある。ドアの付近は少ない。ゆえにドアの中心部から乗り、なるべく乗車したドアから離れるように奥に進み、ドアとドアのあいだの中間に位置するのがよい。電車の始動時は大きく振動するから、振動にあわせてスペースのある方向に自分の体をすすめるとゆとりある位置に定着できる。

・車中の楽な姿勢：両足を少し広げ、全身から力を抜いて筋肉の自由度を大きくする。摩擦のある部分に力が働くとエネルギーが消費されるから全身の力を抜く必要があるが、しかし、それは立っていることと矛盾する。そのため、つり革をできるだけ利用する。背の高い人は、荷物棚や天井につかまる。手がつかえない状態のときは、すこし体を動かしてやる。少ないスペースでは少々テクニックが必要。右と左の肩を交互に上下する、首を左右に振る、顎を上下するなど。

・降車：ドアがあくとそばにいる人の圧力で押し出される。圧力は多方向であるため、体を一回転させられることもある。半回転はざら。回転にさからえば、それだけエネルギーを消耗するから回転しないような工夫がいる。そのためには降車駅に近くなったらドアの近くによる。ただしドアのすぐそばは押し役になりエネルギーを消耗するから、押し役の後ろがよい。

・満員電車で本を読むと眼精疲労の原因になるからやめるべき。車中で目をとじておくことは眼精疲労の防止にもなり、心を静めていらいらをなくす。乗車前に満腹にしすぎない。時計のぜんまいをまいておく。手には何ももたないほうがよい。コートは摩擦係数の小さい繊維で作ったすべすべとした手触りの繊維がよい。

やや長めに要約引用したが、摩擦を少なくし、エネルギー消費を軽減することによって、いかに疲労をなくすかが追求されていることがわかる。みずからの身体を「物体」や「物質」のようにして、できる限り車内に収まりよく配置し、効率的に乗降する——エチケットが目指す人間の文化的な「交通」というよりも、むしろ物資の合理的な「輸送」に適応するような科学的なテクニックに近い。

ほかにも「ビジネスマン必読　国鉄、私鉄乗車便利帳」（『新評』1975年11月1日号）も「ビジネスの効率を上げるために通勤者は、満員電車の中でいかにエネルギーの消費を少なくするか」についてのアドバイスを25条にわたって掲載しているが、その一部を以下に紹介しておく。

・朝食は絶対に抜かすな
・階段から遠い場所から乗車する
・通勤用の服を買って、職場で着替える
・女性の近くのほうが場所を取らず快適
・長髪族のそばは敬遠する
・つり革は肩より上で支えずに手首でコントロールしながら「吊り革におまかせ」
・振動はスキーの要領で乗り切る
・視線は遠くの景色をみる
・新聞・雑誌は読まない、車内広告は写真だけのポスターを目で追って字は読まない鉄道労働科学研究所は、ラッシュ時の乗客の疲労度、エネルギー消費、生活や労働への影響を何度か測定している（「特集・通勤問題」〈『労働の科学』17（2）、１９６２年〉・「特集／通勤」〈『労働の科学』24（3）、１９６９年〉）。１９６４年には科学技術庁も、通勤の疲れで一日の事務能率が下がり、欠勤が増えていることが問題となっているとして、ラッシュにおいてどれくらいサラリーマンが疲れているのかについての調査に乗り出している。それにあわせて鉄道労働科学研究所も貸し切りの電車・バスにアルバイト学生をつめこんで朝の満員状態を再現し、一時間実際に走らせて、生理的な疲労度や心理的な不快感などを検査している。

戦前から経営の科学的管理法が導入されており、すでに指摘したように「生活科学」という視点も形成されていた。高度成長期になると電車通勤も、そうした経営・生活の合理化・効率化の計算法のなかに組み込まれることになる。その結果、通勤客も「労働者」としてエネルギー消費という観点から自己管理が求められるようになった。

調査の結果は、路線、時間帯、年齢、性別ごとにさまざまだが、炭酸ガス量は０・５～０・８％で当時の都条例の基準値の５倍汚れることもあるといい、貧血をおこす人がいるのは至極当然であるという。エネルギー消費量は60～70分の通勤で平均１９０～２００キロカロリーとなり、仕事前に一日の労働の1～2割の量を消費しているともいう。このような「科学的測定」がくりかえされ、大衆雑誌においてもそうした情報が紹介されていくことで、「労働者＝通勤客」の身体は、さまざまな能力・エネルギーの「パラメータの増減」としてとらえられ、管理の対象になる。満員電車に苦しむ「労働者＝通勤客」の側でもそれをいかに効率的・効果的に運用するかが重要となる。そこで形作られたものが前述の通勤電車のテクニックであった。

　こうした状況において、ストレスを軽減し、スムーズに乗降するには、みずからの身体をいかにして「摩擦のすくない物質」にするかがポイントになる。たとえば、「わたしはつぶされる！　殺人電車ラッシュのサラリーマンたち」（『週刊サンケイ』1961年12月11日号）では、ラッシュ用の「ラッシュコート」が紹介されている。できるだけ摩擦がすくない生地（ナイロン、テトロンのフィラメント織物）を使用することによってスベリをよくした「乱闘服型」のラッシュウェアであるという。そう考えれば、「物体と物体」という表現はもはや比喩とはいえないだろう。産業主義によって生産される商品の合理的配置や効率的輸送――「商品としての労働者」たる乗客たちのテクニックは、みずからが「物体」になることで満員電車に適応しようとするものであった。

身体で覚える満員電車、あるいは「慣れ」と「麻痺」

その結果はどうだったのだろうか。たとえば１９７６年10月13日から朝日新聞で連載されている「満員電車」の第一回目の国鉄幹部の話が興味深い。前日の新宿駅では、割り込み、駆け込みゼロ、悲鳴、怒号はもちろんなし。押し屋も背中を軽くつく程度で何事もなく発車している。かつて乗車率３００％を優に越していた中央線はいまも最高２６０％だが、ホームにも車内にもかつての修羅場はみられない、といぅ。なぜなら、「いつのまにか、整列乗車も徹底した。それと、なにより、乗客が通勤ラッシュに慣れきったからではないでしょうか」という。記事では「イモか豆扱いされた乗客が整列乗車を守り、かくて二分十秒間隔というアクロバット運転が実現する。朝の上り中央線の乗客は、とりわけラッシュ時の優等生のほまれが高い」。新宿駅のホームではサイレント放送に切り替えられた。「毎朝、聞いてるからわかっている、静かにしてくれ」といぅ要望に応えたものであるといぅ。「物あつかいにならされた優等生の、せめてもの抵抗」と記事は締められている。

ほかにも連載「満員電車」では、以下のような実験が紹介されている。見知らぬ人同士が1時間ほど談笑した後、電話ボックスにどれだけ詰め込めるかを実験したところ、談笑無しの状態よりも少ない人数しかはいらなかった。周囲をいたわる気持ちが強くなって無茶ができなくなったからではないかと解説されている。一方、乗客率３００％などというすし詰め電車が走ることができるのは「他人同士の乗客が、おたがい無慈悲でいられるからだ」という（『朝日新聞』１９７６年10月15日）。

「地獄」と表現された満員電車は、ともすれば重大な事故や怪我につながりかねない。実際にそうしたトラブルは多く発生していた。しかし、いつのまにか大量の人びとが規則正しく動くようになり、大都市の毎日の流動が安定していく――そのためには、線路・車両などの鉄道システムの改善、そして戦前以来の鉄道規範の歴史的蓄積や継続的伝達が重要だった。一方で、乗客たちにとってみれば、満員電車に対する「慣れ」や「麻痺」の経験こそが重要だったのではないか。つまり、みんながかたまりのようになりながら「他人同士として静かにまた効率的に乗降する」という乗降動作を身体で覚えたという集合的経験である。それは、大正期に寺田寅彦が観察した大量の「待てない乗客たち」が、およそ半世紀後、より大規模に「待つこと」や整列乗車、そして満員電車に対する――物質レベルの――耐性を身に付けていったことを表している。かつてほどの乗車率ではないが、現在の大都市にも満員電車に乗り慣れない人が毎年、流入してくる。しかし、周囲にもまれながら、同じようにふるまっているうちに、やはり他人の関係に「慣れ」、物体のように運ばれることに「麻痺」していくことになるだろう。

いずれにしても、あまりの混雑はもちろん不快だが、満員電車は乗客たちの意図でどうこうできるものではない。電車の揺れや乗客の乗降の流れに身を任せるままになり、なにか意図しても身動きすらとれないこともある。その場合、行為の意図や有意味なコミュニケーションが入り込む余地が物理的にも精神的にもなくなっていく。そうなると、他者の存在や行為が不快であるからといって怒ってもしょうがないし、どうしようもない。互いに物体同士になるとは、そのようにコミュニケーションの感度のスイッチを切る、あるいは麻痺させるなりして、お互いに気にしないことにしてしまうということだ。エチケットの治外法権とは、そういうことでもある。乗客たちのエチケットやマナーでどうこうなるものではないため、通勤のテクニックでその苦痛をいなす。ただし後で述べるように、日々、鬱積していくイライラの矛先は、鉄道自体や鉄道事業者に向けられることになった。

またその一方で、エチケットとテクニックの二つがまったく背反するものかといえば、そうでもない。エチケットが理想とする「自立した個人」であれ、テクニックによって合理化される「個別的な物体」であれ、他人同士としてコミュニケーションする（しない）ことが求められている点は共通している。戦前・戦後の交通道徳は、「家庭の延長」として車内空間をいわば大きな「内輪」として「内部化」して秩序付けようとした。しかし、高度成長期のエチケットやテクニックは「他者の共在」として車内空間を「外部化」して秩序化しようとしていたのではないか。ただし、高度経済成長期におけるそれは規範を通じて秩序化しえたというよりも、団子状に押し込み、それに耐えさせ、慣れさせることによって可能になっていたといえるかもしれない。

興味深いことに、次章で述べる「マナー論争」が活発化していくのは、「通勤五方面作戦」が1982年に終了し、1980年代後半以降、混雑率が緩和していくなかでのことである。混雑率が緩和し、他者とのコミュニケーションの余地が生まれることによって、他者のふるまいやその意図が気になってくるし、それがマナーの問題として語られるようになる。つまり、コミュニケーションの距離ができることで、マナー感度のスイッチが入る。その意味では、「混雑の苦痛」と「コミュニケーションの不愉快」は——重なり合うことも多いが——異なる次元にある。そして、20世紀後半になると、その強調点は徐々に前者から後者に移っていく。

通勤客たちの暴動：満員電車における怒りの放出

高度成長期における満員電車は、都市構造や交通体系の矛盾や軋轢から発生する複合的な問題であり、国家的課題となっていた。「通勤地獄」ということばそのものが、そのことを表現しているともいえる。

たとえば、戦後すぐの混乱期の鉄道は多くの事故を起こし、混雑による圧死も発生したため「殺人電車」と表現された。高度成長期になり猛烈な通勤ラッシュがはじまると、今度は「通勤地獄」という表現が多用される。さらに高度成長期が終わると、今度は「痛勤（電車）」といういいかたが増えている。満員電車がきついことに変わりはないが、表現が控えめになっていることからも、すこしずつ混雑率が改善していったことがうかがえる。

「殺人電車」ということばは、加害‐被害の関係と原因の帰責を含む事件性・出来事性を含意しており、鉄道事業者の責任を追及するためのキーワードになった。１００人以上の死者を出した１９５１年の桜木町事故が有名だが、相次ぐ事故の原因のひとつは、戦後すぐに間に合わせで用いていた貧弱な車両や施設を使い続けていたこととされた。一方、「通勤地獄」は、より広い範囲で長く継続する過酷な状況・環境を指している。高度成長期の通勤ラッシュは複合的な都市問題であり、特定の責任主体に還元されない国家レベルでとりくむべき集合的課題であった。「通勤地獄」ということばは、そうした理解に適合的なことばといえるだろう。しかし「痛勤」になると、個人が経験する感覚・行為に照準したダジャレになっている。満員電車の問題と対応は続いているものの、どちらかといえば――なんとか我慢できそうな――個別的対応を想起させる。

いずれにしても「通勤地獄」は、毎朝、40万人ともいわれる大量の人びとが経験し、くりかえしセンセーショナルに報道され、国会の審議事項にもなった都市問題であった。

都市社会学者のM・カステル（『都市問題』山田操訳、恒星社厚生閣、１９８４年、原著は１９７２年）は、当時、資本主義における都市問題の発生や都市の社会運動の成立の仕組みを以下のようにとらえている。まず、資本主義体制の都市を、利潤拡大のために生産（P）・消費（C）・交換（E）・管理（G）・象徴（S）という各要素が関係するシステムとしてとらえた。すなわち、産業化による賃金労働者の増大（Production 生産の領域）、労働者とその家族が生活する場所の郊外化（Consumption 消費の領域）、そのあいだの身体・物財・情報の流動の高速化（Exchange 交換の領域）、それらを規制・運営する行政・政治の問題（Government 管理の領域）、およびこれら複雑に連関する都市に対する人びとの認識・イデオロギー（Symbol 象徴の領域）である。都市というシステムは、これらが重層的に作用しあう場であるとする。都市を生きる人びとの側からみれば、賃金労働を続けるには、多様な商品を購入し、各種インフラをみんなで利用して生活する必要がある。カステルはこれを「集合的消費」としての都市と位置付けた。

しかし、資本主義が利潤を蓄積・拡大を追求するなかでＰ・Ｃ・Ｅ・Ｇのあいだに矛盾や軋轢が現れる。そうした矛盾や軋轢が現れる都市生活において、とりわけ困難と感じられること（Ｓ）が認識・経験されるなかで、都市問題が共有される。ただし国家・自治体は、そうした問題を画一的・一元的に管理・支配しようとする。そうした管理・支配に対抗しつつ、問題の解決・改善を志向するときに現れるのが都市の「社会運動」である。

このように考えると、通勤ラッシュの問題はさまざまな都市の要素の重なりのあいだの矛盾や軋轢として現れていることがわかる。つまり都市への急激な人口流入によって、郊外の巨大団地の造成（Ｃ）と都心の工場・会社の集中（Ｐ）が起こり、そのあいだをつなぐ通勤電車の時間と空間の拡大するものの、ボトルネックとなり「満員電車」が発生する（Ｅ）。国家・自治体の都市計画は後手に回っており、「時差通勤」によって当座を凌ごうとするものの、うまくいかない（Ｇ）。こうしたなか、「通勤地獄」が都市生活者に共通のシンボリックな都市問題として認識される（Ｓ）。Ｍ・カステルの議論は、当時の資本主義諸国の多くに共通するものとして提示され、さまざまな都市問題がとりあげられている。日本社会にとってはとりわけ公共交通に集約される「通勤地獄」が大きかったといえるかもしれない。「都市問題」を改善する社会運動は、都市生活者がこうした矛盾・軋轢をどのように認識し、位置付け、政治的なプロセスに乗せるかによって左右される。鉄道に関係する交通問題は、まず鉄道の労働組合による労働運動というかたちで現れた。

とくに「国労」とよばれる国鉄労働組合（１９４６年発足・翌年改称）は、１９５１年に「動労」（国鉄動力車労働組合）、１９６２年に「新国労」（新国鉄労働組合連合→１９６８年鉄道労働組合に改称）などに分裂することになるものの、賃上げ、休日確保、職場改善などをめぐって旺盛な運動を展開していた。第2章でも触れた１９４９年の下山事件、三鷹事件、松川事件が人員整理に反対する国労によるものと宣伝されたこともあって勢いを失っていたものの、労働運動はまだ活発であった。

ただし、当時の国鉄の労働者は公務員であったため、ストライキ権をもたなかった。そのため、それに代わるものとして採用されたのが「順法闘争」という運動の戦術であった。これは、当該の職場に関わる法律、規程、規則を、労働者が――必要以上に――厳格に守ることによって、実質的にストライキやサボタージュをするものであった。たとえば国労が指示したのは、信号規程、ホームの安全監視、作業内規の完全励行、機関車の入出庫時間の厳守などである。こうしたことを厳密に守っていると、運行のスピードが落ち、列車が遅延し、ダイヤの混乱などが発生する。乗客には大きな迷惑になるし、経営にも甚大な被害を与えることになる。しかし、そうした影響力によって労働組合の主張を通そうというものであった。組合の要求実現のために労働者はわざと作業を遅くしているのだが、逆にいえば、法律・規程・安全基準を大きく逸脱して無理をしなければ、大都市の通勤ラッシュはさばけなくなっていたということでもある。この順法闘争によってもっとも大きな怒りを爆発させたのは、長期間にわたって、毎日、通勤地獄に苦しんでいた乗客たちであった。

その怒りが頂点に達したのは、１９７３年の労働組合の春闘の時期に発生した通称「上尾事件」、および「首都圏国電暴動事件」においてである。同年の3月11日、動労による順法闘争が展開され、ダイヤが混乱していたため、乗車できなかった乗客たちが上尾駅に大量にあふれた。いつまでたっても乗車できず、ギュウ詰めで待たされた乗客の苛立ちは頂点に達し、その一部が暴徒化する。暴徒たちは、電車のガラス戸を破って運転席に侵入、運転士になぐりかかり、運転席や後続車両の窓ガラスをさらに破壊してまわった。さらに、駅長事務室にも乱入して、鉄道電話機類を破壊している。このとき駅長は、乗客に暴力をふるわれて病院に収容された。また、大宮駅でも同様の騒ぎが発生している。こうして、約一万人にふくれあがった乗客たちは線路を歩きはじめ、その他の駅に散らばって、そこでも駅員に抗議し、投石したとされる。切符自動販売機が壊され現金が強奪されたり、駅員に線路上を歩かせたりするなどのこぜりあいも発生している。

翌月、ふたたび順法闘争がはじまると、４月24日夜、電車、列車の遅れに腹を立てた乗客たちが暴徒となり、より大規模な暴動へ発展している。６０００人があふれた赤羽駅の騒乱をきっかけとして、暴動は新宿駅などの首都圏38駅に広がった。多くの駅事務室、券売機、電車が破壊され、放火されたところもあった。暴行、窃盗、放火などで１５８人が逮捕、送検（そのうち１０６人が起訴猶予）される騒ぎとなり、翌日にかけて６００万人が混乱したといわれる。

３月の上尾事件では「首都圏では乗客の怒りがついに爆発」（『朝日新聞』１９７３年３月14日）、４月の首都圏国電暴動事件では「〝乗客パワー〟爆発」「壊し、燃やし、奪う」、「乗客の怒りが爆発」と報道されている（図版8〜11）。国労や動労は、乗客たちの暴動は、右翼や当局による挑発によって扇動されたものだと主張したが、警察は偶然の重なりによって発生したものとしている。仮に扇動があったとしても、日常的に鬱積していた一般の乗客たち

破壊の跡

荒されて見るも無残な運賃精算所

=25日午前6時、新宿駅で

図版 8　『朝日新聞』1973 年 4 月 25 日朝刊の紙面（提供　朝日新聞社）

迫る

積る不満　一気に火の手

〝乗客パワー〟爆発

壊し、燃やし、奪う

上野・新宿駅など〝廃墟

図版 9　『朝日新聞』1973 年 4 月 25 日朝刊の紙面（提供　朝日新聞社）

図版 10 『朝日新聞』1973 年 4 月 25 日夕刊の紙面（提供　朝日新聞社）

図版 11 『朝日新聞』1973 年 4 月 25 日夕刊の紙面（提供　朝日新聞社）

の強い不満と怒りがなければ、ここまで大規模に広がらなかっただろう。

この大規模な鉄道暴動のキーワードは「乗客の怒り」であった。前述のように、都市への急激な人口流入、郊外の巨大団地の造成（C）、都心の工場・会社の集中（P）、それらを管理しきれない国家・自治体（G）が重なり、「満員電車」（E）という問題が発生した。とりわけ「通勤地獄」（S）は、広い大都市に住む大量の人びとが日常的に経験・共有しうるシンボリックな問題だったからこそ、ここまで大規模な暴動へと発展したのだろう。政治的なイデオロギーをかならずしも共有しない、一般の人びとによる正当な「怒り」だったとすれば、M・カステルが同時代に分析した社会運動の図式にきれいにあてはまるようにもみえる。

こうした観点からみると、公共交通の規範は、資本主義下の大都市で働く労働者に対して、過酷な通勤という現状を——改善するというよりも——「痩せ我慢」させるイデオロギーだったと理解することもできる。しかし、これらの鉄道暴動は「社会運動」にはなっていない。むしろ、先に触れたように、数年後にはモノ扱いに「慣れ」、「麻痺」した乗客たちの姿が報道されることになる。

労働運動であった順法闘争の対立の構図は「労働者vs.経営者」であった。考えてみると、通勤客と鉄道員は、どちらも「労働者」、あるいは「都市生活者」であるという面で共通していたはずである。つまり、両者が共闘・連帯して鉄道の「経営者」（あるいはその所有者・管理者である国家）と交渉する――いわば継続的・横断的な「社会運動」にする――可能性が理論的になかったわけではない。たとえば、通勤客・鉄道員をふくめた労働者・都市生活者たちが、都市問題が多数発生するなかでは出勤できない、働けないから、問題が解決・改善されるまでは休むべき等と主張することもできたかもしれない。そうなれば鉄道に乗客が殺到することもなかったはずだ。だが、そうはならなかった。

たしかに、多数の人が駅にあふれたのは、順法闘争によって列車・運行が間引かれたためだろう。そのため、乗客たちは駅で長時間待たざるをえず、乗車すれば極限的な満員状態にさらされた。そういう意味で一番の被害者は乗客である。しかし、乗客が電車通勤を大幅に控えていたらどうだっただろうか。実際、順法闘争は、すでに何度かくりかえされており、事前に予告もされていた。かなりの混雑になることは事前の報道でも予測もされている。にもかかわらず――出勤する動機や出勤せざるをえない事情は乗客ごとにさまざまだろうが――多くの人びとがいつもどおり出勤しようとした。だからこそ、鉄道から人があふれるような状況が発生したともいえる。その意味で、極度の満員電車は乗客たちみずから発生させている。

結局、乗客たちが感じたのは、鉄道労働者に対する「労働者・生活者としての共感・同情」ではなかった。むしろ、その怒りは、せっかく支払った運賃・税金の対価を得ることができない「消費者・納税者としての不満・憤懣《ふんまん》」として報道された。そのため、その怒りは、大都市やそれを形作る社会体制にまでは広がらず、鉄道に対するその時・その場限りの破壊活動にとどまった。その背景には、国鉄そのもの、国鉄の労働組合、あるいは学生運動含めた左翼運動への根深い反発があったのだろう。日本的経営における職場への忠誠心が、いつも通りの出勤をうながしたのかもしれない。日本の労働組合が企業別組合であったため、横断的な問題の共有が難しかったのだろうか。あるいは、通勤ラッシュに慣れつつ、我慢して維持してきた日常のルーティンを断たれたことに対する苛立ちもあっただろう。この鉄道暴動の原因・過程・結果についてはより複合的な分析が別途、必要になるが、本書ではその余裕はない。

いずれにしても「乗客の怒り」は、経営者（や国家という管理者）というよりも、運転士、駅員、駅長への暴行、電車・駅などの交通施設の破壊として現れた。日常的にくりかえされる都市生活で蓄積した鬱憤が——「集合的沸騰」（E・デュルケム）のようなかたちで——大都市の基盤であった鉄道システムそのものへ向けられたといえるだろう。しかし、その対立の構図は「労働者vs.経営者」・「都市生活者vs.国家・自治体」ではなく、「鉄道員vs.乗客」、すなわち「労働者vs.消費者」・「公務員vs.納税者」として報道され、理解されることになる。

結局、これらの鉄道暴動は、資本主義体制における都市構造、および高度成長期の都市問題を象徴する出来事になったが、社会運動にはつながらなかった。「労働者vs.消費者」・「公務員vs.納税者」という対立構図のなかで鉄道暴動が理解されたことは、いまからみると1980年代以降の国鉄の分割民営化、および乗客の消費者化——公共交通の「プライバタイゼーション（民営化・私事化）」——への分岐点であったということもできる。これ以降、乗客たちのイライラ・モヤモヤは、暴動のような「集合的沸騰」、あるいは「社会運動」として昇華されることなく、鉄道員や乗客同士という個別的な存在に向けられることになる。

ストライキに対するアレルギー——ストを労働者の権利というよりも、ただの迷惑と感じるような感覚が日本社会にあるとすれば、こうした出来事は、その転換点のひとつになっているのかもしれない。

第4章

20世紀後半の車内規範：
マナーの時代と規範感度の高度化

4・1　エチケットからマナーへ

規範における「積極的関与」と「消極的回避」

前章で扱ったエチケット本は1970年頃まで出版され、エチケットということばもしばしば公共交通に関連する規範を表現するために使われていた。しかし、1980年前後になると（それ以前から使われていた）「マナー」ということばが使われる頻度が、エチケットよりも多くなっていく。

このことは、交通道徳協会の機関誌名やキャンペーンのタイトルの変化にも表れている。先にも述べたように、1958年に機関誌『交通道徳』は『旅の装い』（3号以降『旅のよそおい』）にかわり、1960年には『明るい旅』に再度、改題されている。この時期には「エチケット採点豆記者」が派遣され、その報告特集が組まれており、「旅のエチケット向上」キャンペーンも行われていた。しかし、1974年以降、こうした活動は「旅のニュー・マナー運動」という名称で長く展開されていくことになる。交通道徳協会の活動や表現の変化からも、戦前・戦中の「交通道徳」から戦後の「エチケット」へ、そして高度成長期後の「マナー」というように、鉄道の規範を表現することばが徐々に移りかわっていったことがみてとれるだろう。現在、公益財団法人となっている同協会は、「戦後の復興から高度経済成長の時代に入り、『マナー向上運動の推進』、『鉄道少年団の活性化』、『広報誌・明るい旅の発行』を三本の柱として、鉄道を中心に道徳心とマナー向上を喚起する啓蒙活動に関する事業を展開してまいりました」とＨＰ上で説明している。

鉄道交通におけるエチケットとマナーは似た用語であり、それぞれ重なる部分も多い。また、どちらのことばも特定の行動を積極的に促進する「表現的な側面」と特定の行動を消極的に回避する「抑制的な側面」がある。たとえば、高齢者などに席をゆずるのは前者といえるだろうし、静寂を保つは後者といえるだろう。いいかえるならば「みずからをよりよく表現する」という面と「ひとに迷惑をかけないように避ける」という面が存在する。しかし、その内容には強調点の変化がある。というのも、エチケットは特定の行為の「表現的な側面」を強調していたが、マナーはどちらかといえば「抑制的な側面」を重視しているためである。別のことばでいえば、前者は加点評価で、後者は減点評価といえるだろうか。

前章で述べたように、エチケットには、文明に生きる市民として野卑なふるまいを「美しいもの」、「麗しいもの」にする文化的表現という意味があった。たとえば、それは紳士的に声をかける、優雅な姿勢を見せるといった他者への「積極的関与」にみることができる。

しかし、１９８０年前後から主流となるマナーという用語は、他者に「みずからをよりよく表現する」という文化や美学をあまり強調していない。むしろ、他者への無用な関与を抑制するような「消極的回避」を求める内容が前面にでてくる。前章で述べたように「通勤地獄」と呼ばれたラッシュアワーにおいて、乗客たちの積極的な表現が入り込む余地はなかった。その後、徐々に改善されていったとしても、２００％を超える混雑率が続いている路線もある以上、できる限りコミュニケーションを回避して、やりすごすほうが理にかなっている。つまり、「他人にできるだけ迷惑をかけない」というかたちで、個体の凸凹や行動の突出を削るような最低限の部分が重要になる。このように、車内規範を表現することばがエチケットからマナーへと変化するなかで、鉄道交通において推奨されるふるまいの強調点も「関与的・表現的なもの」から「回避的・抑制的なもの」に移り変わっていった。

先も述べたように、交通道徳協会では１９７０年代半ば以降に「旅のニュー・マナー運動」が展開された。当時の協会長はその狙いを以下のようにいう。「道徳」は人倫の根本、人間社会の基本だが、それをここで議論してもしかたない。一方、「マナー」とは要するに人間社会における最小限の互譲の態度である。混乱回避のための節度である。これなくして秩序ある社会生活はありえないギリギリの線といってもよい」（財団法人交通道徳協会『交通道徳協会五十年史』１９９８年：69頁）。このように「マナー」という用語は、最低限守られるべき抑制的なふるまいを指していることがわかる。このように「旅のニュー・マナー運動」などを通じて広く、長く定着した「マナー」という用語だが、一方で１９９０年代末になると、マナーが「禁止」や「規制」の次元でしかないことを批判されるようになる。そして、むしろ積極的な思いやりや譲りあいの精神である「交通道徳」の問題に引き戻して考えるべきである、という意見も出た（財団法人交通道徳協会『交通道徳協会五十年史』：23頁）。しかし、マナーという用語は広く定着しており、「交通道徳」という用語に回帰することはなかった。

　そこでこの章では、マナーという用語が広がり、その内容が論争化するなかで、マナーがより細かくなっていく様子をみていくことにしたい。大まかにいえば、「みずからをよりよく表現するエチケット」から「ひとに迷惑をかけないようにするマナー」へ――「○○をしよう」から「××をしない」への規範の強調点の現代的変化である。かつてのように車内を「家の延長」として見立て、「内輪への配慮」（礼節）を表現するのではなく、「家庭の外部」にいる「他者への遠慮」（儀礼的な無関心）によって車内秩序を維持する――これもまた「積極的表現」から「消極的回避」への強調点の移行と考えることができるだろう。

ただし、このような「最低限、これくらい守ろう」という意識は、守るべき規範がすくなく、簡単になること――つまり規範がゆるいことをかならずしも意味しない。むしろ、「最低限のこと」とされることによって厳密さが増し、また「最低限のこと」に微細なふるまいが含まれることによって、より高度になっていく。こうして、そうした自己や他者の「迷惑行為」に対するより繊細な視線が現れていくのが20世紀末の車内マナーであった。

4・2　マナーポスターの世相史：コミュニケーションを微調整するポスター

マナーポスターとマナーのセルフ・モニタリング

マナーということばが、エチケットに代わり使用される頻度が高まったきっかけのひとつは「マナーポスター」だろう。鉄道内の標語の掲示やポスターがそれまでなかったわけではない。しかし、とくにマスメディアで大きな話題になったのは、営団地下鉄（現在の東京メトロ）が1974年から掲示したマナーポスターであった。これ以降、国鉄や各私鉄でもその効果や反響を期待して積極的に掲示していくことになる。交通道徳からエチケットへ、そしてマナーへという変化は、交通標語の発声、エチケット本の読書、マナーポスターのビジュアルイメージというメディア形式の変化とも対応している。

　地下鉄の旅客輸送人員は１９６５年時点では約7億5千万人だったが、１９８５年になると約23億７０００万人に増えている。とりわけ東京では、東京オリンピックの開催に向けて、東京都営地下鉄と営団地下鉄の建設が推進され、路面電車の撤去が訴えられた。１９６７年に東京都交通局は、財政再建のため都電の全面廃止を決定し、各路線の撤去が１９７２年まで続けられた。こうして路面電車が撤去される一方、地下鉄路線が急拡大することによって、「首都圏の都市交通は、『地下鉄の時代』を迎えていた」（老川２０１９：１１４頁）のである。

　営団地下鉄のマナーポスターの人気が高まったのはこうした時期であった。営団地下鉄には掲示されたポスターを譲ってくれという声が多数寄せられ、掲示されるとすぐにはがされ、持ち去られてしまうほどであったという。１９７６年7月6日の朝日新聞の記事では、マナーポスターはマナーを推奨しているが、鉄道事業者はその効果にあまり自信がなさそうであり、マナーという点では皮肉な結果をもたらしている、と報じている。

　とくに話題になったのは、洋画を中心とするパロディ作品であった。たとえば、チャップリンがヒトラー風に扮した映画『独裁者』をモチーフとして座席の独占を揶揄したポスター

「独占者」（1976年6月）がよく知られている。また、マリリン・モンロー主演の映画『帰らざる河』をモチーフとした、傘の忘れ物を注意する「帰らざる傘」（1976年6月）も人気であった。10枚中7枚がその日のうちに盗まれるという人気ぶりで、新聞・雑誌でセンセーショナルな話題となっている。そのほかにも映画『スーパーマン』も複数回とりあげられている（1976年9月に2回・1977年3月）。当時の鉄道事業者にとって、マナーキャンペーンはともすれば反発をまねきかねないものであった。きつすぎると「ろくなサービスもしないでマナーの押しつけはけしからん」といわれ、かといって誰の目にもとまらないようでは意味がない。そこで、洋画のキャラクターを用いたスタイリッシュで気の利いた表現が「目をひきつつ、反発をまねかない」ためのクッションの役割を担うことになった。持ち去りという皮肉な結果をもたらしたものの、ポスターのアート性の高さもそうした工夫のひとつであった。

　1970年代のマナーポスターに頻出した洋画のキャラクターは、戦後すぐに交通道徳やエチケットのロールモデルとされたアメリカ将兵とは異なる。当時よく知られた洋画の知識を前提にして理解できるパロディであり、マナーを省みるきっかけとして目を引くために採用されている。そのため、マナーのロールモデルとはいいがたい。その一方で、盗まれるほど話題となっていたように、洋画のスターがマナーの存在を意識させるために有効だったことを示している。

また、同時期には邦画『男はつらいよ』の「寅さん」（渥美清）を用いて「下町の人情」をモチーフにしたポスターも作られている（1976年12月、1977年1月）。1980年代になっているが、マナーの重要性を訴える「親から子への手紙」という形式をとったポスターもある（1981年4月）。とくに「寅さん」をモデルにしたポスターでは「タンマ。他人は他人と言うけれどそれを云っちゃあおしまいよ。お互い人間どうしあったかくやろうよ。」とキャプションがついている。同時期には歌舞伎（坂東玉三郎1977年6月）、落語（林家三平1977年5月）、相撲（北の湖1977年9月）のような伝統芸能に関係する当時の有名人やモチーフ、あるいは江戸時代の事象を用いた表現も多い。「家庭の延長」としての車内という論法はあまり使われなくなっていたが、メディア的に演出された伝統的な「家庭・地域」の「温かみ」の疑似的イメージを用いて、マナーを説得するものだろう。

こうした邦画・洋画のキャラクターや浮世絵などの伝統的モチーフは1980年代以降も定番の表現様式ではあるが、次第にすくなくなっていく。前章で述べたように、戦前日本においては鉄道の車内を「家庭の延長」と位置付け、疑似的な「内輪」を作るような秩序維持が試みられた。その後、日本の公共交通は、欧米という外部・他者をロールモデルにして、自立した個人と個人の関係を作ることで秩序維持をはかっている。初期のマナーポスターにおける伝統芸能・邦画の有名人や洋画のスターを用いた表現は、そうした二つの説得の論法の延長線上にあるといえなくもないが、パロディ化されており、その意味はほとんど形骸化《けいがいか》している。さらに、１９８０年代以降、そのように内部を延長したり、外部を召喚したりせずに、秩序維持を促す表現が営団地下鉄のマナーポスターに現れる。

それは１９８７年に掲示された、「ミラーペーパー」を用いて自分自身の姿を映し出すポスターである（図版12）。「鏡よ鏡、マナーの良い人はだーれ!?」とキャプションがついている。「自分で自分のふるまいを省みよ」——この表現は、「家庭・地域という内部・仲間の延長」や「西洋という外部・他者の召喚」によってマナーを説いていない。むしろ、そうした内部や外部の準拠点が示されないまま、自分で自分のマナーをモニタリングすることを求めている。

さらに１９９０年代に入ると、それまでのポスターは「図柄やコピーのユニークさばかりが先行」していたと反省されるようになる。そして、動物と自然を主人公にした「自然シリーズ」と称されるものに方向転換していった（『マナーポスター２００』帝都高速度交通営団、１９

９１年：１８９頁)。２０１１年度にも自然シリーズは掲出されているが、以降はイラストが主体となる。自然シリーズの意図は、マナーを大きな字で注意するのは野暮であり、ふと気付いてうなずくようなものにするためだという。その結果、モデルやキャラクターの有名性や広告制作者の作品性を用いて目を引き、マナーを説得するという表現はすくなくなる。

初期のポスターには「コラッ坊主！　靴を脱げ」（１９７６年3月）と書かれたものがあるが、この文言は問題となり、クレームも寄せられた。ただし、「気合の入った注意」という意見も含めて、大筋はよくやったと好意的だったという（河北秀也『元祖！　日本のマナーポスター』グラフィック社、２００８年：63頁）。こうしたエピソードには、進んで注意するような「積極的関与」を求めるコミュニケーション様式が、この時期に残存していたことを感じさせる。

図版12　「ミラーペーパー」ポスター

しかし、その後、押しつけがましさを感じさせる表現は避けられるようになり、１９９

０年代になるとマナーポスターの表現自体も暗示的なものになる。とくに自然シリーズは、送り手が受け手を説得し、特定の人間がメッセージを発するのではなく、自然・動物という存在を通じて受け手に読解を委ねている。有名人などのヒトの指令を介在させずに、自発的な反省をあてにしてマナーの順守を促す。メッセージの送り手の存在をあいまいにして、押しつけがましさを除去しながら、乗客みずから進んでマナーを理解し、実践する——これもまたマナーのセルフ・モニタリングの推奨の一環といえるだろう。こうした手法は２０００年代になっても踏襲され、定番化している。たとえば、「『自ら考えて』命令口調減る」（『朝日新聞』２００９年３月１日）という記事でも紹介されている。同記事では、マナーポスターの「命令口調は減り、イラストやユーモアを混ぜたソフト路線が目立つ。乗客自身の問題としてマナーを考えてもらおうと、鉄道路線は試行錯誤を重ねている」というが、それはマナーポスター作成当初からの課題であった。

「衛生環境の維持」から「コミュニケーションの微調整」へ

営団地下鉄のマナーポスターの変化は、表現方法だけではなく、規範内容にもみてとれる。では、営団地下鉄のマナーポスターではどのようなマナーが取り上げられていたのだろうか。

ここでは、１９７４年から１９９１年までの営団地下鉄のポスターをまとめた『マナーポスター２００』（帝都高速度交通営団、１９９１年。『マナーポスター１００』も１９８３年に発行されている）をもとに見てみることにする。

１９７０年代から変わらずにずっとテーマになり続けているものは、足組み・足の投出し・幅を取る着席・荷物の抑制、席詰めの推進、新聞の読み方など、できるだけ効率よく車内空間を利用するためのものである。駆け込み乗車の禁止も継続して掲載されている。また、雨季には濡れた傘の扱いの注意、着ぶくれで車内が圧迫される冬季には、時差通勤を推奨するポスターが毎年のように掲示された。不正乗車を防止するための定期券の明確な呈示も定番であった。

一方、１９８０年代以降に特徴的なのは、たとえば席詰めを促すポスターに「あと10cmの心づかい」（１９８８年10月）とあるように、よりミクロな行為への言及が増えているところだろう。車内の座席マナーは、話題になった「独占者」のポスターのように座席の独り占めのみっともなさや迷惑さを強調するだけではなく、７席をきちんと詰めて座席を確保することをもとめ、より詳しい指示を与えるものも登場している。また、ショルダーバッグの持ち方（１９８７年12月）、出入口付近と座席端を仕切るポールからはみ出す尻・背への注意

（１９８３年11月）、居眠りによる隣席の人の肩への寄りかかり（１９８９年８月）やヘッドホンの音漏れに関するものも多く、より細やかな注意が加わっている。

ほかにも、ただ駆け込みを抑止するのではなく、整列乗車を推奨し（１９８５年９月、１９８６年４月、１９９１年２月、１９９１年７月）、扉の前は広くあける、降りる方が先（１９８９年１月）、降りる人のためにいったん降りる（１９９１年４月）、ホームで群れない（１９８９年３月）、ドア付近から車内へ移動する（１９８５年２月、１９８９年４月、１９９０年３月）、空いたドアからの乗車（１９９０年１月）など、より細分化した行為がポスターに掲載されるようになる。整列乗車や車内中ほどへの移動の標語自体は戦前期から存在していたが、この時期のマナーポスターのなかで再度、よりきめ細かく視覚的に表現されている。とくに１９８０年代後半以降、駆け込みの瞬間の危険を抑止するだけでなく、構内・車内全体のふるまいに対して、時間のゆとりをもって動くことを勧めるポスターも出てくる（１９８９年12月、１９９０年５月、１９９０年８月、１９９１年３月）。交通空間の全体の流れを意識させながら、乗客の行為をより個別化・細分化して指示することで、より効率的・合理的な運行・秩序の維持をはかっていることがわかる。

席譲りについては、１９８０年代前半までは、高齢者や子どもを抱いた母親への席譲りの表現が多く、とくに「シルバーシート」導入によって、高齢者への気遣いが強調されていた。さらに１９８０年代後半以降、高齢者、傷病人、妊婦、あるいは「からだの不自由な人」という表現になり、気遣いの対象が多様な人びとへ広がっていくことになる。

ただし、エチケットで重視されていた「文化や美学」、あるいは積極的関与の表現をそれほど多くみることはできない。「ゆずりあい」という一般的な表現で積極的関与も残ってはいるが、それらも80年代を通じて「シルバーシート」の問題にゾーニングされていくことになる。ほかにも、１９５０年頃のエチケット本には――実態はともかく――「疲れて居眠りをしている人には枕となってやるだけの情味が欲しい」と書かれる程度の余裕はあった。しかし、１９８９年のポスターでは「肩重い（片思い）」という迷惑行為として描かれている。

この時期のマナーポスターは、混雑する車内において、より細分化されたマナーを提示することによって、身体・物体のデコボコや行為・関係のはみだす部分を削り、パーソナルスペースをより確保しようとしているといえるだろう。また、「シルバーシート」のような優先席による空間的分離は、声がけによる席譲りのような「積極的関与」よりも、あらかじめ空間を設定することによって、「消極的回避」をうながしているようにみえる。

また、１９７０年代の初期のマナーポスターには、ガム、吸い殻、新聞・雑誌その他のゴミ問題、および傘などの忘れ物問題に関連する内容が頻出している。いずれも車内・構内に残存する「モノ」の処理に困っており、そうした「モノ」を構内・車内にできるだけ残さないことが重要視されていることがわかる。いかに車内の廃棄物・忘れ物が多かったかが推測できるだろう。とくに1980年代前半までもっとも盛んに言及されているのはタバコに関するマナーである。ゴミ問題との関連で吸い殻についての掲示も多い。ただし、初期は混雑時の喫煙を抑制するポスターであったが、次第に禁煙タイムの導入やその周知を知らせるポスターが多くなる。1980年代後半になるとさらに言及はすくなくなり、終日禁煙が導入された1988年以降、終日禁煙への協力の感謝以外、言及がほぼなくなる。ゴミ全般の問題も、1980年代末以降、言及がすくなくなっている。

また、夏の窓開け推進ポスターも定番であった。1980年代の地下鉄にはクーラーがいきわたっておらず、「空気」をいかに管理するかも重要な課題だったのである。電車の冷房化は1970年代にはじまるとされ、1985年には国鉄の冷房化率は81%、大手私鉄7社は77%まで上昇している(「バブル期の都内地下鉄車内は〝熱地獄〟だった」『東洋経済ONLINE』2016年8月23日)。しかし地下鉄では、冷房の排熱を警戒して、電車の車両に冷房をとりつけず、トンネルに冷気を流して対応していた。そのため営団地下鉄の冷房化率は0%であった。

１９８７年までほぼ毎年7月に窓開け推進のポスターを掲出し続けていたのは、外気が冷やされていたためであった。しかし、１９８８年以降、車内の冷房化が導入され、増加してくると、こうしたポスターは次第に掲載されなくなる。

廃棄物・空気の問題への言及が徐々にすくなくなる一方で、車内に持ち込まれる「モノ」の扱い方はデリケートになる。初期にはスキー板の持ち歩きという季節的なものや危険物の持ち込みが問題とされた。しかし、次第に、傘の持ち歩き方や手荷物の扱いや持ち方に対する日常的な注意が高頻度で現れるようになる。傘についても、それまで濡れた傘が他の乗客に触れる迷惑を注意するものがほぼ毎年掲出されていたが、その後、傘の先端が刺さる危険に注意するものも加わっている。

このように１９８０年代を通じて、廃棄物・空気などに関連する衛生環境を改善するためのものから、人びとの聴覚・触覚を刺激するコミュニケーションをより細やかに調整するものにマナーポスターの重点がゆるやかに移行していったことがわかる。つまり、粗野な状況にあった「衛生環境の改善」から、より繊細な感覚を含めた「コミュニケーションの微調整」への秩序維持の転換である。

この「コミュニケーションの微調整」の前景化の背後には、「家の延長」としての車内空間という意識の消失が存在している。たとえば、戦前から車内の衛生環境を改善するために「自分の家をきれいにするのと同じ気持ちで、常に清潔に保つ心得」を持つべきとされていたことはすでに紹介した。「家がこんなに汚れていたらいやですよね」という論法は、車内に放置されたモノの認識を変更するというよりも、車内という空間そのものの認識を変更するものだったといえるだろう。自分にとって大事ではない空間であれば平気なモノであっても、自分の大事な空間になると平気ではないモノになる。「家の延長」としての車内とは、乗客たちをゴミ問題の当事者にするためのレトリックでもあったわけである。

しかし、戦後の交通道徳運動などもあり、ゴミ問題は次第に緩和されていった。また、「家の延長」としての車内という考え方もあてにできなくなる。満員電車によって徹底的に効率化されたモノとして相互に他人化したあとで、身内の論理や礼節に頼ることは難しい。身内ではない他人と車内においてどのように過ごすべきか。マナーポスターが取り組むべき車内の問題は、身内であるかのように気遣うというよりも、他人同士としてどう遠慮しあうか、になる。相互にプライバシーのある他者として、いかにコミュニケーションを微調整するか――この時代のマナーポスターは、車内空間がそうした領域として理解されるようになったことを表現している。

高度になる感度：「推奨」から「迷惑」に変わった脚組みとイヤホン

１９８０年代以降、車内のふるまいに対するまなざしがより微細になっているという点において興味深いのは、脚組みとイヤホンの扱いだろう。

たとえば、１９５０年代のエチケット本には「車内のポータブルラジオはイヤホンで聞きましょう」（原奎一郎『私とあなたのエチケット』文陽社、１９５７年）という項目がある。こうしたエチケットがわざわざ立項される背景には、主に長距離列車を中心にラジオをスピーカーで聞くひとが一定数いたということを表している。実際、１９５９年の日本修学旅行協会編『修学旅行』(37)に掲載された国鉄営業局旅客課へのインタビュー記事（「守ってほしい車内道徳」）では、ポータブルラジオをスピーカーで聞く人が増えているので、イヤホンで聞くようにしてほしいと要請している。イヤホンの音漏れでさえ不快に感じる現在からすると、スピーカーで聞く人がいる車内というのはなんとも大らかではある。

１９８０年代後半のマナーポスターではうるさいおしゃべりもテーマになっているが、とくに問題になったのは、ヘッドホン・イヤホンからの音漏れであった。たとえば１９８３年10月と１９８８年８月にボリュームの大きさを注意するポスターが作られている。そうしたなか、１９８９年東急大井町線で、音量を下げてほしいと注意した地下鉄運転士が大学生に殴られるという事件が発生する。音漏れトラブルを原因とするこの傷害事件は、当時、大きな話題となった。読売新聞の社説「若者の自分本位な音の暴力」（１９８９年10月６日）では、「電車内の騒音として、苦情の多かったヘッドホン・ステレオをめぐり、ついに東京で傷害事件が起きた」とされる。１９７９年に「ウォークマン」というポータブル音楽プレイヤーが発売され、大ブームとなっており、音漏れ問題は１９８０年代を通して水面下でくすぶっていたのである。１９８８年のマナーポスターには乾電池ゴミへの言及があるが、携帯ラジオやポータブルプレイヤーの電池が増加し、ヘッドホン・イヤホンの音漏れが社会問題化したこととも関連していると考えられる。

記事では、事件は「短絡的で、自分本位な現代の若者像」を象徴しており、彼らは「他者の立場や痛みへの配慮が決定的に欠けている」という。そして「今の若者には、自分の行動が周りにどんな影響を与えているかを、客観的に省みる訓練が不足している」のではないかと投げかける。ただし、暴行事件というよりも、「音漏れ」や「若者批判」に焦点があたっている。こうした報道は、新しいテクノロジーに対する違和感とそれを公共の場で無遠慮に用いる若者への批判、すなわち「新しいテクノロジー＝若者」批判という構図の先駆けのひとつになった。

これ以降もイヤホン・ヘッドホンの「音漏れ」は、くりかえしポスターのテーマとなっている。営団地下鉄は、事件をうけて約６０００枚のポスターを張り出している。都営地下鉄でも「ボリュームちょっとおさえて音（ね）」というコピーのポスター５００枚を各駅に張り出し、５月に増刷している。これらは、傷害事件に発する音漏れ問題に対する「異例のポスター作戦」（『読売新聞』１９８９年10月17日）であったという。

また、１９５０年代初頭のエチケット本で指南されている電車での座り方には、現在と異なるところがある。それは、座るときは膝を開かずに膝を合わせるのがよいが、「足を組むのもよい」とされていることもあった点である。「最近アメリカの婦人等は必ず足を組んでいますね。あれはなかなかスマートで好い恰好《かっこう》です。それに足の形を細く美しくする為にも非常に良いことなのですから、貴女方もあんまりオテンバにしない程度に工夫して見てください」（横山かほる編『若い女性の手帖』大同出版社、１９５１年）としている。

この考え方が当時の主流であったわけではないだろうが、それでも脚組みが「美しいふるまい」として推奨される余地があった。この脚組みは１９７０年代以降のマナーポスターの時代においては、くりかえし批判されている。ただし、たとえば若い女性二人が脚組みをしたイラストに「魅力は魅力、邪魔は邪魔」（１９７５年10月）、若い女性３人が脚組みをしているポスターに「目を奪う。でも場所も奪ってる」（１９７９年３月）とキャプションがついているように、脚組みの評価はやや両義的にみえる。ただし、男性がとりあげられているときはそうした留保はなく、ただの迷惑行為となっている（１９７７年10月）。１９７０年代のマナーポスターは脚組みを「迷惑」ととらえつつも、「女性的な美しさ」の表現という感覚が残っていたことがわかる。１９８０年代になると、「粋ないなせも、車内じゃ野暮」（１９８４年８月）というポスターがあるものの、傘と足は「閉じれば美しい」（１９８５年６月）という表現になり、同時期のほとんどのポスターでただの迷惑行為（１９８１年５月、１９８２年９月、１９８２年10月、１９８５年３月、１９８５年10月）として表現されている。

このように、マナーポスターの掲示を通して、エチケットの時代において許容されることもあったふるまい、あるいは触覚・聴覚に関わる刺激が、より細分化された「迷惑行為」と位置付けられるようになった。さらに、暴力事件などを通してメディアで大々的に報道されるようになれば、多くの人びとがそうした「小さな音」を「大きな問題」として認知するようになる。そんなとき、ポスターを見た乗客たちは、自己や他者の行為がそのようなマナー違反になっていないか細かくチェックするようになるだろう。こうしてパーソナルスペースに対する感度、とりわけ聴覚や触覚への刺激に対する感度が上がっていく。静かになればなるほどより小さな音や声が気になるし、人との距離に繊細になればなるほど、ちょっとした接触が気になってくるというループである。

４・３　マナー論争の時代：国鉄民営化と消費者たちの秩序維持

国鉄民営化と「サービス」としてのマナーキャンペーン

こうしたマナー意識は、１９８０年代以降に活発となるマナー論争の発生によって、さらに研ぎすまされていく。そのきっかけのひとつとなったのは国鉄民営化である。石油危機後の経済停滞に苦しむ資本主義諸国では、１９７０年代以降、政府の支出によって経済・福祉を支える「大きな政府」が限界にあるとされた。そして、市場機能の強化、公的事業の民営化、法的な規制緩和、補助金の削減などによって、経済を市場メカニズムに委ねる「小さな政府」への移行が進められる。

日本においても、１９８１年に「増税なき財政再建」を大方針にした第二次臨時行政調査会が設置され、行政改革の目玉として国鉄改革が打ち出されている。そこでは、国鉄経営が「破産状況」に陥った原因として４点が重要であるとされている（老川２０１９：２２３‐２２４頁）。すなわち、（１）モータリゼーションへの対応の遅れ、（２）国家の過度な関与と巨大な企業規模による「親方日の丸」的な経営、（３）不安定な労使関係と職場規律の乱れによる生産性の低下、（４）人件費比率の高さと年金・退職金・累積赤字の巨額の利子負担、である。そして、さまざまな批判や紆余曲折があったが、分割民営化構想を主軸とした国鉄改革の目的は、①巨額の長期債務を国家財政の負担にならないように処理する、②赤字を生まない効率的な運営体制を作る、③国鉄労組をつぶす、ことにあった（同右：２２８頁）。すでに１９８５年には電電公社はＮＴＴ（日本電信電話株式会社）、専売公社はＪＴ（日本たばこ産業株式会社）となり民営化されていたが、１９８６年に国鉄改革法が成立する。そして翌年、国鉄は旅客鉄道６社（ＪＲ北海道・東日本・東海・西日本・四国・九州）を含む11法人に分割民営化され、ＪＲ（Japan Railway）体制が発足することになる。

　国鉄時代の鉄道に対しては、乗客や利用者に対してサービスや態度が悪い、という批判が長いあいだ寄せられていた。そのため、鉄道のサービス向上には民営化が不可欠であるという議論が長くくすぶっており、国鉄民営化を進める底流をなしていた。先述の「国電暴動事件」は、一向に改善されているようには思えない「通勤地獄」に我慢を強いられ続けていること、すなわち「劣悪なサービス」に対する乗客たちの怒りの表出でもあった。そうしたこともあり、民営化以降の鉄道事業者は、鉄道・関連施設の「乗客」や「利用者」を、サービスを享受する「お客様」や「消費者」として扱うことを強調するようになっていく。

> お恥ずかしい話ですが、鉄道員の多くは長い間、旅客を「乗せてあげている」という感覚を持っていたようです。近年はその意識を変えようとしています。すこし前まで、会社から係員への公式な達示類では「旅客」という言葉が使われていましたが、現在は「お客様」という言葉に置き換えられています（ちなみに、お上の文書ではいまだに「旅客」という言葉を使っています）。
>
> 先ごろ、関東の某有名私鉄が、全従業員に「お客様」という呼びかけの言葉を定着させることに成功したと聞きました。ここに辿り着くまでなんと10年かかったそうな（難波とん平・梅田三吉『鉄道員は見た！』新潮文庫、２００９年：２０７‐２０８頁）。

英語圏においても、「乗客 passenger」ということばの代わりに「顧客 customer」ということばを使うことが増えているといわれる（森真一『「お客様」がやかましい』ちくまプリマー新書、2010年：17－18頁）。社会学者の森真一は、どのような利用者も過剰に丁重に扱わなくてはならない日本的な消費社会を「『お客様』社会」と位置付けている。

たしかに現代の「『お客様』社会」では、「労働者と消費者」の後者に権威・権力が偏って存在している。たとえば乗客による鉄道員へのカスタマーハラスメントが典型例だろう。さらに公共交通で難しいのは、尊重されるべき（と思っている）お客様同士、すなわち「消費者と消費者」（乗客と乗客）の関係である。現代の鉄道交通では、車両の多量連結や鉄道施設のオートメーション化によって、鉄道員と利用客が直接的にコミュニケーションをとることがすくなくなっている。そのため車内空間は、乗客同士だけで共に過ごす時間と空間になっているといえるだろう。

相手が「お客様」である以上、鉄道事業者から鉄道利用者への一方的なマナーの指導は難しい。サービスの提供者である鉄道事業者が、サービスの享受者であるはずの乗客・利用者に対してマナー順守を要求するという事態は、サービスの方向が逆転している。かといって、大量の乗客をそのままにしておけば、鉄道運行に重大な危険と非効率を生み出しかねない。

だとすれば、鉄道事業者による押しつけにみえないようなかたちで、乗客たちの行為、および乗客と乗客の関係をどのように安定化させればいいのだろうか。

エチケットの啓蒙からマナーの投稿へ

その方策のひとつは、すでに挙げたような、押しつけがましくなくセルフ・モニタリングをうながすマナーポスターの工夫だろう。第3章でも触れたように戦前からユーモアのある標語、警句、あるいはヴィジュアル表現が存在していなかったわけではない。しかし、営団地下鉄のマナーポスターの先駆的な表現、そしてそれらに影響を受けた他の鉄道事業者のポスターの表現は、「お客様社会」の形成や鉄道民営化の議論と並走している。戦後のマナーポスターの表現の重要性は、そうしたコンテクストのなかで試行錯誤されていた点にある。

１９８５年、日本民営鉄道協会は、民鉄大手14社と営団地下鉄の業務課長をあつめて車内暴力対策会議を開いている。そして、車内モラルや乗車マナーの向上のため、車内放送やポスターでのよびかけ、駅員によるパトロール強化、暴力事件の通報体制の徹底という方針を決めた。とくにポスターに力を入れており、１万３０００両の車両に一枚ずつ掲げ、駅構内にも張り、各社独自のポスターもあわせて車内暴力防止を訴えるという。たとえば東京では、こうした対策は同年1月後半に地下鉄千代田線、小田急線、東武東上線、京成線などで発生した電車内での暴行事件が次々に報道されたことをきっかけにしている。なかにはマナー違反を注意した人に対する暴力も含まれており、これをきっかけにマナーに関する投稿や記事が増えていくことになる。さきほどのヘッドホンの音漏れ問題を原因とする傷害事件は、そうした鉄道事業者の暴力対策や広報戦略が下地となるなかで、より大きな問題として反響があったものであった。

また、1989年の「あなたマナー違反していませんか?」という特集記事(『女性セブン』1989年3月16日)には、「電車のマナー違反ってどんな人」のアンケート結果が、鉄道各社のマナーポスターとともに掲載されている。結果は、1位「混雑時の喫煙者」(18人)、2位「酔っぱらい」(16人)、3位「傍若無人な人」(12人)、4位「びしょびしょの傘を持った人」(11人)、5位「うるさい子供」(9人)、6位「新聞を広げる人」(7人)、7位「大荷物を持った人」(6人)、8位「ヘッドホンステレオを聞いている人」(5人)、9位「足を組んで座る人」(4人)、「老人や妊婦に席を譲らない人」(4人)、11位「たんを吐く人」(3人)、「足を踏んだりしても謝らない人」(3人)、13位「網棚に新聞、雑誌を捨てる人」(2人)であった。興味深いのは、そのアンケート順位にしたがって、既存のマナーポスターを紹介しなおしているところだろう。鉄道事業者が発したはずのメッセージを、アンケートを経由した読者の意見として組み替えることで、乗客が要求するマナーであるかのように読めるからだ。ちなみに39点のうち営団地下鉄のマナーポスターは27点を占めている。

もうひとつは、乗客たちがみずから相互の行為と関係をモニタリングするようなインターフェイスを作り出すことだろう。たとえば、右記のアンケートも他者がどのような行為をどのように思っているかをみることができるインターフェイスのひとつである。鉄道事業者が駅や車内でポスターの掲示やアナウンスによって周知するなどして対応することも重要だが、鉄道を降りてしまえばすぐに忘れてしまい、他人事になってしまうかもしれない。しかし、投書・投稿を広く募り、その内容を公開すればどうだろうか。このような場をつくることによって、事業者がマナーを要求しているわけではなくなる。つまり、「お客様」たる乗客たちが要望している、という自分事になる。だとすれば、同じ「お客様」である私も要望したサービスとして、マナー順守が存在することになる。しかも、投書・投稿を募り、マナーについての意見が多数あったことを示すことによって、マナー向上をマーケットのニーズとして位置付けることもできるだろう。こうしてマナーキャンペーンは、鉄道事業者の要求というよりも、鉄道事業のサービス向上の一環になる。乗客・利用者のマナー向上が結果として顧客・消費者へのサービス向上になるのは、こうした投稿・投書といったメディア的な回路がカギのひとつとなっている。

たとえばＪＲ西日本は、民営化に前後して「キク象コーナー」を設置し、利用客の声や要望を募集した。寄せられた意見をみるとマナーについての意見が多かったため、１９８８年12月から「さわやかマナーキャンペーン」を開始している。すべての駅と普通列車内に毎月図柄を変えてマナーポスターを掲示し、沿線の学校５０００校に配布した。またマナーカレンダーを学校、公民館、ホテル、病院に配布している。さらに、著名人や有識者で構成された「マナーご意見番」を結成して、会議を開き、現在、どのようなマナーがふさわしいかを検討している。

セルフ・モニタリングの拡大とマナーの論争化

マナーという用語やその内容をより広く共有し、それを人びとが自分事としてとらえていく際に大きな役割をもったのは、新聞・雑誌・冊子などへの投稿・投書であった。メディアがマナーに関する投稿を募集することもあれば、読者がこれらのメディアにマナーに関する投書を自主的におこなうこともあった。そして、多くの人びとが自分の経験をメディアに投稿し、それを通して読者も自分に似た経験を目にする機会が増える。こうしてマナーに関する意見が新聞・雑誌・冊子などの公的なメディアを通して、広く議論されるようになった。ただし、このときマナーに関する話題は「啓蒙的」というよりも、「論争的」なものであった。

とくにマナーに関する記事、投稿、あるいはそれらを含めたマナー論争が活発化したのは、1990年代以降である。自己と他者の行為に対する細やかなモニタリングのセンサーは、こうしたメディアの「論争」を通して発達していくことになる。たとえば第1章で述べたように朝日新聞における「マナー」の見出し記事件数が急増したのは1990年代だったが、大宅壮一文庫のデータベースで「電車＋マナー」で検索しても同時期から記事件数が増加している（図表4–1）。

記事の一例を挙げてみると、まさに「日本人のマナー論争」（『SPA!』1993年9月22日号）と題された記事があり、外国人に日本の電車マナーを論じさせている。「満員電車のなかのいやなヤツ」（『暮しの手帖』1993年8月号）は、長くなるので省略するが、その内容がなかなか細かい。「電車のマナーチェック！　こんな人と電車で乗り合わせたらヒサンよ！電車の乗り方、座り方にもマナーを守って！」（『女性自身』1987年5月5日号）という記事もわかりやすい。この記事には「あなたは車内で、どんなタイプの迷惑人間！」というチャ

図表4-1：大宅壮一文庫データベース「電車+マナー」の検索件数

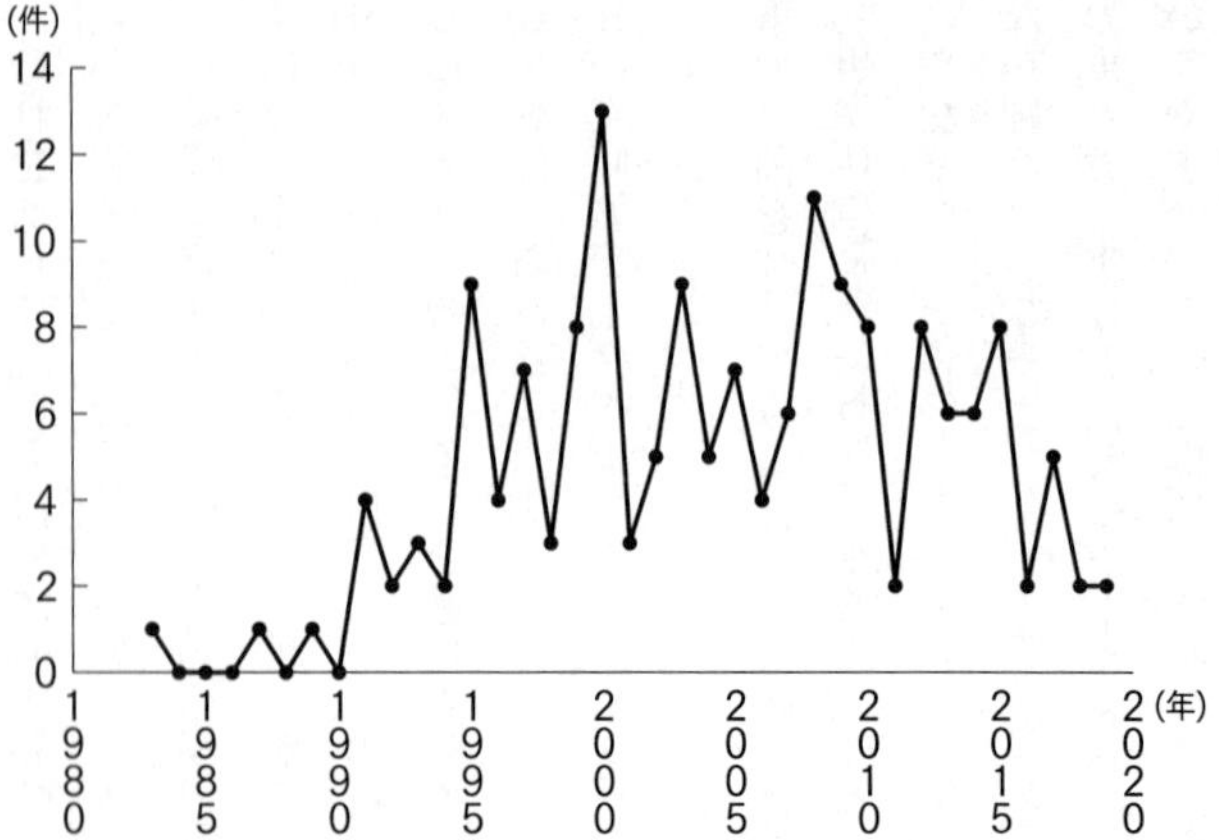

ート表が掲載されており、「YES／NO」を選択していくと「ノロノロ迷惑族」、「ボヤボヤ迷惑族」、「ズカズカ迷惑族」、「セカセカ迷惑族」、「ピリピリ迷惑族」に分類される。あてにはなるとは思えないが、これもマナー違反に関わる自分の傾向をみずからチェックさせることで、セルフ・モニタリングをうながす仕掛けのひとつといえる。

　また、１９８７年9月12日に朝日新聞「こころ」のページで募集した投稿テーマも典型的だろう。同欄は、読者が回答する人生相談のページとされる。「電車内マナーの注意法は?」と題されている同記事は、しばしばマナーの悪い乗客に出くわして不愉快な思いをするという45歳の所沢在住の通勤女性からの相談からはじまる。「電車のなかは社会・人生の縮図という気がするのですが、こうした目に余る実例やうまく注意して丸くおさめた体験、あるいは目撃したケースなどを教えていただけませんか」と問いかけている。10月10日の記事では、１２０通を超える回答がよせられたとして、そのなかから10件の投稿が掲載されている。

その結果、鉄道マナーは多くの人びとにとって「自分事」になり、みずからを自己や他者のふるまいに対するセンサーにしていくことになる。たとえば１９８８年７月21日の朝日新聞の以下のような投書は、典型的なものだろう。

> 私は、通勤電車のなかに、さまざまな人生の断面図をみる。そして時々、乗車マナーの必要性をひしひしと感ずる。
> 例えば、荷物を大量に座席において平然と座っている中年婦人、つめれば2、3人は座れるのに、足を広げて新聞を読んでいる青年。子供のわるふざけを別にしかろうともしない母親。老人をたたせて友人としきりにおしゃべりをしている女子学生たち。気にしだすと、まるで刑事のような目付きになっている自分を感じて、おかしくなる（傍点引用者）。

投稿・投書欄は、事業者・専門家からエチケットやマナーを指導されるというよりも、乗客たちがみずからそれを発見し、報告しあう場となっている。こうして、微細な気遣いの網の目が、メディアを介して多数の「読者＝乗客」のあいだにはりめぐらされる。

ほかにも関西経営者協会発行の『関西経協』という冊子のなかで「電車と駅の風景」という記事が１９９０年代半ばに連載されている。この冊子は、「乗車マナー向上運動」の一環として関西の図書館など公共施設で配布されていた。さきほど民営化以後のＪＲ西日本のマナーキャンペーンについて触れたが、関西の鉄道マナーは関東に比べて４、５年遅れているという認識のもと、これらのマナー向上運動は展開していった。連載に対する反響は大きく、『関西経協』には記事に対する感想・意見が多数寄せられており、「『電車と駅の風景』を読んで」という投稿欄として毎月まとめられている。

投稿者の多くは、冊子を読み、思い当たる部分がある、納得するとしている。投稿内容も、冊子を通して、自己や他者の行為を振り返り、みずからのふるまいを反省し、ひとのふるまいを見咎《とが》めるようになったというものが多い。典型的には「読み終えて自分のこれまでのマナーを採点すると、ひいき目でみても精々70点くらいか、少々恥ずかしくも思いました。早速この冊子の影響であろうか、自分のマナー同様他人をも気にするようになりました」といった投稿である。また、「他人にみられても恥ずかしくない電車の乗り方をしようと思います」と述べたうえで、かつそれが世のなかや社会全般の問題につながる、という論調もすくなくない。「電車に乗ると、すぐ冊子に書いてあるような人がいないか、見渡す癖がついてしまいました」とか、「一見被害はないのだけれど、やっぱり不愉快といった行為がやたら目に付くようになりました」という投稿にみられるように、被害はないが「快・不快」という感覚的な基準を通して、細かく「逸脱行為」を発見している。こうした内容の投稿が十数人分、毎号誌面2～3ページを埋めることによって、マナー言説のフィードバックが発生する。そして、セルフ・モニタリングの視線を多数の人びとが身に付けていることが、さらに読者に伝わることになるだろう。

道徳の礼節・エチケットの美学・マナーの感覚の重なりとすれ違い

その一方で、マナーに関する投書・投稿の増加による規範意識の高度化は、規範内容の分散・拡散をともなっている。というのも、新聞・雑誌・冊子というメディアの特性上、男性、女性、子ども、若者、年配者、高齢者、外国人など、多様な立場の人びととの投稿・投書が取り上げられるためである。その結果、マナーの良し悪しを互いに評価するようになり、互いに「劣化している」と罵りあうことさえあった。

たとえば、当時の論調を考えるためには、その名も『若いやつは失礼』（小林道雄、岩波ジュニア新書、1988年）という本がわかりやすい。昭和一桁世代による同書は、電車のシートに体をだらりと沈め、足を伸ばしている若者の話からはじまる（図版13）。

そこから、すきまをあけて席を詰めない、周囲の邪魔になるスポーツバッグの持ち方・置き方をする、ドア付近の手すりへのもたれかかり、高齢者に席をゆずらない若者たち、奇声のようなアホな話し方をし、ドアのところにかたまって車外にでない女子高生を次々に批判していく。著者は、こうした若者たちは、失礼で、みっともなく、カッコ悪く、美しくないし、ムカつく、という。道徳的礼節としての「非礼」、エチケット的美学としての「醜悪」、マナー的感覚としての「不快」といったこれまで紹介してきた用語系を駆使しながら、縦横に批判が展開されている。その後、批判はさらにその他の場所のふるまいにも広がっていき、おじさん・おばさん、高齢者たちにも向けられる。説教することには自分もためらいはあるといいながら、批判の対象に自分は含まれていない。このようにやたらと大仰で、攻撃的な語り口であることもこの時期の言説の特徴だが、結局、問題の改善は、個人主義の徹底とい

図版13　『若いやつは失礼』挿絵（イラスト　おかべりか）

う「個人」の問題に還元されている。後に触れるように、これは１９９０年前後のマナー論争においてみられた語り口をよく表している。

いずれにしても、多数の読者の意見の可視化は、細かな部分においてマナーに対する意見の対立やすれちがいを露《あらわ》にすることにもつながる。人びとがそれぞれに気になることを報告するため、さらに細かな事象が問題として提示される。また、とりわけ対立が際立っていたのは、「高齢者と若者」、「女性と男性」、「おばさんとおじさん」のあいだでかわされる論争であった。

たとえば、さきほどの『関西経協』の連載では「老人が前に立っていても平然としている若者」と「座席をほしがる厚かましい老人」の対立が描かれており、これは世代を超えた同一人物の裏返しであると批判される。連載の内容自体に対する批判や注文も寄せられている。ほかにも「しまりなく笑う青年に小声で厳しい口調で注意したことを肯定的に書いているようだが、他人の笑いに対して注意することはない」といった批判がある。その一方で、タバコやガムに関する指摘はあるが酒に関する指摘がみられないので、中年の酔っ払いの吐き出す息が醸し出す独特の臭気に対してもっと指摘してほしい、などである。

１９８７年１月22日東京版の朝日新聞には、「近ごろの乗客のマナーはひどい。とくに若者が腹立たしい」という30本前後の電話が新聞社にかかってきたことが報告されている。ドア付近に立っていた女子高生を駅の助役が降ろしたところ、女子高生が足に軽いけがをしたという出来事の報道に対する反応であった。当時の国鉄は謝罪しているのだが、女子高生を責める電話ばかりであった。記者によれば、一人の老読者は、日本は豊かになったが礼節が足りなくなっていると強気だったという。

しかし、その1か月後、2月19日の「女から男へ」という記事では、「車内マナー」というリードがつけられて、「例外なく目につくのが中年およびそれ以上の年齢のオジサンたちのマナーの悪さだ」とされている。そして、足を投げ出す、居眠りをして寄りかかる、大きな口をあけていびきをかく、鼻をほじる、その指をシートでふく、頭をかいてふけを落とす、クシャミをかけるなどの放埓ぶりを報告している。さらに、空っぽの胃袋の口臭や酒臭い息が充満する満員電車は、避けようとしても逃げ場がないとも訴えている。フリーライターの女性だという投稿者は、スーツを着用したサラリーマンは「服装だけは『よそゆき』だが、そのマナーに関しては、テレビの前にごろ寝の自宅感覚なのだ」と手厳しい。

このようにマナー論争は、年長者と年少者、男性と女性の対立が複雑にからみあいながら進み、問題点も多岐にわたっていく。ただし、その対立が典型的なものとして表れるのが年長男性と年少女性の対立である。その論点をざっくりとまとめるならば、年長男性は年少女性のはしたなさ、厚かましさ、図々しさを問題にし、年少女性は、年長男性のだらしなさ、不潔さ、臭いをマナー違反として指摘する傾向がある。前者にとってのマナー違反は「礼節上の無礼さ」に重点が置かれているが、後者にとっては「感覚的な不快さ」をもたらすことが問題になっている。

　ここには礼節を重視する「交通道徳」や美学を表現する「エチケット」から不快を回避する「マナー」への規範の重点の移行と、その途上における複数の規範の対立をみることができるかもしれない。また、「ごろ寝の自宅感覚」を批判しているように、「家の延長」としての車内はすでに過去のものになり、「家のなかではないのだから、互いに他者を尊重してマナーを守るべき」であるという考えが浸透してきていることも確認できる。

　礼節を中心とする道徳やエチケットは、その性質上、年長者から年少者に「啓蒙」的に伝達され、敬意や譲歩を求められる。しかし、相互のコミュニケーションの回避をマナーとして尊重する人びとにとって、それは「上から目線」の「過剰な介入」になりかねない。しかも、若者たちにとっての問題は、「礼節」というよりも、近接すると感覚的に「不快」になるような（ウザイ・ムカつく）他者である。ただし、それを露骨に指摘することは、年長者に対する「非礼」にあたる。こうしてマナー論争は、複数の社会的属性をめぐる規範の重なりとすれ違いをあらわにしていくこととなる。

化粧問題という世代・性別の対立

このように、この時代のマナーについての苛立ちは、先に述べた交通道徳的礼節・エチケット的美学とマナー的感覚の相違、世代・性別の対立として考えることもできる。

世代・性別のあいだの規範のズレの問題がもっとも尖鋭化したのは、１９９０年代以降、盛んに論じられた「化粧問題」だろう。ただし、戦前から公共の場における化粧はみっともないものとして語られている（大倉幸宏『「昔はよかった」と言うけれど』新評論、２０１３年：36–37頁）。たしかに「（交通）道徳」という建前からすると、維持すべき体面や表示すべき礼儀が十分に整えられていない「非礼」にあたるだろう。また、パオロ・マッツァリーノによれば、電車内で化粧をする女性の目撃情報が増えたのは80年代末からであり、座って化粧ができるくらいに電車が空いてきたからである、という（パオロ・マッツァリーノ『サラリーマン生態１００年史』角川新書、２０２０年：１２９–１３０頁）。戦後においても、公的な場における優美さの表現であった「エチケット」の視点から考えれば、「美」を作っている前や途上にある化粧は人目につかない場で行われるべきことだろう。

１９７０年以前に強調された交通道徳の女性観やエチケットの騎士道には、「男らしさ／女らしさ」の旧来的なジェンダー観が含まれている。そのため、交通道徳の礼節やエチケットの美学は、女性に「慎み」や「美」を求める部分がある。したがって、旧来的なジェンダー意識を含む「交通道徳」や「エチケット」を前提とする年長世代にとっての化粧は、男性から見えないところでやるべき女性のシャドウワークであり、人前でのそれは「みっともない行為」といえよう。電車内の化粧に対して年配男性以上に嫌悪を示したのは年配女性であるとするアンケートを掲載している記事もある。しかし、１９９０年代以降、女性にとっての化粧は、欠点を覆うというよりも、自己主張や自己表現になってきたという指摘もある（米澤泉『電車の中で化粧する女たち』ベスト新書、２００５年）。そう考えれば、電車のなかの化粧は、化粧観の世代的・年代的な変化の途上で問題化されてきたといえるだろう。

実際、２０００年代以降になると、論調が変わりはじめている。たとえば、「定着しつつある車内化粧」（『新・調査情報』２００６年11／12月号）という記事では、若い世代ほど車内化粧を気にしなくなっているという調査結果を紹介している。また、『ＡＥＲＡ』（２００４年12月6日号）の「電車の中で女性のお化粧、あなたは?」という記事では3割以上が「いいんじゃない」と「何とも思わない」と回答している。そもそも、このように「許されるのか、許されないのか」が問いになっている時点で、電車内の化粧が意見の分かれるふるまいであることがわかる。『女性セブン』（２００３年11月20日号）の記事では、電車内で化粧をする学生のうち93・4％が「時間がない」という理由を挙げている。そして、法律を犯しているわけでもないからこそ意見も分かれており、同調の意見もあるという。粉が飛ぶ、匂いがきついなどのことがあれば、マナーを逸脱している。しかし、そうでなければ他の人に迷惑をかけているわけではなく、マナーの範囲内と主張されることもある。そのような視点からすれば、化粧をどこで、どのようにするか、しないかといったことをことさら問題にすることは「女性らしさ」の押しつけになる。社会進出し、忙しい女性にとっては、車内の化粧がやむをえないこともあるだろう。

　このような電車のマナーに関する意見の分裂は、化粧問題に限らない。記事になる時点で、多様な行為が問題化されてはいるのだが、焦点はむしろマナーの基準がゆらいで、わからなくなった、ということにある。たとえば、２０００年頃から、どこからどこまでがマナー違反かについてのアンケート調査をもとにした記事が増えている。たとえば『オリーブ』（１９９９年7月3日号）「気になるグッドマナーvs.バッドマナーあなたはどっち?」、『サイゾー』

（２００５年12月号）「暗黙の了解、ハッキリさせてよ！　電車内での○○ってどこまで許される？」などである。アンケート形式の記事の定着は、マナーの内容・評価が分散して、どこからどこまでが許容されるのかがわからないという不安・不満の表現でもある。たとえば『サイゾー』の記事においては、アンケートは「民主主義的ジャッジメント」であると述べられており、知識人・文化人が規範の内容を決定し、上から「啓蒙」することが難しくなっていることがわかる。そのため、読者はアンケート結果を通じて、「ほかの人はどう思っているのか？」を気にしながら、横並びになってマナーの「あり／なし」をそのつど判断しなければならなくなる。

私的空間化する公的空間？：個人主義の反転

このように、１９９０年代以降、「マナー論争の時代」ともいえるほど活発な議論が交わされた。とくに問題になったのは車内での飲食、化粧、キスなどの男女の触れ合い、地べたに座るといったことであった。「電車内のキスもういい加減にせんかい」（『週刊文春』１９９３年10月7日号）、あるいは「急増電車内『濃厚キッス』にブーイング大噴出」と題された記事では「若者の『厚顔無恥』が目に余る！」としている（『週刊大衆』１９９９年8月9日号）などがある。「電車は自分の部屋も同じ⁉　キス、食事、なんでもアリ！」（『週刊女性』１９９６年8月27日号）という記事で、「最近の電車内は、個人の部屋を覗いているよう。自分の部屋でしていたことを、今は電車の中でするようになったってこと？」といわれているように、「私的空間」を「公的空間」に持ち込んでいることを問題視していることになる。焦点のひとつはケータイであったが、ケータイについては5・2で詳しく触れることにする。

たとえば、昭和一桁世代の保守派のジャーナリストは、電車内の化粧、飲食、抱擁、そして携帯電話の利用が増えることで、「私と公」が溶解して、「孤人主義」が進んだ「無作法の時代」になったという。「ケータイを得て、個人の孤人化は完了した。『私』と『公』はバリアーフリーで溶け合ってしまった」（徳岡孝夫「これが日本人か！　無作法の時代」〈『文藝春秋』１９99年11月号〉）。そして、老人、先生、同じ電車に乗り合わせた他者にも「敬意」を払わなくなったと嘆いている。そして、戦後の理想であった個人主義は、その行きすぎとして「孤人主義」と揶揄され、批判される。

政治的立場を異にし、新人類・バブル世代の別のノンフィクション作家も「電車のなかは社会の縮図である」（星野博美「キレる若者より怖いモノ」〈『中央公論』２００1年10月号〉）というおなじみのことばを挙げながら、似たようなことを論じている。電車のなかは、大人の成熟度のバロメーターになっており、車内が荒れているとすれば日本社会の幼稚さを示している。一方で、ケータイによって「世界は俺の部屋」になっており、私たちがそれを利用する若者たちに嫌悪感を抱くのは「他人の私的空間が……（中略）……公的空間に流れ出している」ためであるという。そんなどこまでも私的な「俺」に意見するものは、「うざったい親」と同じであるという。

　政治的立場も世代も異なる論者だが、「家庭の延長」としての車内空間が過去のものとなり、「公的空間」と「私的空間」を区別し、前者が後者に浸食されているという理解は共通している。ただし、重要なことは、「公と私」の混在というよりも、「車内空間は他人同士として尊重しあうべき『公的空間』であるべき」という意識が強くなったからこそ、「私」の存在に敏感になっていった、ということだろう。ここに「家」意識が弱まり、皮肉にも「公共」意識が強くなっていったことが表れている。そしてそれを「大人と若者」という世代間対立へと拡張して論じている。

　１９８０年代後半の『若いやつは失礼』においては、個人主義の確立がマナー問題の解決であるとしていた。そうしたいいかたは、エチケット言説にみられた戦後民主主義の論法の延長線上にある。しかし、１９９０年代を通過するなかで、今度は個人主義の行きすぎが批判されるようになる。同じ「個人」を問題にしているのだが、その評価は反転している。

1990年代を通じて電車の混雑率は次第に緩和し、鉄道の車内になけなしのパーソナルスペースが確保されつつあった。しかし、マナー論争で語られる内容は、そこに現れる「個人」をどのように扱うべきかを持て余していることを表現しているようにみえる。鉄道の規範が世代・性別で分散し、また「個人」を許容する余地が現れたとき、どこからどこまでをマナーとして考えるべきかが見えにくくなっていく。ただし、それは「規範の劣化」や「秩序の喪失」を表しているわけではない。次節で述べるように、こうしたマナー論争は、よりセンシティブな規範への切迫を生み出していくことになる。

4・4　高度化するマナー／不機嫌になる乗客

不機嫌になる乗客たちと要求水準の上昇

かつての交通道徳には「礼・非礼」、「エチケット」には「美・醜」という基準が存在した。

その一方、1980年代後半以降の鉄道の「マナー」に関する投稿には「快・不快」を基準にした論調が際立ってくる。たとえば『運転協会誌』という雑誌に1993年11月から一年間連載された「今日もまた電車の中で――マナーと世相を考える」という記事がある。その連載の第一回は以下のような論調である。

他人の迷惑を一切かえりみず、公共の場での最低限のマナーさえ弁えず、態度は傍若無人、不気味な沈黙があるかと思えば、不快な音をまき散らし、意地悪と無関心の横行。朝夕の混雑時でも、昼間の閑散時でも、こうしたドラマは絶えることがない。お年寄りに席をゆずる、子供を膝の上にのせる、お互いに譲り合うなどと言う光景は遠い遠い昔のこととなってしまった。こうした車内での風潮が世相にまで蔓延したのか、それとも世相の典型的な縮図が車内なのか、いずれにしても今や世相全体も急速に殺伐としたものにかわってきている。

「電車は社会の縮図」であるという認識と、規範が衰退しているという「劣化言説」がきれいに反復されている。さらに連載を通して「昔は良かった」式の若者批判や女性差別のような言説も頻出する。こうした言説が戦中から存在し、規範の劣化が事実ではないことを指摘するのは簡単だろう。また、いまからみると「若者バッシング」や「ミソジニー（女性嫌悪）」といえるような語りは、先の『若いやつは失礼』のように、この時期にはそれほどめずらしいものではない。むしろこうした文体は、遠慮のないお節介なふるまいや口うるさいずけずけとしたもののいいなど、それ自体が「積極的関与」の表現ともいえるコミュニケーション様式が、この時期の対面関係にまだ存在したことを示唆している。

　また、この連載の特徴は、執筆者個人が感じる不愉快さや怒りが世相全体へと拡大されている点にある。たとえば、この論考では「交通道徳」や「エチケット」において参照されたナショナリズムやデモクラシーなどの理念・理想がゆらいでいる。筆者は「修身」や「道徳」といった学校教育の不徹底が規範劣化の原因であると述べるが、のちの記事ではその意見に対する批判があったことに触れている。そして軍事色・宗教色のない「社会マナー」のほうがよいという意見に訂正される。このように既存の原則を設定できないため、全体として執筆者の「腹の立つこと」や「不愉快なこと」という個人の経験――とくに中年以上の男性の価値観を基準にしてマナー違反者を糾弾することになる。たとえば、この連載のなかで「腹の立つことワーストテン」という以下のようなランキングがある。

1　有資格者が前に立っていても絶対席を譲ろうとしないシルバーシートの若者達

2　混んでいるのに自分の席を占拠し、大股を広げてびくともしないやつ

3　イヤホーンから派手に不愉快な音を漏らして平然としているやつ

4　となりの人に何度もぶっつかっても見苦しく居眠りを続ける、特に若い女

5　ロングヘアーをかき上げ、振り回し、風になびかせて他人にふりかかろうと平気なやつ

6　チューインガム、キャラメルなど大口をあけてペチャクチャ派手に音をたてて噛んでいるやつ

7　出入口の扉の両側に頑張って、出入口の巾を実質半分以下にしているやつ

8　混んでいるのに足を組んで、通路を通る人の邪魔をしているやつ

9　濡れた傘が他人のズボンなどを濡らしているのに平気なやつ

10　髪の毛、鼻、目、耳など、常にどこかさわっていたり化粧したり、ほこりをだしたり、とにかく一刻もじっとしていられないやつ

ここでマナーとして挙げられていることの多くはめずらしいものではない。ただし、公共

的な「迷惑行為」ではなく、個人的な「腹の立つこと」ランキングとして掲載されている。そして、その糾弾調のことばには「不快感」がにじむ。

ここで興味深いのは著者のなかで、「マナーに対する神経質な視線」と「過去の車内秩序の粗雑さへの郷愁」が共存している点である。つまり、現在の鉄道規範が著しく劣化していると主張する一方で、過去の鉄道規範はきわめて粗末なものだったことも認めているのである。

たとえば、かつての鉄道車内は、かなり粗雑で荒っぽかったという。20年、30年前には車内にタンやツバ、それにヘドを吐いたり、チリ紙などを足元に捨てたりしていた。さらにそれ以前ではタバコを吸ったり、靴磨き用にシート地を切り取ったり、からんだり暴力をふるったりといった光景もすくなくなく、行儀は悪かった。また、以前の通勤電車にはワキガ、ニンニク、タバコ、ポマードそれに洗髪不足による頭髪からの独特の臭いなどが充満しており、酔っ払いのヘドや屁の悪臭もすくなくなかった。口臭もひどかった。いわゆる人いきれとこれらの悪臭が入り混じっており、乗った瞬間、思わず足がすくんだものだった、とさえいう。

しかし、「行儀は少々悪かったが、人間同士、特に弱い者に対しては温かい心を持っていたのが、近頃では行儀こそかなりよくなったものの、その代わり他人に対しては極めて冷たくなったように思えてならない」と主張する。カンボジアの列車は車両もサービスも劣悪で、ぎゅう詰めの客車は屋上にまで人が乗り、大量の荷物を運びこむような状況である。しかし、人びとの助け合いをみることができ、他人に対する思いやりと仲間意識が存在する、という。そして、マナーの問題は個人の「心の問題」であると結論付けられる。

ただし、「今どきの人びと」を罵倒し、およそおおらかさとは程遠い筆致のこの論者が、過去の鉄道に耐えられるようには思えない。こうした矛盾には、マナーの高度化を促すフィードバックをみてとることができる。つまり、礼節重視の交通道徳や美学重視のエチケットを主張しつつも、感覚重視のマナーを捨てられるわけでもない。むしろ個人的な「快／不快」が独り歩きするほど、規範に対する期待水準がどんどん上がっている。こうして、ますます筆者は苛立っていく。

マナーに対する意識が「快・不快」の感覚的レベルにまで徹底され、車内が清潔になり、人びとの行儀がよくなればなるほど、些細な不愉快さが許せなくなり、不機嫌さがどんどん増していく——そんな様子が、連載を通してみてとれる。たとえば、連載の終わりのほうになると、電車のなかで会話をしている女性の歯並びが悪く、ネズミかリスのようで不快である、なぜ矯正しないのか、とまでいう始末である。個人の「快・不快」をそのままマナーの問題として語ってしまっている。

「心の時代」とマナーのジレンマ

この連載が掲載されていた１９９０年代には、心理やカウンセリングへの関心が高まった「心ブーム」が発生している（小沢牧子・中島浩籌『心を商品化する社会』洋泉社、２００４年）。それは、犯罪事件の原因として「犯人の動機」に焦点をあてた報道が一般化し、「心の闇」という表現が用いられるようになる時期でもあった。このとき、それぞれの人びとの「心」は、もっと理解し、ケアしなければならないものとされるようになる。「心」という語彙が流行した１９９０年代において、先の論者がマナーを「心の問題」として語ることで、その順守を説得できると考えてもおかしくはない。しかし、その一方で、「心」は全面的に理解することが難しい領域として、他者を遠ざける作用もある用語でもあった（鈴木智之『「心の闇」と動機の語彙』青弓社、２０１３年）。

マナーが「心の問題」となることによって、車内空間という「社会の縮図」は「個人の内面」に直結される。交通道徳・エチケットでも「心」の問題がなかったわけではない。しかし、交通道徳で重視されていたのは国民文化の実現であり、仲間として示すべき礼儀作法の一種であった。また、エチケットが目指していたのは、欧米的な民主主義の実現であり、その美しい・麗しいふるまいを表現しあうことであった。つまり、交通道徳・エチケットは、作法・表現というある種の表層のレベルで理解し、実践することができる。そして、その順守を、国民文化や民主主義といった理念を立てて――その共有が期待されている限りにおいて――説得することも可能だろう。

一方、１９９０年代における「社会の縮図」としての車内空間は、「心ある人びと」の領域であるべきとされる。逆にいえば、ナショナリズムやデモクラシーといった理想・理念を立てた啓発が難しくなったことによって、個別の「心の問題」として語らざるをえなくなったことを表しているのかもしれない。いずれにしても、それはマナーポスターが求めた「自分で自分を省みること」、すなわちセルフ・モニタリングという「自己の観察」とも相性がいい。その一方で、マナーが「心の問題」とされることによって、その基準は「内面」というあいまいな領域に開かれていく。「心」というあいまいな領域は、標準化して語りにくい。こうしてマナーは個人にゆだねられることで、その内容は分散し、収束しにくくなる。「快・不快」や「心の問題」として示されるマナーは、それぞれの社会的属性、個人的特性、個別の状況によってズレが生じやすい。そのため、それぞれの立場からの発言が論争を激化させてしまうこともある。こうしてマナーの範囲は拡大し、その内容も詳細になっていく。個人主義が理想とされたこともあったが、それが「内面」の問題へ集約されることで議論は空転し、今度は個人主義が批判の対象へと反転する。前述の言説のむやみに攻撃的な説教臭さは、理念・理想をたてて説得できないまま、そのようにあいまいで個別化した「心」の問題を語り続けざるをえない焦燥、あるいは空回りによるのではないか。

また、すべては「心の問題」であり、「交通道徳も、エチケットも、マナーも同じようなもの」というイメージがあるとすれば、公共交通の規範における世代の移行、性別の差異、あるいはコミュニケーション様式の変容を覆い隠す。そのため、みずからが前提とする規範が正しく、その内容は他者も同じであると思い込む。だからこそ「なぜこんな不愉快なことが！」と苛立って、他者を責めてしまう。しかし、そこには別種の気遣いのかたちがあり、規範の強調点の変化が存在しているとすればどうだろうか。

とくに「消極的回避」によって秩序維持をはかるマナーが徹底されるほど、「積極的関与」はしにくい。そのため、交通道徳やエチケットの記憶をもつ年長者にとっては「行儀は良くなったが、他人に対しては極めて冷たくなった」ように感じられる。逆に年長者の「積極的関与」やその要求は、「消極的回避」をマナーと感じる年少者には、不必要な干渉、あるいはおせっかいにもみえるだろう。年長者の側もマナー的な規範を手放すわけではないため、結果として、規範をより高度化した形で要求していることになる。

このように考えると、車内規範における「積極的関与と消極的回避」、「表現と抑制」はそもそもジレンマを抱えていたことがわかる。たとえば、先に紹介した朝日新聞の「電車内マナーの注意法は?」というマナー論争の口火を切った記事は、そうしたジレンマの表現といえる。注意したいけれど(≒積極的関与)、どうやって注意していいかわからない、できれば声をかけたくはないけれど(≒消極的回避)、なんとか伝えたい——このような悩みを吐露する相談は、ジレンマのなかのためらいを表現している。

積極的に関与しようとすれば、消極的な回避の規範に抵触するかもしれず、消極的な回避に徹しようとすれば、必要な場合に積極的に関与しにくくなる。親切のつもりで声をかけて不審がられることもあれば、適度に距離をとったつもりが冷たいと思われることもある。もちろん、ちょっとした誤解やすれ違いはどこにでも発生するものだし、状況にあわせて柔軟に対応すればいいことではある。しかし、戦前・戦後的な交通道徳・エチケットから現代的なマナーへの規範の重点の変化は、そのジレンマを世代間・性別間の対立として表面化させた。さらに、音楽プレイヤー、ケータイ、ベビーカーなど新たに車内に入り込んできた「新しいモノ」への戸惑いがマナー論争に拍車をかけていく。こうして鉄道規範の内容は錯綜し、それに対する考え方も細分化していくことになる。

「メタ規範」としてのマナー論争：「再帰的モニタリング」とハイ・モダニティ

この時代のマナー言説に関する特徴のひとつは、右記のように「鉄道マナー」というテーマだけでさまざまなメディアにおいて連載、特集、頻繁な投稿がくりかえされている点だろう。とりわけ、１９８０年代後半以降、新聞・雑誌・冊子の投稿欄・投書箱・アンケートを通して、電車のマナーに関する意見が読者の側から発信され、多くの人びとに可視化されるようになった。そのような双方向的なメディアを通じて、さまざまな立場の人びとが電車の規範についての議論に参加する。そのため、意見の一致をみないこともすくなくない。「最近、若者の電車マナーが悪い」、「いや悪いのは中年男性だ」、「むしろ中年女性だ」、「そもそも高齢者も……」といったように百家争鳴《ひやっかそうめい》であったし、そうした状況そのものが可視化された。そのため、マナーそのものもどこからどこまでが許されるのかわからなくなっていく。

たとえば「電車の中のキス許せますか？　日本人のマナーが変わる」（『AERA』１９９５年

10月9日号）では、キス、飲食、床にしゃがむ、携帯電話が電車マナーの重要項目として挙げられている。そして、10代後半から60歳くらいまでの15人のさまざまな職業の人びとに、それぞれの項目に対して「可能なら即刻やめさせたい」、「不愉快だが黙殺する」、「何とも思わない」、「どんどんやっても構わない」の四つを選ばせている。しかし、その評価はまちまちで、人によってかなり異なっている。そのため、記事は「喫煙など直接、人体に影響があるものと違って、どこまでが許容の限界なのかは人それぞれだけに、対応が難しい」と結ばれている。「人それぞれ」――そう考えると、マナー論争の時代は、マナーと表現される規範が何なのかがわからなくなっていった時代といえるかもしれない。

ただし、マナー論争の勃発は、車内空間における「秩序の崩壊」や「規範の喪失」を意味するわけではない。むしろ逆に規範への要求が強まるという作用がある。

この時期になると、「大日本帝国の道義」や「欧米の民主主義」といった理想・理念のもとに鉄道規範を語ることは難しくなっている。というのも、かつて鉄道規範を論じる舞台は、新聞の社説・一面コラム、あるいは作法書・エチケット本などの書籍であった。そうした一方向的メディアであれば、「知識人」・「文化人」とされる人びとが大上段にかまえ、大きな理想・理念のもと、規範内容を「啓蒙」することもできただろう。公的メディアの特性上、ある種の「キレイごと」を提示せざるをえなかった部分もあるかもしれない。

　しかし、１９８０年代後半以降、投稿・投書・アンケートを通じて、人びとが各々の立場から鉄道マナーについて意見をいう機会が増えていく。双方向的なメディアを通して、多様な意見が可視化されるようになれば、単一の理念・理想を天下りさせるだけで規範を説得することは難しくなる。規範の内容は多様で詳細になり、意見の一致をみないことも多い。「結局、人それぞれ」と結論付けた先の記事が典型的といえるが、マナーを個人の「心の問題」とした以上、やむをえない変化だろう。ただし、論争のプロセスのなかで、「別の誰かの規範」（誰かの○○すべき／××すべきでない）がみえるようにはなるし、その意見に同意できなくとも、「なんか怒られそう……」という意識になるかもしれない。つまり、規範の「内容」に納得しなくとも、論争の激しさによって、規範の「存在」は強く意識される。

　こうして、「ナショナリズムや民主主義の理念を実現するために、このように鉄道の規範を守らなくてはならない」というかつての論法ではなく、「電車でのふるまいにはどうもいろいろな意見があるし、さまざまなことに気を付けないといけないようだ」という意識へ変化していく。マナー論争を通じて、特定の規範に収束しにくいが、規範の存在には敏感ではある「メタ規範」のようなものが現れるといえばいいだろうか。

規範の存在は強く意識するが、その内容が分散しているため、鉄道マナーに関する投書・投稿も「お悩み相談」になる。つまり、「このいいかたでいいのだろうか」、「このふるまいで大丈夫だろうか」という不安が大きくなり、そうした疑心暗鬼のなかで、さらにマナーに対する感度が高まる。そして、自己や他者のふるまいを継続的に見直さざるをえなくなる。

同時期、社会学者のＡ・ギデンズは、伝統的生活や権威的知識の安定性がゆらぎ、社会や世界の理解の仕方が「新たな情報や知識に照らして継続的に修正を受けやすい」ことを、「モダニティの再帰性 reflexivity」とよんでいる（秋吉美都・安藤太郎・筒井淳也訳『モダニティと自己アイデンティティ』ちくま学芸文庫、２０２１年、原著は１９９１年）。そして、現代社会（ハイ・モダニティの時代）になるほど、その情報・知識の流動性は高まり——そうした不確定さからくる不安によって——さらにそれを管理しようとするプロセスも強まっていく。１９８０年代後半以降のマナー論争も、規範の流動化と管理化のジレンマのプロセスに位置付けることができる。この節で述べてきたように、鉄道空間においても、対面的関係、および多様なメディアを媒介しながら、マナーについて、「これでいいのか」、「こうもありうる」とくりかえし問い返してきたからである。

また、社会学でよく知られた「プロテスタンティズムの倫理」——救われているか救われていないかは神が決めているが、自分には知りえないがゆえに、職業・労働に尽くし続けてしまう――に似たようなところもある（マックス・ヴェーバー『プロテスタンティズムの倫理と資本主義の精神』大塚久雄訳、岩波文庫、１９８９年）。「二重予定説」として知られた一部のプロテスタントの人生を拘束するような規範を、その時・その場限りのマナーと比べるのはおおげさだろう。ただし、マナーの正解が見失われながらも、積極的関与と消極的回避のジレンマのなかでその正解を求めようとした、この時期のマナー論争はどこか強迫観念的ですらある。

規範の「悪化論／良化論」の並列、あるいは「規範頼り」の社会

20世紀以降、日本社会の車内規範が形作られ、交通道徳、エチケット、マナーといった用語で表現された。ただし、これらは各時期で截然《せつぜん》と区切られるというよりも重なりあいながら、ずれこむようにして変化してきた。そして、マナーに関する議論が活発化するなかで「規範の良化」と「規範の悪化」という真逆の認識も現れている。

たとえば、１９９４年12月に発行された『JR GAZETTE』（52（12）（５４６））に掲載された「特集マナーアップ」である。この特集ではＪＲ西日本や営団地下鉄のマナーキャンペーンに関する報告と日本社会におけるマナーの良し悪しに関する識者の対立する意見が載せら

れている。

たとえば、ジャーナリストの三戸祐子は「マナーにうるさいことはいいことか?」という論考で、以下のようにいう。

> 言われているほど日本人の乗車マナーは、悪くないのではないかとも思うのである。車内は大方静かで、喧嘩も少なければ、犯罪も少ない。それどころか、わずかの隙間を寄せ合いながら、あと一人座らせようと、皆で協力している。ときたま大声で騒いでいるグループを見掛けないこともないが、それはたまのこと。たまの出来事であるから、かえって目立つし、気に障るという側面もあるように思う。(中略)鉄道の車内は、まるで日本の社会の縮図であるかのように、人々は気を遣いあっている。だからどうしても、少したがを緩めてやってほしいという気持ちが先に立つ。できることなら公共マナーは、うるさくて厳しいよりは、緩やかでシンプルなほうがいい。

そして、マナーの乱れが指摘されやすいのは、新しいマナーができ、その基準が変化したためであるとしている。そのため、無知を責めるのではなく、問題の背景を知らせることが重要であり、とくに公共広告の役割が重要であるとする。
一方、東日本鉄道文化財団理事（当時）の菅健彦は、「赤の他人への自発的な気配り」において、以下のようにいう。

　日本人は礼儀正しく行儀が良いとか日本人は規律正しく遵法精神が旺盛だという説を信じている外国人は非常に多いし、日本人の中にもそう思い込んでいるひとが少なくない。しかし、私はこの説が正しいとは思わない。

　そして、日本人が行儀よくふるまうのは、「仲間」に対してだけであり、それ以外の「赤の他人」に対しては冷淡である、という。とくに交通機関などの公共施設を利用する場合のマナーにこの特性が端的に表れており、「市民の連帯」という観念は空疎である、とする。そして、そのような公共の場でのマナー意識の向上には、徹底した子どもへのしつけ、とくに容赦せず、遠慮なくしかりつけることが肝要であるとしている。
　このように、同じ特集のなかで「日本人はマナーに厳しすぎる」という意見と「日本人のマナーは緩すぎる」という意見が同居している。後者の言説は、戦後日本の交通道徳のロジックをきれいになぞっている。前者は、そうした歴史に対する相対化の視線を含みつつ、マナーの高度化を明らかにしている。ただし、公共広告と家庭教育のどちらに重点をおくかに違いはあるものの、マナー運動が重要であるという点においては一致している。

「規範劣化」論がくりかえされてきた長い歴史を考えると、「規範良化」論がマナー論争のなかで——マイナーな形ではあれ——明示されたことは大きな変化といえるだろう。ただし、どちらにしても「規範頼り」であることには変わりはない。「規範悪化」であれば「これはけしからん、もっと厳しくしなければ」となるが、「規範良化」であっても「あぁよかった、これからも続けようね」になるからだ。対立する議論があったとしても、マナー向上運動をやめるわけではない。むしろ鉄道マナーは、多様な立場や対立する意見をふくむ論争を通じて、社会問題化し、大きく共有されていった。

第５章

現代の車内規範：新しいモノの登場と再構築されるマナー

5・1　社会問題化する痴漢：女性の社会進出と車内空間のジェンダー秩序の再編

セクシュアルなまなざしの舞台、性的妄想の触媒としての車内空間

第1章・第2章で鉄道に関する社会学的な議論や論点を整理し、第3章・第4章で、20世紀の鉄道規範の系譜を歴史社会学的にたどってきた。第5章では、ここまでの議論をふまえて、現代の鉄道規範について、現代社会論として主題別に分析し、その現在形を考えることにしたい。

20世紀後半以降、戦後日本の鉄道犯罪は減少し、鉄道治安が改善した一方で、鉄道のエチケットやマナーに関係するキャンペーンは継続し、活発化している。鉄道の秩序維持の比重は、法律的規範から慣習的規範へと相対的に移っていったことになる。その結果、１９９０年代に至るまでに鉄道規範はかなり整備されてきたが、その一方で、電車は殺伐とした空間として認識されるようにもなっていた。そして、さらに深刻な問題が「再発見」される――それは「痴漢」である。

「男性と女性」が閉鎖された空間で近接する電車内は、男性が女性をまなざす舞台、あるい

は男性の性的妄想の触媒となってきた。逆に女性にとっては「女性らしさ」を押し付けられる場所でもあり、「性被害・性暴力」もすくなくなかった。そのため東京では、１９１２年（明治45年）の時点で「婦人専用電車」が導入されている。鉄道の車内空間は、「男性：見る主体／女性：見られる客体」として構成される傾向があり、しかも「男性：触る主体／女性：触れられる客体」へと逸脱していくこともあった。

　電車における女性へのセクシュアルな視線は、文芸作品のなかでも表現されている。たとえば、田山花袋の「少女病」（１９０７年）が有名だろう。主人公は、電車のなかの少女に異常に執着する男であった。また森鷗外は「電車の窓」（１９１０年）で、電車内での女性のひとことに過剰な意味を見出す男性を描いている。（田中大介「車内空間の身体技法」『社会学評論』58巻1号、２００７年）。

　さらに、都市部のサラリーマンや労働者が急増し、混雑率が頂点に達しようとしていた１９６０年代以降、痴漢を題材とした作品が多数作られるようになる。たとえば、大江健三郎は『性的人間』（１９６３年）において、詩を書くために痴漢をする少年とその少年の遺志を継ごうとする主人公を描いている。また、プロレタリア文学の小説家であり芥川賞候補者であった泉大八は、その後、官能小説家となり、『欲望のラッシュ』（１９６７年）や『瘋癲通勤日記』（１９６８年）などの「痴漢モノ」を次々と発表している。電車内でもよく読まれたスポーツ新聞でも連載している。

右記の多くは現在では「文豪」と表現される小説家の作品であり、痴漢は文芸の素材でもあった。近代以前に「愚か者」を広く指した「痴漢」ということばは、戦前に性的な犯罪・迷惑行為をする人を意味するようになる。さらに戦後になると、そのことばの多くが「電車」を想起させるものになるほど、電車は「痴漢の空間」として知られるようになった。実際、電車の痴漢は官能小説の人気テーマとなり、その他媒体のポルノグラフィの一ジャンルにもなっている。

女性特有のマナー（以上のリスク回避）：マナー順守とリスク回避のジレンマ

「痴漢モノ」の読物は、１９６０年代から90年代までの男性向け大衆雑誌の定番のひとつであった。痴漢は、男性にとっての娯楽であるかのように語られ、ある種の文化的行為と表現されることもあった。しかも、なかには「痴漢のススメ」ともいえるマニュアルのような内容も含まれていた（これらの点については、牧野雅子『痴漢とはなにか』エトセトラブックス、２０１９年）。戦後日本においては、痴漢を娯楽・文化として語る言説が、文芸誌・男性雑誌などの男性向けのメディアにおいてくりかえし存在していたことになる。

もちろん、この時期の痴漢も迷惑防止条例違反、あるいは強制わいせつとして取締まられる「犯罪」である。眉をひそめるような行為であることに変わりない。しかし、このように痴漢をポジティブに語る言説がくりかえし男性向けのメディアに現れる状況では、そうした行為は、マナーレベルの「迷惑行為」にすぎないものととらえられかねない。つまり、こうした言説は、加害男性にとっては自己正当化や自己弁護の「余地」を残し、被害女性にとっては拒絶しにくくなるような「圧力」になりうる。

その一方、女性誌においては「痴漢撃退法」という特集が定番のものであった。その内容は、以下のような内容である。

・痴漢の多い時間・路線・区間をマッピングする
・駅・電車のどの位置が危険かをマッピングする
・痴漢を避けるにはどのような見た目、ファッション、ふるまいがいいか
・痴漢はどのような見た目、ファッション、ふるまいをしているか
・痴漢にねらわれやすい自己診断テスト

女性たちは、こうした内容を参考にして痴漢のリスクを回避することが求められていた。本来であれば、被害者である女性に責任の一端や自己努力をもとめるべきではない。しかし、犯罪としての取締りが徹底されず、男性誌も前述の状況であったため、痴漢は女性の「自衛」によって回避すべきものとして語られた。そう考えると、鉄道の規範の形成と変容をここまで記述してきたが、そもそも男性と女性で気を付けるべきこと、参照すべき規範がずっと異なっていたことになる。つまり女性は、マナー以上のリスク回避の技法が強いられてきた。

しかも、「儀礼的無関心」や「関与シールド」などの既存の電車マナーは、痴漢がつけこみやすい状況を作り出しかねない。というのも、たとえばドア横や端の席といった乗客が視線を外し、距離をとりやすい場所は、むしろ被害者が逃れにくい場所とされることもあったためである。また、無関心を装って、静寂を保つという車内のマナーは、被害にあったとしても拒絶・告発の声を発しにくくし、助けを求めることをためらわせる。女性たちは、このように「公共交通のマナー」を順守するのか、「性暴力のリスク」を回避するのかでジレンマに陥ってしまう恐れがあったのである（田中大介「通勤通学というモビリティ・サバイバル」〈大貫恵佳ほか編著『ガールズ・アーバン・スタディーズ』法律文化社、２０２３年〉）。

痴漢の社会問題化と「サラリーマン文化」としての通勤電車の変容

だが、１９９０年代になると、痴漢に対する認識・状況が変化しはじめる。たとえば、同時期に「痴漢は犯罪です」というポスターが掲示されるようになった。あまりにもあたりまえのことのようだが、それまでの痴漢に関する言説の状況を考えれば画期的なものであった。たとえば上野千鶴子は「長い間、痴漢は遭ってあたりまえ、遭うのは女にスキがあるせい、と思われてきました。ですが１９９０年代に、東京都の地下鉄で『痴漢は犯罪です』というポスターをみたときの感激を、わたしは忘れません」（『女の子はどう生きるか』岩波ジュニア新書、２０２１年：１１９頁）と述懐している。これ以前のマナーポスターでは「痴漢に注意」といういいかたが定番であったが、それは被害者に向けて「自衛」を求めるものだったといえるだろう。それに対して「痴漢は犯罪」は、男性に多い加害者に向けた「戒め」となっており、メッセージの宛先が大きく反転している。

痴漢が「犯罪」として広く認識されるようになったきっかけには、１９８０年代末に発生した、痴漢行為を注意された男性二人による強姦事件がある。この事件を契機として「性暴力を許さない女の会」が発足し、アンケート調査『痴漢のいない電車に乗りたい！』（１９９５年）が報告書としてまとめられた。調査報告は、各種メディアで取り上げられ、大きな反響をよぶ。警察も痴漢取締り活動を活発化させ、１９９６年２月に被害者対策要綱が制定されることによって、性犯罪事件対策が大きく進んでいった。鉄道警察隊には痴漢被害相談所がおかれ、痴漢防止活動を紹介する記事も多数掲載されるようになる。１９９９年の女性誌『オリーブ』の「気になるグッドマナーvs.バッドマナーあなたはどっち？」を前章で紹介したが、圧倒的一位は「満員電車の中の痴漢」であった。マナーレベルで語られているため移行期といえるが、大きな問題として共有されはじめていたことがわかる。こうして、「２０００年代に入ると、それまで恒例行事のようであった男性誌の痴漢に関する記事が激減する」（牧野２０１９：１４８）ようになった。

もうひとつのきっかけは、女性の社会進出にともなう通勤電車における女性乗客の増加である。１９８０年代の専業主婦世帯と共働き世帯の割合は「２：１」であった。しかし、１９９０年代になると、「１：１」となり、２０１９年に「１：２」に逆転している。それにともない、２０００年代以降、大都市部の定期券利用の男性乗車人員が減少する一方で、女性乗車人員は増加し続けた。その結果、定期券利用者の男女割合は、半々に近くなっている

（『第12回大都市交通センサス調査〈調査結果の詳細分析〉平成30年3月国土交通省』）。

このように、１９８０年代以前の痴漢は、男性にとっては「文化」や「娯楽」とされることがあり、女性は「自衛」という個別的対応が求められた。しかし、１９９０年代後半以降、痴漢は「犯罪」として広く認識され、取締りも活発化した。前章では、鉄道治安が改善されるなかで、法律的規範から慣習的規範へ秩序維持の比重が移ったと述べた。しかし、痴漢という「逸脱行為」に対する認識・対応に関しては、そうした流れとは逆に、慣習的規範から法律的規範のレベルに引き上げられたといえるだろう。さらに２０００年代以降、『それでもボクはやってない』という痴漢冤罪をテーマにした映画が話題になっている。そのため、痴漢の被害のみならず、痴漢の冤罪も電車のなかのリスクとして認識されるようになっている。それにともない、電車において「男性と女性」のあいだのコミュニケーションで気を付けなければならないことが増え、警戒レベルが上がっていった。化粧問題の浮上と沈静化もこうした流れなのかで理解することができるだろう。むしろ、消臭剤や制汗剤のＣＭでみられるように、男性のほうが体臭に関して女性に気をつかうべきとされる場面もみられるようになっている。女性の社会進出とジェンダー秩序の再編のなかで、男性中心の20世紀的「サラリーマン文化」の象徴であった通勤電車のありかたもまた、大きく変化していったのである。

5・2　なぜ車内のケータイは迷惑なのか？：情報空間と現実空間のジレンマ

ランキング化する「迷惑行為」

これまで何度か参照した「駅と電車内の迷惑行為ランキング」という日本民営鉄道協会によるアンケート調査の集計情報が公開されたのは、２０００年以降であった。「推奨行為」のランキングではなく、「迷惑行為」のランキングと表現されているように、現代的な鉄道の秩序維持は「積極的関与」よりも「消極的回避」を重視していることがわかる。実際、ランキングは抑制的行為を求めるような事項で占められている。第３章の最後に触れた戦前期のアンケートの集計・公表は、一部の人びとによって散発的におこなわれたものにすぎなかった。しかし、この「駅と電車内の迷惑行為ランキング」は、鉄道業界を代表する全国規模の協会（旧国鉄のＪＲグループの多くは会員ではない）によって20年以上継続しておこなわれている。

前章で紹介したように、２０００年前後からさまざまなメディアや調査機関がマナーに関するアンケート調査をするようになっていた。各種アンケートが、さまざまなメディアで散発的にくりかえされるということ自体、乗客たちが「マナー迷子」になっており、多くの人が「マナーはどうあるべきか」を模索していたことの表れといえるだろう。さらに鉄道業界の主要団体が毎年、調査・集計・公表するこのランキングの公式性は高く、一貫性や代表性があるようにみえる。では、このランキングの定着は、鉄道の規範にとって何を意味しているのだろうか。

１９９０年代に流行した投書・投稿は、性別のみならず、年齢、職業、その他の属性が記載されていることがあり、そこで書かれた内容や文体もそれぞれである。とくに「心の問題」として語られるマナーは基準があいまいとなり、マナーの内容にばらつきが多かった。たとえば前章の「腹の立つことワーストテン」は、個人が主張するランキングであり、代表性・公式性はない。その受け取り方は読者ごとに異なるだろう。それぞれが感じることが異なったまま「自分のマナー」を主張すれば、むやみに攻撃的にみえることもあるし、思わぬ反発を受けることもある。そのため、世代・性別間の対立があおられ、マナー論争に発展することもしばしばであった。

しかし、アンケートによって集計し、回答者の属性を伏せて数量化・序列化すれば、そうした個人的・社会的属性の差異はみえにくくなる。そして、そうした調査と公表をくりかえしていけば、「多くの人びと」の意見のコンセンサスとその継続性があるようにみえるだろう。その結果、「迷惑」とされる行為は、鉄道事業者や「特定の誰か」の主張ではなく、「みんなの意見」によって指定されたものとして理解されやすくなる。つまり、アンケート形式の「迷惑ランキング」であれば、「個人の主張」ではなく、ひとまずは「乗客たちの共通見解」として提示できる。

ただし、このアンケートは年度ごとに回答形式や解答総数が異なり、２００９年以降、複数選択式のウェブ経由のアンケートによって集計されている。２００９年以降、男女別のランキングが発表され、時間帯別・地域別のランキング等が公表されていることもあるが、それ以外の回答者の属性ごとのランキングは、現在のホームページ上では掲載されていない。また、選択項目は協会が設定したものである。つまり、鉄道事業者が「迷惑行為」として認定したものから、回答者が選択したものにすぎない。そのため、厳密な意味では「みんなの意見」としての「迷惑行為」とはいいがたい。また、選択項目やその文言は細かく変更され、消去された項目はあるものの、項目全体は年々増えている。協会側がそのつど「問題」と考えるべきと判断した項目を追加し、そうでない項目を消去しているのだろう。事前の予備調査も行われているだろうが、基本的に鉄道事業者が、あらかじめ「問題」としてフレームアップした「迷惑行為」から回答者（乗客）が選ばされている、ともいえる。そして、こうしたアンケートに答えようと思う人びとは、もともとマナーにかなり興味をもっている人であるという偏りも考えておく必要がある。

　また、２００９年以降は、回答は最大３つまで選択可として設定されており、回答するうえで意識すべき「迷惑行為」の選択の幅も広がっている。それにあわせて２００８年までは10位までの掲載であったが、２００９年には16位まで掲載され、その後、さらに増えていった。その結果、２０２３年時点で19位まで増えている。たとえば、２０１８年「優先席のマナー」、２０１９年「咳・くしゃみ」、２０２０年「エスカレーターのマナー」、２０２１年「ペットの持ち込み」、２０２３年「強い香り」などが付け加わっている。このようなアンケートの設問や内容の推移は、鉄道事業者・乗客双方のマナーに対する解像度が上がっていることを物語っている（図表5−1）。あるいは、中心的なマナーが定着して、マンネリ化が進み、やや迷走しているようにもみえなくもない。

　アンケート調査や項目そのものにバイアスや変化があるという留保をふまえたうえで、ラ

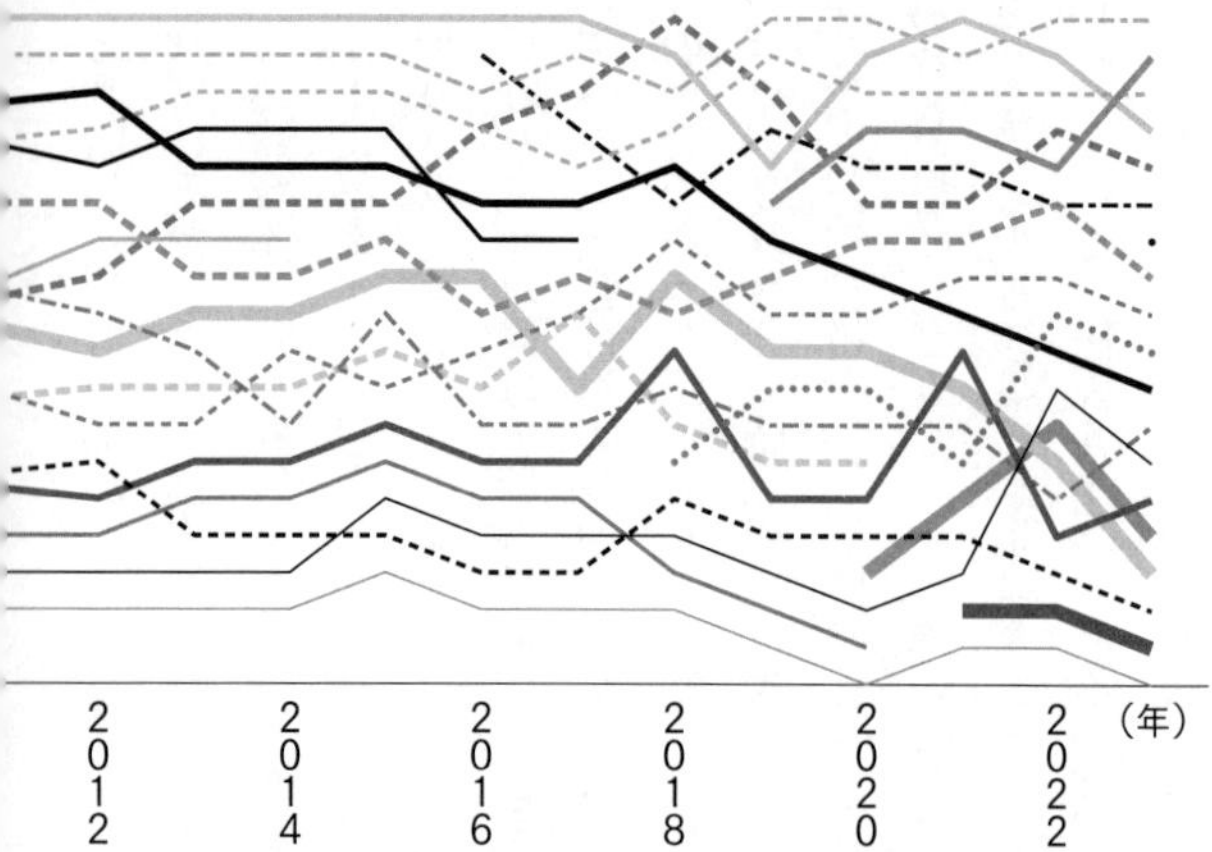

座席の座り方
2019-座席の座り方
(詰めない・足を伸ばす等)
2020-座席の座り方(詰めない・
足を伸ばす・眠って寄りかかる等)

荷物の持ち方・置き方
2023-荷物の持ち方・置き方
(鞄・傘等)

所かまわず電車の床に座る
2009-電車の床に座る

電車内で騒ぐ
2009-騒々しい会話・
はしゃぎまわり等

ヘッドホンステレオの音がうるさい
2003-ヘッドホンステレオの音漏れ
2009-ヘッドホンからの音漏れ
2023-ヘッドホン・イヤホンからの音もれ

車内等での飲食
2009-混雑した車内での飲み食い

混雑した車内で新聞や雑誌・書籍を読む
(2018混雑した車内での読書
(新聞・雑誌・書籍等))

携帯電話でのメールや電子機器
(ゲーム・パソコンなど)の操作音
2018-電子機器類(携帯電話・
携帯ゲーム機・パソコン等)の操作音
2022-電子機器類(パソコン・
携帯ゲーム機等)の操作

優先席のマナー

ペットの持ち込み

強い香り
(香水・洗剤・柔軟剤・化粧品等)

**図表 5-1：駅と電車内の迷惑行為ランキング推移
（2009 年から最大三つまで選択可）**

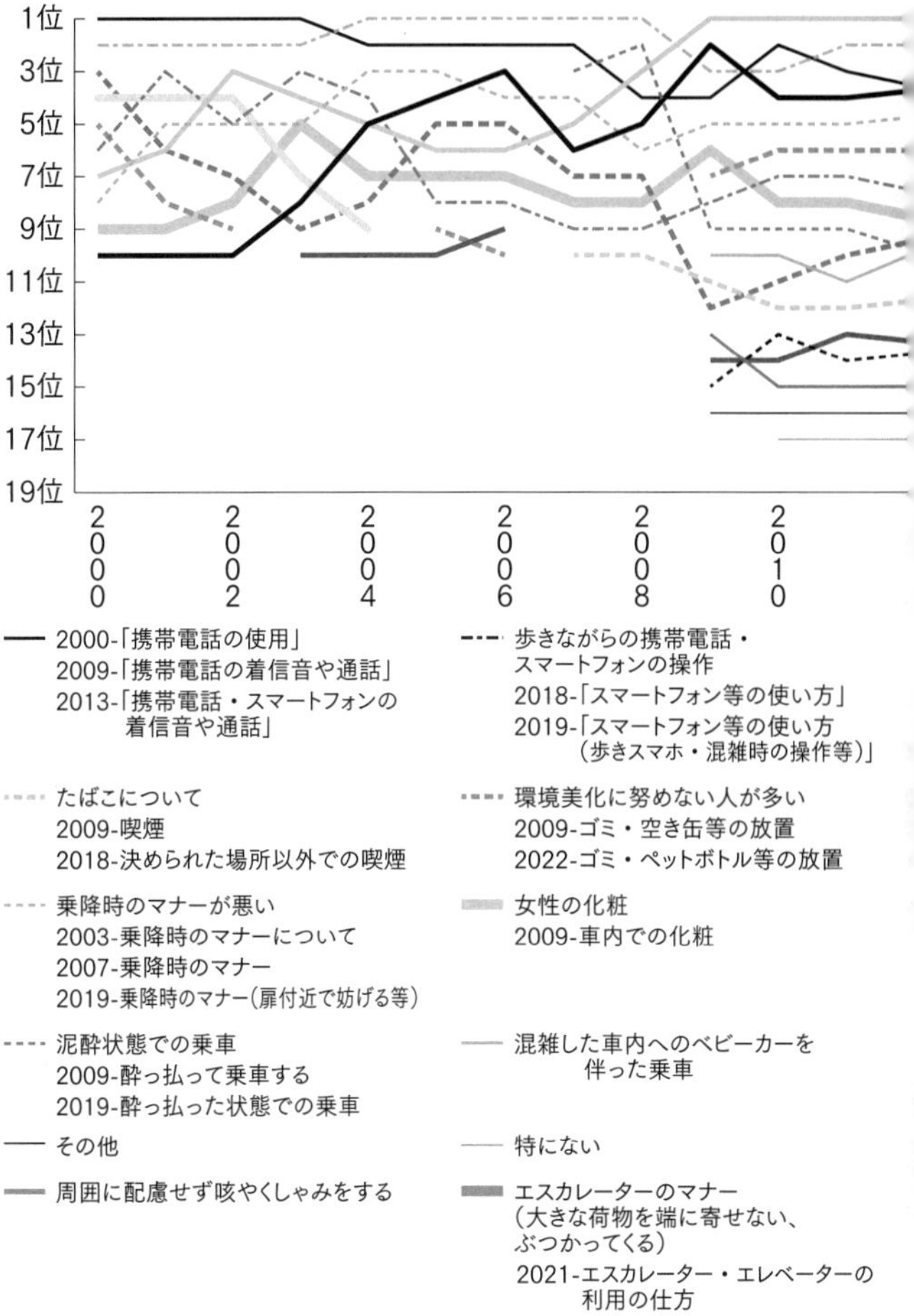

図表5-2：「迷惑行為」のランキング「順位の平均」

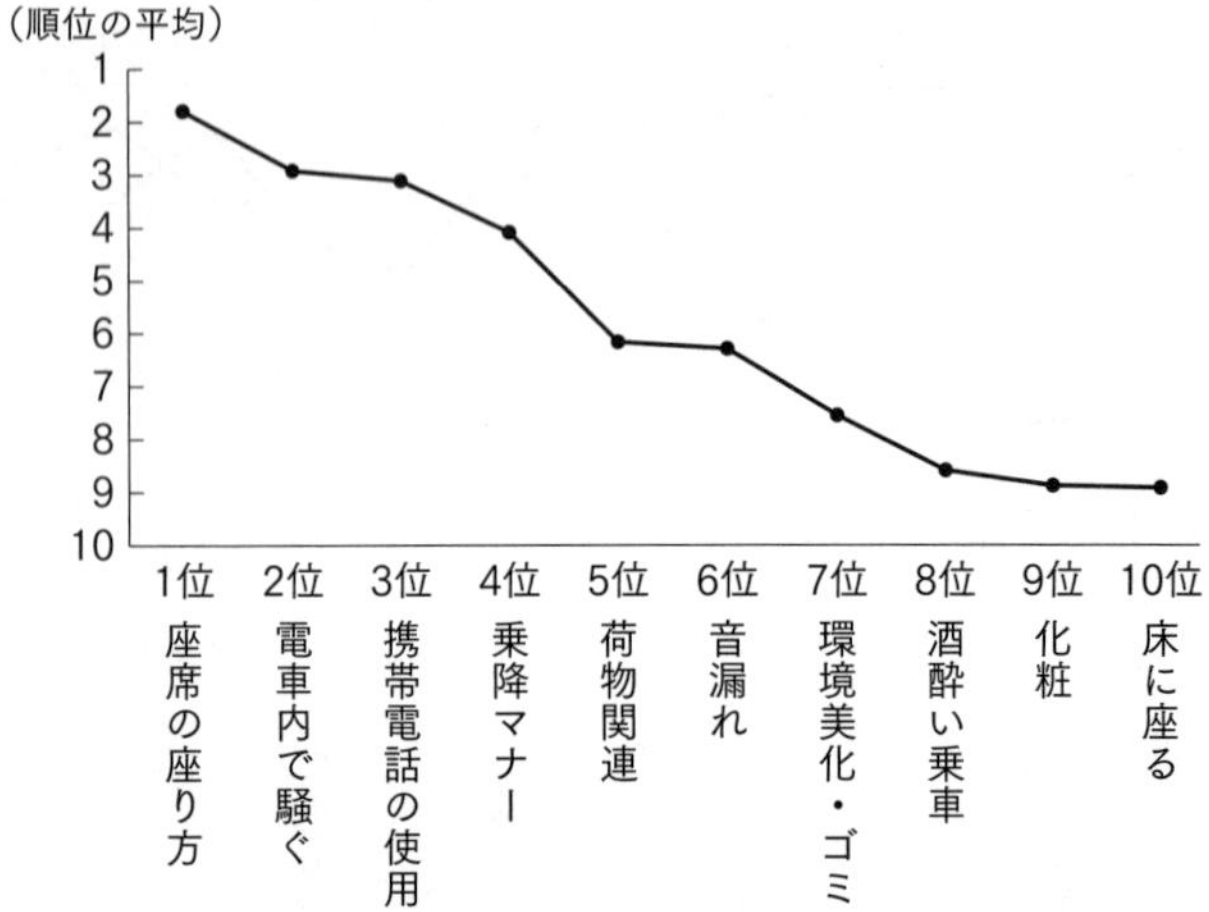

ンキングの推移をみるとどのような特徴が見出せるだろうか。10回以上記載されている項目に限って「順位の平均」を見ると以下の通りとなる（図表5−2）。

1位の「座席の座り方」は、過剰な接触、効率的な席詰めや移動の阻害を戒めるマナーといえる。4位の「乗降マナー」、5位の「荷物関連」の迷惑行為も、そうしたパーソナルスペースを侵害せずに、スムーズな乗降を維持するためのものだろう。2位の「電車内で騒ぐ」、3位の「携帯電話の使用」、6位の「音漏れ」については、車内における静寂の維持のためのものと考えることができる。

直接的な感覚である触覚・聴覚を刺激し

すぎず、視覚を中心にして距離をとって間接的にコミュニケーションをとり、行儀よく、効率的に移動すること――これらは戦前期以来の車内規範の基本構造であり続けていることがわかる。ただし、ここまで論じてきたように、こうした車内規範の基本構造を説得するための論法は時代ごとに異なる（戦中：戦争勝利を目指す「家族」／戦後：民主主義を実現する「市民」／ポスト戦後：豊かな社会においても「心ある人」）。また、「お互いに座席を譲り合うこと」、「何処も清潔に保つこと」、「喧騒、肌脱ぎなどの不行儀はせぬこと」の三箇条をもとにした100年前の最初の鉄道標語や戦前のアンケートに比べると、期待水準の上昇や規範内容の細分化をみることができる。とはいえ、駅や車内に新しいモノやテクノロジーが入り込んできたとしても、右記の規範の基本構造にしたがって、その扱い方を決めていくことになることは変わりなかった。

なぜ車内のケータイは迷惑なのか？

とりわけ2000年代以降、車内規範でもっとも話題にあがった論点は「ケータイ」である。携帯電話・スマートフォンが存在しなかったそれまでのアンケートや標語の内容ともっとも異なるところだろう。

「駅と電車内の迷惑行為ランキング」では、2000年から2003年の第4回まで「携帯電話の使用」が不動の1位であった。第5回で初めて「携帯電話の使用」が1位を譲るが、項目表記や迷惑とされる行為の内容が変化しながらも、モバイルメディアの存在は現代の車内規範にとってノドに刺さった小骨のような厄介な問題であり続けた（図表5－3）。

では、なぜケータイは「迷惑」なのだろうか。1990年代半ばから携帯電話（当時はPHSも多かった）が一般的に普及しはじめると、「電車内の優先席付近では電源を切ること」と掲示されるようになる。当初、とくに問題となったのは医療機器への影響であった。携帯電話の電波が心臓ペースメーカーなどに影響をあたえ、誤作動をおこすことで深刻な健康被害をもたらすとされたのである。ただし、携帯電話の電波出力が小さくなり、ペースメーカーのシールド性能が向上することで、誤作動のリスクは軽減していく。そのため、総務省は2013年に「医療機器と携帯電話を離すべき距離」の指針を緩和している。さらに2015年には、「近接状況になっても影響が発生するとは限らない」という文言を加えて、指針をさらに改定した。このように医療機器の誤作動という問題は次第に背景に退いていったが、携帯電話の「迷惑」がなくなっていったわけではない。むしろ、誤作動の危険という問題が重視されなくなっていくにしたがって、その底流にあった、新しいテクノロジーが電車のな

図表 5-3：携帯電話・スマートフォン利用の迷惑ランキング

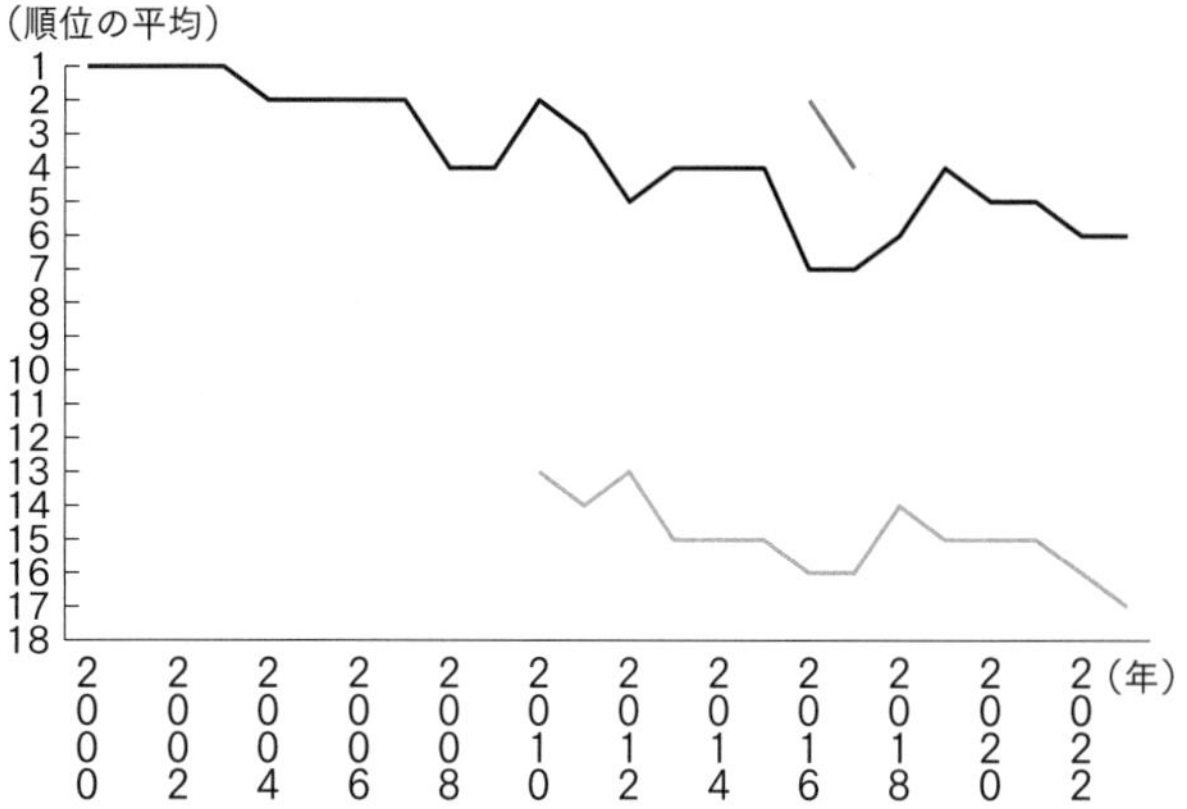

— 携帯電話利用の迷惑ランキング
2000-「携帯電話の使用」
2009-「携帯電話の着信音や通話」
2013-「携帯電話・スマートフォンの着信音や通話」
2018-「スマートフォン等の使い方」
2019-「スマートフォン等の使い方（歩きスマホ・混雑時の操作等）」

— 携帯電話利用の迷惑ランキング
2010-「携帯電話でのメールや電子機器の操作音」
2013-「電子機器類（携帯ゲーム機・パソコン等）の操作音」

— 携帯電話利用の迷惑ランキング
2016-2017「歩きながらの携帯電話・スマートフォンの操作」

日本民営鉄道協会「駅と電車内の迷惑行為ランキング」より作成

かに入ってくることに対する「不愉快さ」とは何なのかが前景化していくことになる。たとえば前章で述べたように、ケータイは「公的空間」への「私的空間」の侵入、そして新しいテクノロジーを操る「若者」のふるまいの問題の象徴――個人主義の過剰――として批判された。ゴッフマンの用語でいえば、公的状況からの「離脱」（『集まりの構造』：77頁）とよばれる事態であり、儀礼的無関心というマナーからの逸脱と考えることができる。

その結果、「携帯電話の使用」は、２０００年代半ば過ぎまで迷惑ランキングの１・２位を占め続けてきた。しかし、２０００年代末以降、ランキングはすこしずつ低下していく。「携帯電話といえば迷惑」という反射的な意見が薄くなっていったといえるかもしれない。逆にいえば、それまでは、１９９０年代に頻出した若者批判と重ね合わされ、新しいテクノロジーそのものへの反発も強かった。しかし、２００９年以降、「携帯電話の使用」という項目は、「携帯電話（スマートフォン）の着信音や通話」という表記となり、さらに「操作音」という項目が分けられるようになる。つまり、携帯電話の「迷惑」は、それが発する「音」の不愉快さに焦点が絞られ、さらに「着信音と通話」と「操作音」により細かく分けて理解されるようになっている。

２０１０年代後半になると、「歩きながらの携帯電話・スマートフォンの操作」という項目が加わり、その後、「スマートフォン等の使い方」、あるいは「スマートフォン等の使い方（歩きスマホ・混雑時の操作等）」という表記のなかに統合される。

　ケータイの「迷惑」の内容の変化は以下のようにまとめられるだろう。１９９０年代後半以降、電車内の携帯電話は健康被害の可能性が指摘され、厳格な利用指針が存在した。ただし、そうした理由をタテマエとしながらも、新しいテクノロジーであった携帯電話そのもの、およびその主な担い手である若者への嫌悪感もにじむ。しかし、２０００年代後半以降、モバイルメディアの爆発的な普及のなかで、その「不快さ」がどこに由来するのかがより詳細に理解され、「迷惑行為」の内実が明示されるようになる。それは、モバイルメディアの「声と音」と「ながら操作」に対するものであった。さらに、２０１８年以降の「迷惑ランキング」では、モバイルメディアの「迷惑」に関する追加の質問項目が設定されており、その内容に対する解像度がさらに上がっている（図表5-4）。ただし、当初、問題となっていた「混雑した車内での操作」の選択割合は急減し、「通話や着信音の迷惑」も低下している。その一方で、選択割合が高まったのは「ながら操作」であった。

　では、モバイルメディアの「声と音」と「ながら操作」はなぜ迷惑なのだろうか。

　ここでは、電車のなかにおいて二つの問題が重なることで「迷惑」と感じられるようにな

図表 5-4：「スマートフォン等の使い方」のうち、最も迷惑に感じる行為は？

アンケートで選択された行為の割合の推移

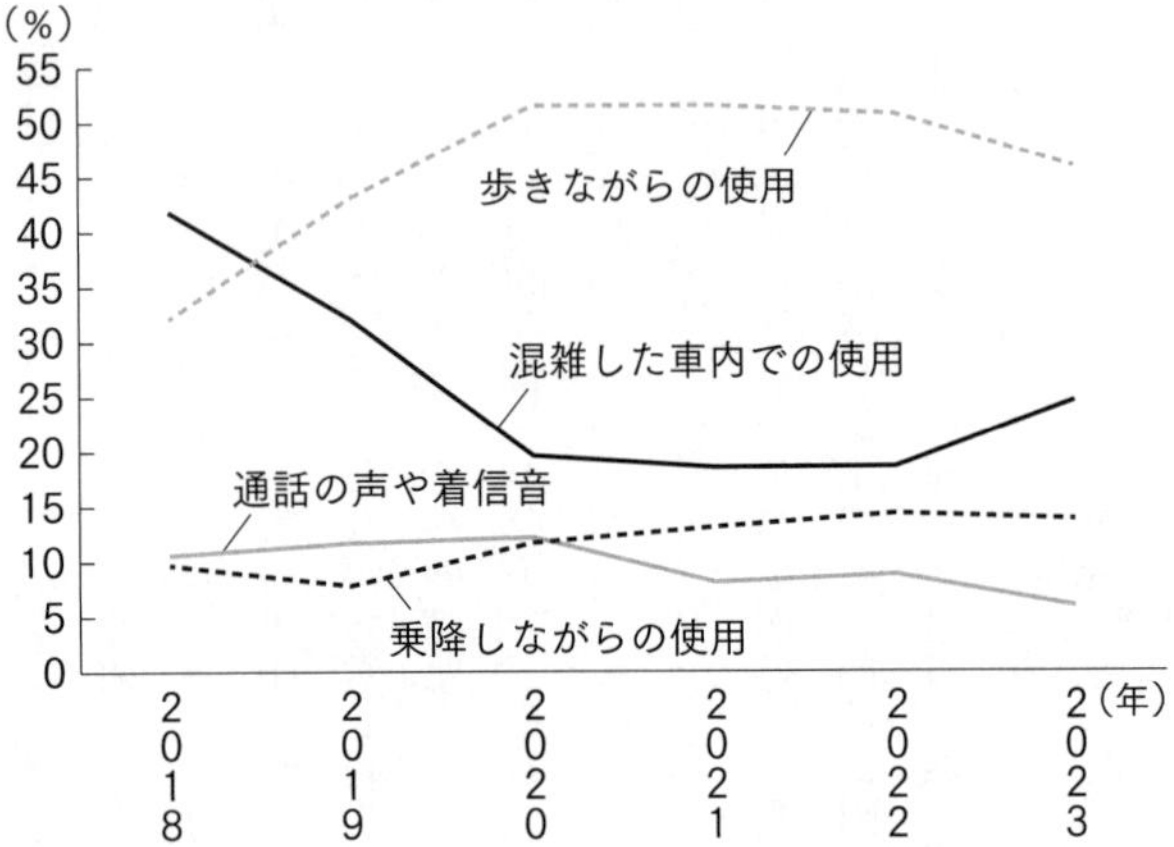

日本民営鉄道協会「駅と電車内の迷惑行為ランキング」より作成

ったと考えることができるだろう。ひとつは「視覚的なコミュニケーションの秩序」として維持されている車内空間に、「聴覚的コミュニケーションの秩序」が侵入するという問題である。聴覚刺激を抑制し、視覚を重視した公共交通の秩序維持は、狭く、閉じられた空間のなかで近接する人びとが、他人同士として距離をとって共在するためのものでもあった。２０００年代に広く普及していった携帯電話においても、その通話、音漏れ、操作音が問題となった。静寂の維持は１００年続いた車内規範の根本問題のひとつであり、ラジオの使い方の変化で指摘したように、聴覚の感度も上がり続けてきた。そのため、モバイルメディアが発する音やそれを通じた会話も――１９８０年代の携帯音楽プレイヤーへの批判の延長線上にある――「迷惑行為」として認識されている。着信音を消す機能を「マナーモード」とよぶことがそのことを端的に表している。

もう一点は、対面的な現実空間に遠隔的な情報空間が重なり合うことによる問題である。公共交通における「儀礼的無関心」は、たんなる無視ではなく、他人同士として適切な距離を維持するための「儀礼」として無関心を装うことであった。しかし、モバイルメディアの向こうにいる人を優先して通話をすれば、車内にいる人間はおきざりにされる。その結果、情報空間の顕名的・個人的関係を重視した、交通空間の匿名的・公共的関係に対する「儀礼なき無視」として認識される。しかも、電車内での携帯電話の通話の場合、こちらの利用者の声は聞こえるが、電話の向こう側がどんな人なのかはわからない。話している内容も、多くの場合、聞こえない。通話の声すら迷惑であるのに、片方のみの内容は雑音でしかないだろう。また、見知らぬ人のプライベートな内容が耳に入ることによる気まずさもある。そうした個人情報が耳に入れば、見知らぬ他者としての心理的な距離がややとりにくくなる。

もちろん通話をする人にとっては、個人的な関係や都合で通話せざるをえない事情があるかもしれない。その意味では、車内とは別の関係と空間の規範にしたがった行為ともいえるだろう。たとえば、車内での通話時に顔をそむけて、口元を手でかくして通話する人びと（やそうした様子を描いたマナーポスター）が存在している。このような身振りは、現実空間で共在する他者に「本当はいけないのですよね、すいません」と言い訳しつつ、情報空間を通じて不在の他者と通話を続けざるをえないジレンマを表現している。また、こうした通話のしぐさは、「無視しているわけではないのですよ」ということを暗に示さなければならない儀礼的秩序が電車のなかに存在することを裏付けている。

２０１０年代後半以降に大きな問題となった「ながら操作」、あるいは「歩きスマホ」という行為も、現実空間の認識がおろそかになるほど情報空間に没入した「迷惑行為」となる。こうなると端的に衝突や転落の危険があることはもちろんのこと、他人同士としての「あえての無関心」ではなく、モバイルメディアに集中しすぎた、周囲の状況への「ただの無関心」であることの不快さもでてくる。

こうして情報空間と現実空間が重なり、「視覚の秩序／聴覚の秩序」、および「匿名的・公共的関係の規範／顕名的・個人的関係の規範」の区別が混線する（図表5-5）。つまり、モバイルメディアは、「うるさくて無視された感じがする」がゆえに、「迷惑」、「不快」、「危

図表 5-5：情報空間と現実空間二つの空間秩序の混在

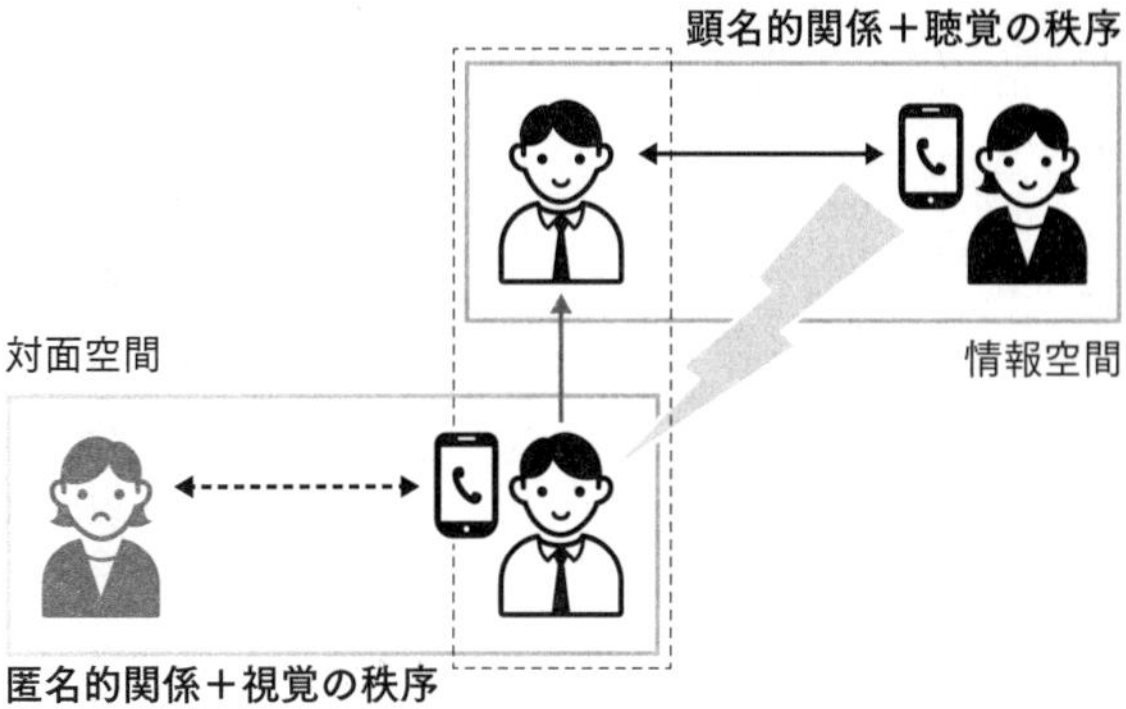

険」と感じられるようになったのではないだろうか。

２０１０年代になって、ランキングの表記が「携帯電話」から「スマートフォン」に変化している点も重要だろう。これらのモバイルメディアが、「電話」という音声通話を主としたツールではなくなったことの表れにもみえる。すでに「ケータイ」という「電話」を省略した表記が普及していたが、さらに「スマートフォン」、あるいは「スマホ」という表記になって、小さなパーソナル・コンピュータともいうべきマルチデバイス化した情報端末として広く理解されるようになる。その結果、モバイルメディアは、音声通話のみならず、インターネット、ＳＮＳ、音楽、ゲーム、画像・映像等のコンテンツ、ショッピング、学習・ビジネス用ツールなどきわめて多様なアプリケーションのプラットフォームとなった。このようなマルチデバイスを持ち歩くことになれば、日常と非日常、時間と空間を区切ることなく広範な情報世界にアクセスできることになり、その利用の頻度と強度は高くなる。そうなれば、さらに情報空間に没入し、交通空間を軽視するリスクへの懸念も大きくなるだろう。しかも、通話しないというマナーが広がり、スマートフォンになってカチカチ音のするボタンが少なくなり、イヤホンの音漏れ防止機能が高度になれば、問題の焦点は「音と声」ではなく「ながら操作」に移っていく。前掲（図表5−5）の『スマートフォン等の使い方』のうち、最も迷惑に感じる行為は？」の推移は、その変化を表していると考えることができる。

モバイルメディアが普及するにしたがい、広域的な情報空間と接続した人びとは、近接的な他者と共在する交通空間との境界面に立たされる。情報空間に没入すれば、交通空間が軽視され、交通空間に集中すれば、情報空間を軽視せざるをえない。そのため1990年代以降、身体を境界とした交通空間と情報空間の交錯と調整がさまざまな形で展開する。とくに重大な危険をともなうとされたのが、自動車や自転車の走行中に携帯電話などを利用する「ながら運転」である。こちらは1999年の道路交通法改正、2004年の罰則強化を通して、自動車走行中の携帯端末の利用は法的に規制された。たとえば走行中は、通話のみならず、ディスプレイの注視が取締りの対象になる。

一方で、鉄道における「ながら操作」は「迷惑行為」として問題化しており、法律的規制よりも、マナーレベルの規制が重視されている。２０１０年代以降、社会問題化した「歩きスマホ」もわかりやすい例だろう。歩きスマホに関する罰則規定はいまのところないため、マナーに訴えかける形で、その調整が図られている。「ポケモンＧＯ」などの位置情報ゲームに関する問題も、キャラクターの探索・獲得と周囲の交通状況の対立——重なりあう情報空間と交通空間のどちらを優先すべきかという問題のひとつとして考えることができる。

「関与シールド」としてのモバイルメディア：パーソナル／プライベートの拡張

ただし、マルチデバイス化したモバイルメディアは、「迷惑」なだけの存在ではない。モバイルメディアほど、移動の時間・空間で無聊《ぶりょう》をかこつ人びとの福音になったものはないだろう。また、本書の最初でも述べたように、それは他者との距離をとり、パーソナルスペースを確保し、その状況から「離脱」できるような「関与シールド」にもなりうる。だが、そうした手段は昔から存在している。

たとえば、２０１２年5月24日の朝日新聞の「声」の「新聞読む習慣続けて良かった」では、「電車で新聞を読む人が減った」という以前の記事をうけて、埼玉県の50代主婦が以下のように振り返っている。「私が若いころ、満員の通勤電車で他人の顔に新聞がぶつかってでも読み続ける人がたくさんいたものだ」。その半年後、12月24日の同欄の別の投書には「先日、早朝に通勤電車に乗ったところ、私と同年代の男性が向かいの席に座った。ネクタイを締め、コートを羽織っている。電車が発車すると、男性はバッグから新聞を取り出し、四つ折りにして読み始めた。車内はガラガラだから新聞を広げても誰にも迷惑はかけない。それでも四つ折りで読む姿に好感を持った。それにしても電車内で新聞を読む人に出会ったのは久しぶりだと感じた。最近は携帯電話やスマホなどの最新機器を操作する人ばかりが目立つ。だから、その男性の姿はとても新鮮だった」とある。

これらの投書からいくつかのことがわかる。まず、電車内では新聞・雑誌などを読む習慣が根付いていた、ということである。このような「通勤読書文化」は、戦前期にすでに広がっていた。永嶺重敏（『〈読書国民〉の誕生』日本エディタースクール出版部、２００１年：43-50頁）によれば、戦前の大都市では、短時間で読み終えることができる中間読物とよばれる随筆、座談会、手記等の雑文が流行し、また持ち運びに便利な円本や文庫本が発売されるようになる。駅売店での新聞・雑誌の売り上げは上昇し、その結果、「通勤読書文化」が現れた。たとえば、今和次郎は以下のように述べている。

> 電車のなかにすし詰めにされて、きちんと決まった時間に運ばれてゆき、夕方また運び返されてくるのです。電車のなかではしかたないから新聞を読む。隅から隅まで、頭を空っぽにするために食うように目を疲らして読むのです（今和次郎「郊外風俗雑景」１９２６年〈藤森照信編『考現学入門』ちくま文庫、１９８７年：２０２頁〉）。

視覚以外の五感への刺激を規範的に抑制する傾向にある電車において、視覚情報へのニーズは高い。そのため、書籍・新聞・雑誌、あるいは広告を読む行為が通勤電車において広く普及することになった。

しかし、現在のスマートフォンと比較すると、新聞・雑誌ははるかに幅をとる。そのため、混雑時における新聞・雑誌の読書は「迷惑行為」になりうるものだった。すでに戦前の大阪ロータリー倶楽部のアンケートにも「新聞を広げて読む」が迷惑行為として挙げられていたが、これは戦後の営団地下鉄のマナーポスターでも定番であった。たとえば１９７７年の「比較新聞空間論　混雑時の新聞を考える」というポスターでは「車内では周りの迷惑にならないように読みましょう」とキャプションがつけられている。その後も、電車内の読書の仕方について触れたポスターが何度も掲示されている。紙や紙を持つ肘が触れるのが不快、ページをめくる音が耳障り、あるいは逆に、横からののぞき見も失礼な行為とされた。とくに広げるたびに幅をとり、バサバサと音のする新聞の読み方には工夫が必要とされ、新聞紙を小さくたたんで読むことが好ましいマナーとして考えられていたことがわかる。

「通勤読書文化」は現在においてもある程度は継続している。たとえば、混雑した車内での読書は、先の「迷惑ランキング」で２００９年以降に立項されている。しかし、平均順位は約15位で推移しており、モバイルメディアに関する迷惑行為との差は歴然としている。このように、２０００年代以降のモバイルメディアの普及によって、紙媒体を中心とした出版文化は急激に衰退していった。なにより、マルチデバイス化したスマートフォンを通じて、通勤電車における行為の選択肢は、読書以外にも大きく広がることになる。しかも、携帯電話・スマートフォンは、小さく、周囲に広げる必要もない。新聞・雑誌を読むには腕・手をある程度動かす必要があるが、デジタルメディアは脇をしめたまま指先のみで操作できる。そのため、相対的にスペースをとらず、他者との摩擦も少ない。イヤホンをすれば、モバイルメディアを通じた自己の世界にさらに没入できるし、そうしたツールの存在を他者への

「関与シールド」として利用することもできる。つまり、モバイルメディアによってパーソナルスペースの確保が比較的容易になったといえるだろう。

　電車の混雑率が解消し、乗客のあいだに徐々にスキマが現れる一方、車内のモバイルメディアによってより少ない動きで人びとができることが広がる。また、かつて路線図や時刻表を掲載した小さな冊子や手帳を参考にしながら路線・構内を移動し、迷えば駅員・乗務員その他の人びとに聞く必要があった。しかし、現在では、周囲の人びとに道を聞かなくとも、ＧＰＳ付き地図や路線案内アプリなどを利用することで、ひとりで動ける範囲が広がる。つまり、車内空間のパーソナルスペースに余裕ができるだけではなく、透明な泡（バブル）に包まれたプライベートな境界は以前よりも強くなる。しかも、スマホの覗き見がマナー違反になり、覗き見防止フィルムが売り出されているように、モバイルメディアはプライバシー・個人情報のかたまりともいえる。そのため、情報空間の拡大とそこへの没入は、交通空間において尊重すべき私的領域をさらに分厚くするだろう。このようにプライベートなバブルがより繊細で強固になれば、抑制的なコミュニケーションや消極的回避的なマナーがより望ましいものになる。逆にいえば、小さなモバイルメディアに集中して縮こまっていれば、マナーをそれほど意識せずに穏やかに車内を過ごせるともいえる。ただし、「ながら操作」

や「歩きスマホ」によって自己の私的領域への没入が他者の私的領域の侵害になるなら、その軋轢とショックもまた大きくなるだろう。

ケータイに厳しい日本の「公的空間」

ヨーロッパにもQuiet Coachという静寂を求める車両は存在しているが、モバイルメディアの利用に日本ほど神経質ではないとされている（「英国『静かな車両』は大声会話も携帯も禁止だ」『東洋経済ONLINE』２０１７年8月12日）。その意味では、モバイルメディアの利用法をみても、日本の鉄道におけるマナー感度はかなり高いと考えられる。

それは、鉄道の規範を、長いあいだ、試行錯誤しながら徹底しようとしてきた結果でもあるだろう。20世紀前半の「家庭の延長」としての車内は、20世紀後半に「家庭の外部」としての車内へとゆっくりと転換してきた。その結果、「車内空間を疑似的な内輪に包みこむ」のではなく、「私的空間」と区別された、他人同士が距離をとって共在する「公的空間」として車内秩序を維持するようになる。それが１９８０年代以降、消極的回避を説いてきた「マナー」言説の広がりであった。さらに１９９０年代における個人主義批判は、「公的空間」からできるかぎり「私的領域」のはみだしを削り取ろうとするものだったといえるだろう。

前章で述べたように、20世紀末から21世紀になると、情報技術を通じて私的空間が公的空間にさらに侵入したとされる。だが、それをただの「個人化」「私化」ととらえるならあまりにも単純だろう。むしろ、はげしい「個人化」批判や「私化」批判を伴うものであったという意味では、それは「公共意識」「集団意識」の高まりでもある。したがって鉄道におけるケータイ問題は、「公共空間への構造転換」の終わりなきプロセスの一部として位置付けることもできる。実際、日本の公共交通におけるモバイルメディアは、当初、その存在自体が迷惑なものとして排除されかねない勢いであった。その後、モバイルメディアの許容できること・できないことをより詳細に切り分け、「私的／公的」の区別とその運用の仕方を更新していくことになる。その結果、モバイルメディアの利用法に関する細やかさは、他国からみると――良くも悪くも――かなり高いレベルにある。

そう考えると、日本の公共交通は「私的空間と公的空間」を区別するだけでなく、「公的空間」に「私的行為」が侵入し、突出することを、かなり強く拒絶しているようにみえる。あるいは、相互の「私的領域」の範囲にきわめて敏感であるがゆえに、それらがぶつかりあいかねない事態を強く警戒している。そのため、乗客たちは規範の理解と習熟に対する高い期待をもっており、それが通じる同質的な領域として公的空間をやんわりとくるんでいる。たとえば海外では、モバイルメディアの利用にみられるように、車内がうるさいこともあれば、すこしばかりふるまいが突出した人もいる——そのため、こちらの規範の期待があまり通用しないことを前提にすれば、他者の行為をそれほど気にしなくてもいい。あるいは、それを危ないと思えば、その場から回避するなどの積極的な対応が必要になる。ここでの「公的空間」は、多様な「私」が集積するがゆえに、私的行為や私的領域の突出が、相対的に許容される異質的な空間といえるだろう。そして、場合によっては、それらが激しくぶつかりあう危険があり、それを見越しつつ、それぞれのふるまいを自己決定しなければならない。

しかし、日本の公共交通は、多数の「私」が集積しつつ、それらの突出をあらかじめできるだけ削り取るような規範の作用が期待される「公的空間」となっている。そのような細やかな規範の共有を前提とするから、そこからちょっとずれると微妙にイライラ・モヤモヤすることになる。

たしかに、鉄道という公的空間を「家庭の延長」ということはなくなったし、そこにいる人びとを「身内」や「内輪」とみなすことにも無理がある。しかし、高いレベルのマナーが通じる相手であるという期待があるとすれば、そこにはいまもなお規範頼りの同質的な「もたれあい／ささえあい」をみることができる。その意味で、「道徳」や「モラル」という内面・深層にふみこむことばを避けつつ、「エチケット」から「マナー」へとずらしながら、表層を表現することばと規範によって、人びとのふるまいを微調整しようとしてきた戦後日本社会の特徴を指摘することもできるだろう。

ここまでみてきた日本社会の言説は、そうした細かな規範が通用しない他者を強く想定しているようにはあまりみえない。対話が通じない存在がいることを想定していれば、「社会の劣化」を「規範の劣化」として語るのではなく、「そもそも社会は規範が通用しない他者が含まれる」という語りがもっとあってもいいはずだ。たとえば西洋ではトマス・ホッブズに遡って語られる自然状態や秩序問題とよばれるものの一部がそうだろう。しかし戦後日本においては、「規範の劣化」として語られ続け、それがエチケットやマナーで解決できるかのように語られてきたのである。

5・3　リスク化する車内空間：環境管理と規範意識のスパイラル

ゴミ問題の現代的変容：残されたモノは忘れ物？　ゴミ？　資源？　危険物？

環境や行儀は良くなるのに、人びとの不機嫌や不安感は高まっていく——このような秩序のパラドクスとして興味深いのは、車内におけるゴミの扱いである。現在、自分の足元、近くの座席、網棚の上などに、誰のものかよくわからないモノが置き去りにされているところをみると、どのように感じられるだろうか。なんとなく落ち着かず、不快で、不安な気持ちにならないだろうか。たとえば、２０２３年11月、東海道新幹線で不審物が発見されて、運転が見合わせられた。しかし、結局、それは食べ終わった弁当箱、つまりゴミだったという。

鉄道という公共空間に残された所有権があいまいなモノの扱いは悩ましい。住宅などの私有地であれば、その所有者・管理者に帰属するものと判断しやすい。しかし、「みんなの空間」である公共空間にとり残されたモノは帰属先があいまいなため、とたんにその扱いが難しくなる。

所有権が残っていると判断される場合は「忘れ物」とみなされ、乗客によって届けられたり、鉄道員によって持ち出されたりする。そして、所有権が不明なモノの中継地点――忘れ物センターや遺失物取扱所等に届けられ、一時的に保管・管理される。ただし、一定期間が過ぎれば、今度は警察等に移され「廃棄物」として廃棄されるか、あるいは「払下げ品」等として「商品」に変化していく。また、電車では、傘などの忘れ物にご注意くださいという案内は、アナウンスやマナーポスターにくりかえし現れる定番であり続けてきた。所有権のあいまいなモノをそのままにできないため、鉄道事業者はそれを「忘れ物」として扱い、保管・管理するために膨大なコストと手間をかけている。

一方、所有権が放棄されたと判断されるモノは「廃棄物」とみなされる。ただし「廃棄物」を放置するわけにもいかず、かといって利用者や乗客に任せたままにして安全・衛生が保たれるわけでもない。そのため、鉄道事業者は清掃にも大きなコストと手間をかけ、乗客にゴミの扱い方をくりかえし指示することになる。

たとえば、戦中・戦後の鉄道規範では、車内で出たゴミは座席の下に入れろと指示されていた。しかも、車窓からゴミを捨てないようにという標語があったように、走行中の車窓から捨てられることもしばしばであった。

『明るい旅』には「清潔　秩序　親切」と標語が掲げられていたように、交通道徳協会でもっとも力が入れられていたのは清掃・美化活動であった。１９７３年の『明るい旅』63号では、その活動を「ゴミ戦争」と表現している。「公徳袋は必要だし、マンガ教育も有効だし、少年団の活躍にも期待したい。しかし、大量消費時代のこのゴミの発生ぶりはどうであろう。ごみ処理を戦争にもたとえようという大問題である。ちょっとやそっとのことではどうにもならない。鉄道を中心とした駅や、車内だけのごみ処理だけでも大変なことである」とされる。こうした、戦後を通じた交通道徳協会や鉄道青年会の公徳袋配布や清掃・美化活動もあって、できるだけ駅構内や車内にゴミを残さず、持ち帰ることが推奨されるようになる。清掃・美化活動や広報を通じて、ゴミは放置され、隠されるモノではなく、美観を損ねる「醜いもの」、衛生リスクのある「不潔なもの」として積極的に排除されるべきモノとして扱われた。こうして車内に求められる衛生レベルは次第に上昇していった。

さらに、１９９５年の地下鉄サリン事件や２００１年の9・11事件などをきっかけとして、公共交通におけるテロ対策が活発化している。その結果、駅構内や車内におかれたよくわからないモノに対する警戒が強まる。つまり、帰属先があいまいなモノは、２０００年代以降、セキュリティ上のリスクがある「不審物」や「危険物」としてみなされるようにもなっていった。とくに鉄道各社は地下鉄サリン事件をきっかけにゴミ箱を一斉に撤去している。

また、東急電鉄、京王電鉄は、２００４年にスペインのマドリードで起きた列車爆破テロ事件をきっかけにゴミ箱の設置をやめている。利用客の要望を受けて徐々に再設置していくことになるものの、テロ対策として駅のゴミ箱は透明になって、中身が見えるように工夫されたものになった。さらに２０２２年の１月に東京メトロはすべての駅からゴミ箱を撤去している。こうした流れについて、「首都圏の駅からゴミ箱は姿を消すのか」として、以下のように報道している。

> 今回の全面撤去は「過去に不審物とみられるものが見つかるケースが何度もあったから」とセキュリティの問題だと強調した。ゴミの回収や清掃コストの削減が理由ではないという（『朝日新聞』２０２２年1月17日）。

とはいえ、ＪＲなどではかろうじて自動販売機の横に缶・瓶・ペットボトルが入るように丸形の口が空いたゴミ箱が設置されていることもある。ただし、正確にいうと、これはゴミ箱ではない。「リサイクルボックス」とされており、投入されるモノは「資源」として位置付けられる。ゴミという不安定な存在そのものが許されなくなっているといえるだろう。

こうした施策は、廃棄・清掃のコストを削減しつつ、ゴミをみずから持ちかえることを求めることでその負担を乗客に任せるということでもある。しかし、鉄道事業者が、廃棄・清掃コストを消費者（利用者）に負担させるためには理由も必要だろう。たとえば、ゴミ箱の撤去は、セキュリティ上の理由、すなわちゴミを「不審物」として扱い、「お客様の安全のため」であると説得しやすい。さらに「エコロジー」に関する規範意識も側面支援になりうる。現代社会の公共交通における「ゴミ」は、複数の意味を折り重ねて、処置する必要があるものなのである。

　現代社会において車内に「残されたモノ」をどのように意味付け、どのように扱うのかは複雑かつ繊細なものになっている。車内にいる人びとも、それを座席下に放置したり窓から投げ捨てたりするのではなく、忘れ物なのか、不快・不衛生なゴミなのか、資源なのか、はたまた不審物・危険物なのかを判断し、適切に処理しなければならない。そして、いったんそのような視線や行動を身に付けた人びとは、なにかよくわからないモノが駅や車内に残っていると、なんとなく気になってしまう。その結果、鉄道員に通報して、電車を止めてしまうことさえある。

　戦中・戦後のように座席の下に捨てろといわれても現代の乗客たちは戸惑うだろう。座席下になにかあればなんとなく落ち着かない。以前よりも車内に高いレベルの清潔さを求めるだけでなく、テロのリスクまで考えるようになった結果である。近年では、新型コロナウイルスの蔓延もあって、そうしたリスク意識はさらに高度になっている。

第2章で述べたように、テロの危険でいえば戦後から高度成長期にかけてのほうが発生頻度は高く、実行予告も多かった。しかし、国鉄民営化以降の現代社会においては、「消費者＝乗客」を守るために鉄道事業者に求められる安全性の要求水準は高くなる。また、前記の記事においては否定されているものの、民間企業になった以上、鉄道事業の採算（ゴミ回収・清掃コストの削減）がそうした傾向を、結果として後押ししていることは否めない。

このように、２０００年代以降、「交通空間のリスク化」のプロセスが進んでいたことになる。その結果、冒頭のように乗客たちが不快・不審に感じるなどすれば、車内にあるモノを「リスク」として認識し、鉄道員に対応を要求するようになる。乗客みずからが「不快」や「不審」を感じるセンサーとなることで車内の衛生や安全を確保する――そのように考えれば人びとの不快感や不安感が鉄道秩序を維持、あるいは管理化しているともいえる。

テロ、感染症、その他の事故・事件などが未来に発生する可能性に備えつつ、その結果・責任の程度を鑑みて対応しなくてはならない――こうした考え方は、現代的な「リスク社会」（ウルリヒ・ベック『危険社会——新しい近代への道』東廉・伊藤美登里訳、法政大学出版局、１９９８年、原著は１９８６年）の一種だろう。ただし、ネガティブな出来事の発生の可能性、結果・責任の重大性に関して、主観的不安が必要以上に肥大化することもある。そのため、リスクの可能性・重大性を恐れて、より管理・監視が強められるようになるし、監視・管理される側が監視・管理されることをみずから望むようにもなる（デイヴィッド・ライアン『監視文化の誕生』田畑暁生訳、青土社、２０１９年、原著は２０１８年）。その意味で電車のなかの「リスク社会」と「監視社会」は双対的関係にある。

環境管理と規範意識のスパイラル：「規範頼り」の停止と加速

標語、ポスター、清掃活動等によって環境美化をしきりに訴えて車内衛生を維持する方策から、投入口の形状を限定したり、ゴミ箱そのものを撤去したりすることでゴミを捨てさせない方策への転換——これは「規律訓練型」の統治から、「環境管理型」の統治への転換と整理することができる（規律型社会から管理型社会についてはジル・ドゥルーズ「追伸——管理社会について」『記号と事件　１９７２-１９９０年の対話』宮林寛訳、河出文庫、２０１０年、原著は１９９０年。また東浩紀『情報環境論集　東浩紀コレクションＳ』講談社、２００７年も参照）。

２０００年代には情報ネットワーク化の進展とともに、ローレンス・レッシグが論じた人間をコントロールする四つの方法のひとつ「アーキテクチャ」（その他は法、規範、市場）という用語も流行した（『CODE VERSION 2.0』山形浩生訳、翔泳社、２００７年、原著は２００６年）。また、２０１０年代になると「ナッジ nudge」という人びとをそっと「後押し」するようなかたちで選択を導くような行動経済学的な手法とも関係付けられ、政策として推進されるようにもなっている。管理社会、環境管理、アーキテクチャ、ナッジといった概念は、出自や意味がかなり異なる。ただし、それらは建造環境・情報技術のデザインによって――人びとの意識への強い規範的な介入を経ることなく――それとなく人びとの行為をうながすことができる手法として評価されているところがある。そのため、とくに文化的なコンテクストにそれほど依存しないかのように、さまざまな地域において「公共政策」として売り出されることもある。

「交通道徳協会」による環境美化活動は、「道徳」を背負う人びとがみずから清掃活動をおこないつつ、一般の人びとにも環境美化の「（道徳）意識」を啓発するものであった。つまり、人びとの「（道徳）意識」に訴えながら、その行動を規律正しいものとして訓練していくものといえるだろう（規律訓練型の統治）。しかし、ゴミ箱の形状の限定やゴミ箱の撤去は、人びとの「(道徳)意識」以前に存在し、その前提となる技術装置で構成された環境の管理になっている。つまり、物理的な技術装置を操作することで環境を管理し、人びとの行動を無意識的にうながすことを意図したものである(環境管理型の統治)。

現代社会における鉄道空間の環境管理化は、情報化によって加速し、さまざまなところに広がっている。そして、そのことは、ここまで描いてきた鉄道の規範史のなかで、きわめて大きな変化をもたらしている。ひとことでいえば、鉄道の運営・運行における「規範頼り」からの解放である。鉄道事業者や乗客たちが、交通道徳、エチケット、マナーという用語を通して鉄道空間の秩序を作ろうと四苦八苦する歴史をここまでみてきた。しかし、環境管理化の手法によって、そうしたお説教めいた啓発・説得、あるいは乗客たちの従順な理解・納得だけを頼りにしなくともよい可能性が高まったわけである。だが、「規範意識」が必要なくなったかといえばそうではない。むしろ環境管理と規範意識は、相互に支え合っている部分がある。

たとえば、窓からゴミ投げ捨てる人がおり、ゴミは席下に捨てることが推奨されていた昭和期に、現在のようなゴミ箱撤去の方策をとっても、同様の効果は期待しにくいだろう。むしろゴミ箱がないのであれば、なおさらその辺に野放図に捨てることになりかねない。また、ゴミ箱を「リサイクルボックス」と名付け、できるだけゴミ箱を撤去し、乗客みずから処理することを求める環境管理型の統治は、「セキュリティ」や「エコロジー」といった「良いこと」を理由にすることによって推進されている。手元のゴミは早く捨てたいが、そういわれるとしぶしぶ持ちかえってしまう。つまり、こうした環境管理型の統治は、ゴミ捨てに対する規範意識の高さ、あるいは規律訓練の徹底のうえに成り立っている。もうすこしいじわるにいえば、鉄道事業者はそうしたむやみにゴミをその辺に捨てない乗客のマナーの良さや従順さにつけこむかたちでゴミ箱を撤去しているともいえる。

さらにこうした環境管理化は、「消極的回避」を重視するコミュニケーション様式と相性がいい。なぜなら、あまり立ち入らず、個人を尊重するような優しいふるまい（あるいはビクビクとおびえつつするようなコミュニケーション）にとって、逸脱行為を注意したり、説教をしたりする「積極的関与」よりも、環境管理によっていつのまにか行為が適正化されていることのほうが望ましいからだ。

乗車区間の情報管理、ホームドア、人間工学的な座席

環境管理型の統治としてもっとも代表的なものは――東浩紀も指摘するように――いわゆ

る「キセル乗車」（定期券や最低賃金の切符を駆使するなどして不正に安い運賃で乗車すること）とよばれる不正乗車の取締りだろう。戦前の路面電車においても切符を正確にはっきり見せるなどの標語があったが、不正乗客は増える一方であった。そのため、１９３１年に鉄道省は「不正乗客撲滅防止会」を設置して対策を講じている。戦後においても「史上最高額で不正乗車に対する割増料金の徴収がおこなわれた」という報道は定番であった。このように、さまざまな不正乗車の抑制や取締りがおこなわれたものの、キセル乗車はあとを絶たず、１９８５年の国鉄では１か月で２万２６０５人が摘発されている。自動改札化は、不正乗車の防止に有効とされたが、システムのすきをついたキセル乗車も発生している。たとえば、入場券を使って改札を通り、途中駅からの定期券を使って目的地へ行く。そして、戻った際に入場券で退場するといった方法である。あるいは複数人で定期券をたらい回しにして使うといったものもあった。このように、キセル乗車に代表される不正乗車は、鉄道にとって非常に長い歴史をもつ問題であった。

　これに対して、20世紀末以降、入場券の時間制限や連続使用の禁止、入場情報のない切符・乗車時間が長時間の切符は改札扉を閉める等のシステム変更による対策がとられている。こうして、すこしずつキセル乗車の防止のための情報管理が整備された。さらにキセル乗車防止が進んだのは、改札出入・乗客情報を管理しやすい交通系ＩＣカードの導入によってである。２００１年にＪＲ東日本がＳｕｉｃａを導入したことを端緒に、２０００年代以降、各地で交通系ＩＣカードが広がった。２００６年には携帯電話に対応したモバイルＳｕｉｃａも導入され、現在では、モバイルメディアのアプリケーションのひとつとしても普及している。このように21世紀に入って、自動改札とＩＣカード・モバイルメディアを用いた乗車区間の情報管理化によって、キセル乗車は困難となっている。

ただし、その一方で、こうした自動化・情報化によって改札人員が減少し、「人の目」による出入札の管理・監視が難しくなる。一定の体力があれば、改札扉の飛越えなどの強行突破はそれほど難しいことではないかもしれない。本当に環境管理化するのであれば、より強力な高いゲートを設置する必要があるだろう。その意味では、情報管理化によるキセル乗車の防止は、多くの人は強行突破などの強引な行動をしないという規範意識に依存している。

では、改札を通ったあとはどうだろうか。たとえば、駅構内におけるホームドアの導入も、環境管理化した秩序維持の方法のひとつだろう。駅のホームは、線路への転落や車両との衝突と隣り合わせでもある。そのため「白線（黄色い線）の内側でお待ちください」というアナウンスはいまでもよく聞くことができるし、飲酒などによる転落・衝突もマナーポスターでは定番であった。こうしたことは、ホームと線路の境界を乗客たちが注意深く、意識しながら歩く必要があることを示している。しかし、ホームドアが設置されることによって「物理的な防壁」が設定され、転落・接触のリスクは下がる。そのため、アナウンスやポスターなどによって乗客の「意識的な注意」（規律訓練）に頼る必要はすくなくなる。

　モノレールなどの新都市交通以外の都市交通として、初めてホームドアが導入されたのは１９９１年の営団地下鉄南北線とされるが、コストの高さからその後の設置は進まなかった。しかし、２０００年に「交通バリアフリー法」が成立すると、ホームドアの設置は急激に広がる。同法では新駅におけるホームドアの設置義務、既存駅におけるホームドアの努力義務が定められ、とくに10万人以上の駅には設置が望ましいとされている。その結果、２００１年には１８０駅しかなかったホームドアは、２０１１年に５１９駅、２０２２年になると１０６０駅へと急増した。これも環境管理化の一種だが、その拡大のきっかけが交通バリアフリー法だったことを考えれば、「体の不自由な人びとに配慮しなければならない」という規範意識を足がかりにしていたといえる。

　さらに、電車に乗ってからはどうだろうか。鉄道の規範の定番として「席詰め」がある。座席の占有は節度のない迷惑行為の定番であり、所定の人数が座席に収まることは車内の効率的利用のうえで重要である。しかし、乗客たちは相互に「儀礼的無関心」を示すためにパーソナルスペースを作り出し、距離を空ける傾向にある。座席が空いているにもかかわらず隣に座ってくるような人がいれば、不審に思ってもおかしくはない。だからこそ、座席が埋まるごとに、ちょっとずつ距離を詰めて、互いのパーソナルスペースの泡（バブル）を徐々に小さくしていくことになる。ただし、そうした距離詰めはつねに均等に行われるわけではない。それぞれの人の距離感によって中途半端にスキマがうまれることもあるだろう。ロングシートで一般的な7人掛けの場合、ちょっとずつスキマがあいてしまうため、きっちり埋まらないこともめずらしくはない。そのため乗客たちは「まだ座れるかな」と互いに気を遣いあう必要がでてくる。場合によっては「詰めていただけますか？」ということもあるが、儀礼的無関心や静寂のマナーがある以上、声がけをためらう人もいるだろう。そのため席詰めには「意識的な気遣い」や繊細なコミュニケーションが必要になるし、それをうながすメッセージがアナウンスやマナーポスターなどによって頻繁に発せられていた。

しかし、こうした席詰めにも環境管理化が進んでいる。1990年代以降、座席に線引き、色分け、傾斜、掴まり棒などが設けられることが多くなった。このように座席ごとに一人が座るスペースの範囲を把握しやすくすれば、相互の座席の範囲を気遣う必要は相対的にすくなくなる。たとえば、傾斜の頂上に座れば違和感があり、くぼみにすっきり座れるようになんとなく自然に位置を調整することになる。座席の傾斜は、隣席との距離だけでなく、腰を引いた座り方を促し、ずりさがった座り方や足の投げ出しの抑制も期待されている。また、ロングシートの両端にある席とドア横の立ち位置は、立っている人の背中や荷物が端席に座っている人に接触しやすい場所である。とくにかつては、立ち客と座り客の仕切りが金属製の棒状のものが多く、スキマが広かった。そのため、マナーポスターでも背後に気を付けましょうという注意がしばしば描かれてきた。しかし、近年では、そのあいだの仕切りが樹脂素材の板状のものになり、物理的な壁によって、背後への注意が軽減されている。もちろん、これらのことですべてが解決するわけではないが、交通道徳的な説得から人を物理的に仕切る人間工学的な操作による秩序維持に変化しつつあるということができるだろう。

　ニューヨークなどの海外の都市鉄道にもこうした座席の傾斜や色分けは存在している。しかし、破壊・破損・汚れ・落書き、あるいは寝そべりなどを警戒して、強化プラスティック製のきわめて硬い素材となっていることが多い。一方、日本の電車の座席はクッション性の高い布製であるため、傾斜や色分けがあっても、温かく、柔らかいため横になることも難しくない。つまり、乱暴に扱われ、壊されることがあまりなく、行儀よくきれいに使われることがあてにされている。そう考えると、日本の電車の座席における人間工学的な操作は中途半端にみえるが、それもまた規範意識の高さを前提にしているからであるといえるだろう。

女性専用車両、防犯カメラ、痴漢防止アプリ

２０００年代以降、テロ・性暴力対策のために電車への導入が大きく進んだのは防犯カメラだろう。１９９０年代から新宿駅などの構内では防犯カメラの設置がはじまっている。ただし、新幹線・特急電車の車両に設置があったものの、通勤電車で初めて防犯カメラが設置されたのは２００９年12月のＪＲ埼京線であるとされる。埼京線は痴漢が多いことで有名でもあった。基本的に防犯カメラは、映像の「記録」による逸脱行動の「抑止」、およびその後の捜査の「証拠」として用いられることが期待されている。実際、防犯カメラ設置以降、痴漢などの性暴力は減少したという。ただし、その後、防犯カメラが設置されていないところ、死角になりそうなところを探して行為におよぶものが現れ、ふたたび微増しているという報道もある。

１９９０年代の「痴漢は犯罪です」は、法律的規範（およびその根底にある道徳的規範）を強調することによって、性暴力を抑止しようとした。つまり「性暴力は悪い（し、懲罰が

ある）から、すべきでない」という説得による抑止だろう。しかし、防犯カメラは、露見し、逮捕される可能性の高さを示すことによって性暴力を抑止している。つまり、防犯カメラ自体が、痴漢などの性暴力を「道徳的」に抑止しているわけではない。むしろ防犯カメラによる抑止は、「性暴力は悪いから、しない」という部分を省略しつつ、「性暴力は露見するから、しない」ことを期待している。その意味で、これも環境管理型の秩序維持に近い。ただし、こうした環境管理もまた、広い意味での規範意識に支えられている。

たとえば、防犯カメラの導入は、テロ・性暴力などの犯罪対策ということを理由にして進んだ。導入にあたっては「プライバシーの侵害」という批判も根強く、「設置コストの高さ」などの困難も指摘されてきた。しかし、そのあいだも防犯カメラは増加し続け、２０２３年には「義務化」されている。したがって、そのような批判や困難があっても「犯罪対策のためには、防犯カメラを設置すべき」という規範を前提にして設置を判断しているといえるだろう。

同様のことは、１９９０年代後半に進んだ女性専用車両の復活にもいうことができる。女性専用車両の再導入は、「立場が弱く、被害の多い女性は守られるべき」という規範意識がある程度共有されていないと難しい。女性専用車両は戦前から存在しており、戦後、混雑率が悪化するなかで廃止されていた。それが復活した背景には、既述の１９９０年代における痴漢の社会問題化がある。女性専用車両は、乗客たちが加害者を取り締るような「積極的関与」よりも、被害を受けやすい女性を空間的に分離する「消極的回避」を志向している。

ただし、痴漢冤罪を避けるためには男性専用車両も必要であるという新聞投書も２０００年代から存在している。また、乗車できる車両が減るため男性に不公平ではないか、弱いのは女性だけではなく男性にもいる、そもそも男性差別ではないかといった意見もある。実際に「男性専用車両」が２０２２年から２０２３年にかけて都電荒川線で数回、有志らの自費で実施されている。しかし、鉄道事業者が男性専用車両を導入する気配はないし、定着した女性専用車両に大きな変化があるようには、いまのところみえない。女性専用車両もまた、性暴力の被害者が女性に偏っている以上、「不利な立場にある女性はとくに守られるべき」という規範意識にもとづいた配慮、こういってよければ「アファーマティブアクション」や「ポジティブアクション」とよばれる方策に支えられている。ただし、女性専用車両が他の先進国でそれほど定着していないことを考えれば、女性を隔離して守るべきであるとするこの配慮は、独特の規範意識に支えられているといえる。たとえば、イスラム教圏などでは宗教的な戒律上の理由により男女別車両が導入されているところもある。もちろん、日本社会において痴漢が問題化している以上、日本の女性専用車両はプラクティカルな対応として支持するべきだ。ただし、公共空間におけるこうした配慮は、女性を「守る」バリアにもなるが、「遠ざける」ハードルにもなるかもしれない。

このように、性犯罪・性暴力に対する認識・対応が慣習的規範から法律的規範のレベルに引き上げられるにともない、鉄道空間の環境管理化が進んでいったことがわかる。こうした変化に対して、監視社会化・管理社会化、あるいは規範の期待水準の上昇によって息苦しい雰囲気になった（「コンプラ化」）という批判があるかもしれない。しかし、被害をうけやすい女性にとって安全な空間が確保しやすくなっている以上、現状の段階では否定されるべきではないだろう。また、日本社会における「穏やかな電車」が、そうした目に見えない「規範の網の目」が縦横にはりめぐらされることで維持されてきたと考えるなら、こうした変化（性別分離を空間化・可視化すること）もその延長線上にある。

ただし、これらの変化は、人びとの規範意識が発達したというよりも、その期待水準が高くなり、コミュニケーション様式が「消極的回避」になっていたためでもあるだろう。つまり、鉄道事業者や乗客たちは、ネガティブなことが発生しないかを心配し、そのことでなにか責任を問われるのではないかとビクビクするようになる。その一方で、お互い強い関与・

介入は避けたい。そうなれば、リスク対策（やそこで必要となる支援）と消極的なコミュニケーション様式の両方をかなえてくれる予防線が欲しくなる。たとえば、２０００年代以降、ヘルプマーク、マタニティマークなどの援助・配慮の必要を表示したマークやキーホルダーなどが普及している。これは援助・配慮が必要な人に対して「積極的関与」をうながすものといえるが、その一方で被介助者が直接、声を出さなくとも視覚的に状況を伝えるという意味では、抑制的なふるまいのなかで用いることができる。そんな「優しい」意識をあてにしつつ、お守りめいたモノとして監視・管理・配慮に関わる工夫の導入が進み、「規範の網の目」と「管理のネットワーク」がさらに複雑に編み込まれていくことになる。そこでは、デイヴィッド・ライアンが指摘するような「管理＝見張り」と「配慮＝見守り」の両義性をどのようにバランスしていくのかが問われている（『監視社会』河村一郎訳、青土社、２００２年、原著は２００１年）。

情報空間で膨張・暴走する規範意識：「私人逮捕系」をめぐって

近年では、モバイルメディアによる盗撮被害も多く報告され、「エアドロ痴漢」（通信共有機能を通じて性的画像などを送り付ける行為）とよばれる新手の迷惑行為も現れている。その一方で、痴漢防止アプリなども開発されており、モバイルメディアのカメラ機能は被害者側が加害行為を記録する手段にもなる。そのため、防犯カメラを設置し、そのデータを管理・利用するのは鉄道事業者や警察だけではなくなっている。つまり、多数の乗客が所有する大量のモバイルメディアが、監視・防犯のためのカメラとして利用されうる。しかも、そこで記録されたデータはインターネット上に容易にアップロードでき、ＳＮＳ等の普及によって爆発的に伝播する環境も整っている。

インターネットという情報空間を通じて構成され、流通する「規範」は、乗客が相互のふるまいをチェックする参照点になるだけではない。インターネットの速報性・拡散性・記録性の高さは「逸脱者」への攻撃にも転化していく。いわゆる「晒す・晒される」という制裁的なコミュニケーションであり、「炎上」というメディア現象を通じた爆発的な拡散である。実際に、電車のなかの「痴漢」や「盗撮」といった犯罪のみならず、迷惑行為やトラブルが撮影され、インターネット上で拡散される例はすくなくない。

交通空間における「マナー違反」、あるいは「不愉快な現象」に対する制裁は「睨む」、「舌打ちする」、「注意する」といった形で表れ、その時・その場限りのものであった。しかし、交通空間の出来事が、インターネットという情報空間を通じて拡散・記録されることによって、問題は空間的に拡大し、時間的に延長されていく。その意味では、「人の目」のみならず、「カメラ」のまなざしが遍在化することによって、人びとの逸脱的なふるまいがこれまで以上に抑止しやすくなっているといえるだろう。ただし、その場にいない人にもみられることにもなるし、その記録が残ることで非難が継続することもあれば、思わぬかたちで過去の逸脱が掘り起こされることもある。１９９０年代後半には「視線平気症候群」と揶揄されていたが、モバイルメディアの普及によって強まっているのは、むしろ「他者の視線」だろう。たとえば、スマホのカメラ等のシャッター音がかきたてる不安や不愉快さは、基本的タブーとしての音の発生と記録の持続性・拡散性による「視線」の強さによるものと考えることができる。

　そう考えると、鉄道における規範意識が、情報技術を通じて膨張しているといいうるかもしれない。実際、そうした規範意識が情報空間を暴走していく具体的な例もある。たとえば２０２３年に注目された「私人逮捕系YouTuber」などの人びとが典型的だろう。２０１０年代後半以降、迷惑系・暴露系インフルエンサーとよばれる炎上現象を通じて注目を集め、収益を得ることを目的とした人びとが存在してきた。そうした流れのなかで現れたのが、私人逮捕系コンテンツであった。これは、迷惑行為・犯罪行為をしていると目される人を拘束し、警察に引き渡すプロセス等を撮影し、ＳＮＳ・動画サイトなどにアップロードすることで、視聴者を獲得しようとするものである。なかでも駅・電車の盗撮・痴漢、あるいは「ぶつかり男」（駅構内などで、とくに女性をターゲットにして体当たりをする人びと）を対象にした映像は、人気の高いコンテンツであった。たしかに「私人逮捕」は刑事訴訟法第２１３条に定められている。しかし、警察組織であればより慎重な手続きと法律的正当性のもとに進められる犯罪行為の検証が踏まえられないまま、コンテンツ化されることも多い。実際、２０２３年11月には私人逮捕系YouTuberが逮捕されている。公式性のある法律的規範よりも、「勧善懲悪」という人びとの道徳的規範に寄りかかりながら、逸脱行為の捕捉を見世物にしているといえる。

　これらのコンテンツは、情報空間で注目（収益）を得るために、交通空間のトラブルを素材（ネタ）にしている。いわば「電車のなかの怒り」をビジネスにしている。公的空間における規範意識の私的流用といってもいいかもしれない。そうだとすれば、交通空間の安全・安心のために情報空間を利用するというよりも、情報空間の利益・注目のために交通空間を利用するという転倒がそこにはある。もちろん、情報空間で晒される不安・恐怖がかきたてられることで、交通空間の逸脱行為への抑止効果があるかもしれない。交通空間が情報空間に拡大・延長され、公的空間が二重化することによって規範のまなざしがさらに強化される、ということだ。ただし、公式性・正当性が担保されない規範意識は、「私的流用」に反転しやすく、他者の「私的領域」の侵害にもなりかねない危ういものだろう。

５・４　ユーモアとしての車内規範

マナーにうるさい日本の鉄道はなぜ生まれた？

20世紀後半以降、日本の都市鉄道を利用する人びとは――たとえばマナーポスターに掲げられた鏡にうつった自分をみて――頻繁にみずからのふるまいを省みるようもとめられるようになった。自分で自分をチェックし、センサーの感度をみずから高める。そのようなマナーのモニタリングは、自己のみならず他者にも向けられるし、その他者から自己に対しても向けられる。マスメディアの投稿・投書、連載・特集、アンケートを通して、より多数の人びとにモニタリングが共有され、そのセンサーの感度も相乗的に高まっていく。しかも、現在では、そうした双方向的なメディアのフィードバックは、インターネットやモバイルメディアを通じて、さらに強力なものになっている。こうして自分や他人のより細かな行為が、さらに気になってくる。それまでであれば見逃されてきた行為が「迷惑」で、「不快」なものとして次々に感知されるとともに、相互の認識のズレに苛立つこともあるだろう。車内のマナーはどんどん良くなっていったはずなのに、人びとはどこか不機嫌になっていく――「マナーの時代」ともいうべき1990年代以降の鉄道は、そのような形で車内空間の秩序維持を徹底していったのである。

逆にいえば、それぞれの乗客のストレスやフラストレーションの感覚・感情が高度に発達することによって、車内秩序の細やかなモニタリングが可能になる。その結果、鉄道内部の繊細な秩序が、私たちのイライラやモヤモヤを通して維持される。それも、かつてのような大規模な暴発に至ることのない絶妙なバランスのなかで小さないざこざがくりかえされつつである。つまり、車内のマナーが高度化するほど乗客たちは不機嫌になり、乗客たちが不機嫌になるほど車内のマナーは高度化になるというフィードバックである。しかも、いまではそうしたいざこざやイライラ、それに対する制裁・報復をインターネット上の投稿で動画等としてみることもできる。

では、私たちはなぜそのような電車におけるマナーセンサーを発達させたのだろうか。まず、「鉄道都市」ともいうべき日本型の都市構造が前提となっている。そうした都市構造から発生する、長きにわたる満員電車の経験によって、ともかくおとなしく効率的に乗降することを身体で覚えたという側面も大きい。そして、それが可能だったのは、ここまで述べてきたように、車内規範の言説が、多種多様なメディアを通して、継続的・重層的に大量に流通してきたからだろう。こうした抑制的ふるまいを表示する規範言説の大量の流通は、１９９０年代に指摘された日本社会における「一般的信頼の低さ」（山岸俊男『安心社会から信頼社会へ』中公新書、１９９９年）の裏返しとして考えることもできるかもしれない。

もちろん、これらの規範は、それぞれの人びとの仕方で受容されたり、されなかったりする。マナーの内容にはゆらぎがあるし、人びとが同じようにマナーを重視しているわけではないだろう。人びとのマナーセンサー（規範の感度）もかならずしも均一ではない。とくに人びとの流動性の高い大都市にはそうしたマナーを身に付けていないニューカマーも多い。また、個人的な癖や性格の違いもあるし、たまたまぼんやりしていた、体調が悪かったなどの事情もある。したがって、鉄道マナーは、たまたま乗り合わせた、それぞれに個別の感覚・感情をもった他者たちが共に過ごしていくための規範のひとつとして提示されているにすぎない。そうであるがゆえに、ふだんから強く規範を意識している人が多いわけではないだろう。

しかし、そうしたばらつきをもちつつも、抑制的なふるまいを要求するマナー言説は社会的な場やメディア的な回路を通じて、拡散され続けている。正確にいえば、そうしたマナー言説の拡散のなかで、個々のふるまいが「ばらつき」、また「逸脱」として感知されるようになる。非難の表情・視線、口頭の注意、アナウンス、ポスター、ディスプレイ、新聞、雑誌、テレビ、インターネットなどさまざまな媒体を通じて、マナー言説が流通していく。電車のみならず、家庭、学校、職場、地域などさまざまな場のなかでマナーが語られることもあるだろう。そうすれば、適度にスルーしていたとしても、どこかで鉄道のマナーを目にする、耳にすることになる。

そういう意味では、日本社会は、良くも悪くも、静かに口うるさい社会ではあり続けてきたし、そのようにして秩序維持されてきたのではないだろうか。まるで、マナーを言い続ければ、なんとかなると思っているかのようである。そうだとすれば、そうしたメッセージを伝える相手をどこか似たような存在であるとあてにしている。しかし、そうした「同質性」という前提は崩れつつある。

前章で述べたように１９９０年代になると、マナー論争が勃発し、よりマナーの徹底が進んでいった。そうしたなか「規範劣化」論のみならず、「規範良化」論も明示されるようになったと紹介した。こうした議論は２０００年代以降も受け継がれている。たとえば『ＳＰＡ！』（２０１２年12月25日）の「『公共マナーＯＫ／ＮＧ』の境界線」と題された記事をみてみよう。同記事では、アメリカ出身のテレビタレントであるパックンは「アメリカ人はマナーを守らない、日本人はマナーを国から洗脳されている」、「マナー意識は最高だが、その反面つまらない国」であるという。その一方、格闘家の佐山聡は「現代人のマナーは乱れきっている」といい、それは武士道で重視された礼儀や作法が敗戦で否定されたからだと主張している。そしてさまざまな項目で「ＯＫ／ＮＧ」の割合のアンケート結果が掲載されている。

また、２０００年代以降、「規範は劣化したといわれるが、実は昔のほうが悪かった」という暴露戦略も定着している。「規範悪化」論が一般的に優勢にみえるからこそ、「規範良化」論が一定の訴求力、あるいは効果があると期待されているのだろう。たとえば、第２章で触れたようなパオロ・マッツァリーノや大倉幸宏、あるいは社会学者たちの著作の歴史記述を挙げることができる。それらは、２０００年代以降の主観的なマナーの改善傾向という実感とも合致している。また、「規範良化」論のさきがけともいえる三戸祐子は、第１章でも触れた『定刻発車』（２００１年）をその後、出版している。日本の安定した鉄道運行の歴史的起源を探った名著だが、日本社会の「規律正しさ」と鉄道におけるそのシステム化を描いている。この著作も昔から日本社会は「規律正しく」、それがより高度になっていると論じていると考えれば、「規範良化」論に連なる言説と考えることができる。さらに、2024年1月からTBS系列で『不適切にもほどがある!』というドラマが放映され、話題になっている。規範意識における昭和の「不適切さ」と令和の「生真面目さ」を対比的に描いており、「規範良化」論——「現在の規範のきつさ」への疲弊と「過去の規範のゆるさ」への郷愁の対立——は大衆的娯楽のひとつにまでなっている。「昭和の不適切さ」へのツッコミ役がフェミニズムの旗手とされる「令和の社会学者」であることを考えれば、規範に対する社会学的な反省は規範の内部におりこまれており、それ自体が社会学的な観察の対象になる。このように考えると、「規範悪化」論と「規範良化」論は並列しながら、現在においては後者にスライドしている。その意味では、「規範頼り」の限界が自覚されつつあるのかもしれない。

ただし、こうした「規範良化」論は読者・視聴者たちが——その限界にうすうす気づきつつも——「規範頼り」を手放さないからこそ、安心して楽しまれているのではないか。だとすれば、規範の「悪化/良化」という一見正反対にみえる言説の並列、あるいは前者から後者への漸次的移行は、いまだにマナーを高度化するフィードバック・ループを構成している。なぜなら「良くなっているはずだが、悪くなっているところもある／悪くなっているといわれるが、ほんとうは良くなっている」という「自負と不安」を循環する言説は、結局、「どちらにしても、今後もマナーを守っていこう」以外の結論にいたっているようにはみえないからだ。

いずれにしても、マナーの高度化とは別のやりかたを選択しない限り、ときおりイライラ・モヤモヤを抱きながら――それがある程度うちに秘められたり、些細なイザコザで済むかぎりにおいて――秩序維持していくしかない。現代日本において、そのやりかたを手放そうとしているようには思えないし、その解除には大きな変化が必要だろう。しばらくはちょっとした「イラッ」、「モヤッ」と付き合っていくほかなさそうではある。とはいえ、それだけが解決の方策なのだろうか。

ユーモア化するマナー：電車マナー本の自立

「迷惑行為ランキング」の登場によって、電車マナーに関する自分勝手な主張がマスキングされ、「みんなにとっての迷惑行為」が提示され、定番化するようになった。ここに電車マナーの一定の成熟をみることができる。ある意味では、電車を「マナー問題」として語り、そのマナーを分析することの有効性はここでいったん飽和を迎えている。ただし、電車のマナーについて語られなくなったわけではない。また、規範に対する意識や対応の個人差がなくなるわけでもないだろう。だとすれば、規範をくりかえし表示・参照したり、些細なことでイライラ・モヤモヤしたりしながら、殺伐とした雰囲気がときおり現れることに耐えるしかないのだろうか。

通勤電車の過ごし方を流通させる工夫は、交通道徳協会の活動、エチケットの啓蒙、マナー論争、アンケート調査、迷惑行為ランキングのようなものだけではない。たとえば、電車漫画やマナーポスターの試行錯誤、あるいはドラマ『不適切にもほどがある！』が試みたようなユーモアやアイロニーを駆使した電車マナーも存在している。いわば「イラッ」を「クスッ」に代えるようなものだろう。

ただし、これまで紹介してきた鉄道の規範は、多くの場合、生真面目な一般の規範集（作法書・エチケット本・マニュアル本）の一部として扱われるにすぎなかった。たとえば１９８０年代後半の『若いやつは失礼』も電車の若者・女性への批判は全七章の第一章でほぼ終わっており、そのあとは別の場所がとりあげられている。また、新聞・雑誌の電車マナー論も、多数ある特集・投稿のテーマのひとつとして論じられるものであった。

　しかし、２０００年代以降、そうした一般の規範集から自立した「電車マナー本」とでも括れそうな書籍がいくつか出版されている。たとえば、万大『通勤電車で座る技術!』（サンマーク文庫、２０１２年、初出はかんき出版、２００５年）、田中一郎『図解 電車通勤の作法』（KADOKAWA、２０１２年）、河村要『電車でNO!!』（幻冬舎、２０１８年）などの著作である。車内規範を指すことばとして採用されているのは「マナー」、「作法」、「技術」など多岐にわたる。それにしても「本を一冊かけて説くようなことなのか……」という――本書に向けられそうな疑問でもあるが――もっともな疑念もあるだろう。だとすれば、なぜ、２０００年代以降、「電車マナー本」がくりかえし出版されているのだろうか。

　ひとつは、現代日本の大都市にはいまだに電車通勤を経験する人びとが大量におり、都市生活におけるプレゼンスが高いためだろう。もうひとつは、一冊の本の分量になるほど、車内のふるまいに対する解像度が高くなり、マナーが詳細かつ、高度になったからではないか。だとすれば、21世紀以降に出版されたこれらの書籍は、20世紀後半以降に広がったマナー改善やマナー論争の帰結でもある。

　これらの２０００年代以降の「電車マナー本」の特徴は――電車の規範だけで一冊の本に

してしまうことそのものも含めて——ユーモアやアイロニーを用いた表現を駆使している点にある。なぜユーモアやアイロニーが重要なのかといえば、前章で述べたように「国家」や「外国」などの虎の威を借りた、上から目線のお説教が難しいためではないだろうか。しかも、規範の内容も多様化しており、激しい論争に発展する恐れもある。そのため、怒っていたはずの自分が、つぎの瞬間に怒られる側にもなる。

　こうした事態を避けるうえで重要になるのが、自分を笑ってみせる、あるいは相手を笑わせることである。語る主体に確固たる立場・資格があるわけではないため、自分の立場を笑ってみせて、お互い様だよねと相互の立場を平準化しながら説得するわけである。たとえば、このなかでは『電車でＮＯ!!』がもっとも糾弾調だが、「電車でＧＯ！」というゲームに倣ったタイトルも含めて、ユーモアがないわけではない。たとえば「私の性格が悪いのかもしれません」、「なんと嫌な大人でしょうか。そのときばかりは、善人気取りで立っている自分自身を『この偽善者！』と罵るしかありません。そんな自分をただただ嘲笑しているもう一人の自分がいるのです」と自虐も端々に挟まれており、自分で自分を観察しながら、車内のマナーを観察している様子がわかる。「ナショナリズム」や「民主主義」というような外部の理念を参照するのではなく、自省的にマナーを考察する。このような自虐や諧謔の視線は、

１９８０年代以降のセルフ・モニタリングの発展形といえるだろう。

　また、『図解 電車通勤の作法』においては「電車通勤士」という表現が用いられている。通勤電車におけるふるまいにありもしない「専門性」や「資格性」を擬態するユーモアである。電車通勤している人であれば「それなら自分も『通勤士』かもな」とくすりとする人もいるかもしれない。「そんな大げさな」とつっこむこともできるだろう。車内で「最高の眠りを得る方法」、「よだれをたらさない方法」、「降りるのだと誤解を与えてしまう、やってはいけない動作」など、冗談なのか、本気なのか、判断に困るふるまいが描かれている。

　これらの言説のもうひとつの特徴は、規範を語るというよりも、自分の〈快適性〉を追求することで車内秩序の維持が可能となると考えられている点である。１９９０年代のマナー問題では、他者のどのようなふるまいに不快を感じ、どうすれば他者に不快を感じさせないようにできるかが問われていた。しかし、２０００年代以降の電車マナー本は、自分の工夫によってどのように電車内における自己の快適さを増やせるのか、という視点が強い。

　たとえば、同書は「なにかと試練の多い電車通勤が少しでも楽になれば、日本の『総ストレス量』は随分と減るはずです。では、快適な電車通勤を実現させるにはどうしたらいいのでしょう?」（田中一郎『図解　電車通勤の作法』：10頁）と問いかける。このとき電車通勤の問題は、個々人の〈快／不快〉の問題となり、社会秩序も「ストレスの総量」として位置付けられている。とくに重要なことは、できるだけスムーズに移動するための効率性と事故・事件を避けるための安全性の確保である。

> 流れにぶつかるのではなく、受け流す。空気のように溶け込みながら乗車し、スマートに着席して「正しいポーズ」でぐっすりと眠る。周囲の乗客に気を配りながら、余計なトラブル、不毛な戦いを避ける。無駄をそぎ落とした合理的な動きはとても美しいもの。つまり快適な電車通勤は、美しい作法のもとに成り立つのです。（中略）「電車通勤士」とは、身も心も疲弊させない、スマートな乗車法を取得している人という意味を込めた造語です。公認の資格ではありませんが、電車通勤者全員がこの乗車法を会得できれば、日本の電車通勤社会は劇的に変わるはずです（田中一郎『図解 電車通勤の作法』：11−12頁）。

右記の文章には、これまで紹介してきた文化的なエチケット、科学的なテクニック、最低限のマナーのすべてが——ユーモアとともに——駆使されていることがわかる。参照すべき外部の規範よりも、自己の快適性、および安全性と効率性の追求が、結果として電車通勤の秩序を維持する。自己と他者の快適性が矛盾することもあるはずだが、ここでは他者の快適性を維持することも含めての自己の快適性となっており、マナーの維持は前提となっている。

一方、『通勤電車で座る技術！』は、通勤電車を快適に過ごすために「座る」ことにもっとも重要なポイントをおいている。そして、駅構内をどのように動き、ホームのどこに並び、車内でどこに立ち、どのように座るのがよいのか――「いかに座るか」の技術（シット・ダウン・テクニック）を極めれば、不機嫌・不愉快を減じ、快適な電車通勤が可能になる、という。一方で、「悪のマニュアル」を挙げながら、無作法なふるまいを戒めつつ、「譲り合いこそ最大の技術」としているように、最低限のマナーをふまえたうえでの技術となっている。

電車マナーと「社会の縮図」の現在地：新型コロナ禍を経て

２０００年代以降、このようなユーモアやアイロニーのある表現が許容されるようになったのは、電車の混雑率が解消されていったことを背景にしている。高度成長期の満員電車に関する言説は、あまりの混雑ぶりに自分を効率的な「物体」にするような抜き差しならないものであった。しかし、１９９０年代までに混雑率は急激に緩和され、その後、安定する。

**図表5-6：三大都市圏における主要区間の
平均混雑率・輸送力・輸送人員の推移**

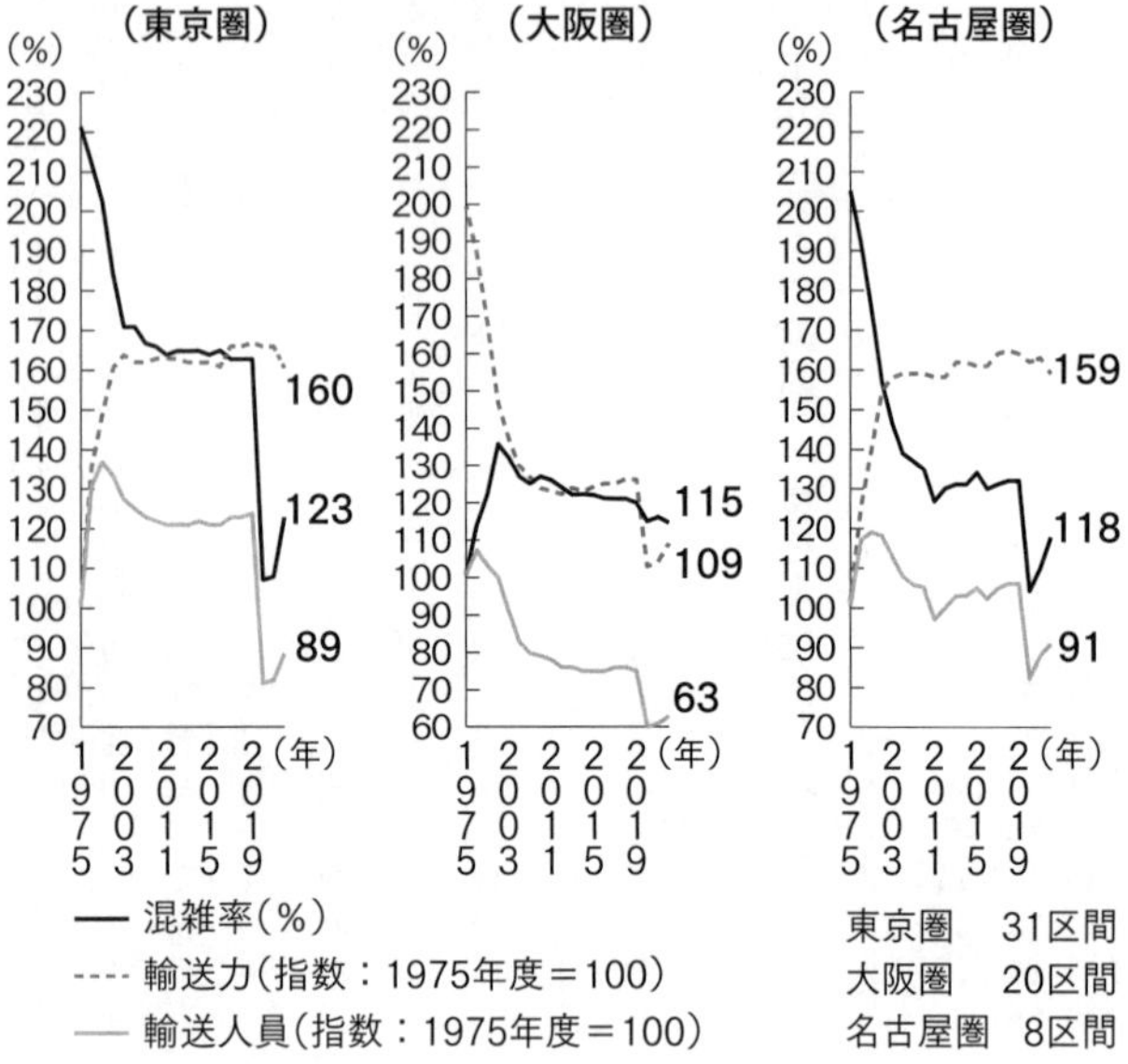

（出典）「三大都市圏の主要区間の平均混雑率の推移（2022）」令和四年度国土交通省公表

上記の図表5-6では、輸送力の増加が輸送人員の増加を大きく上回っており、鉄道事業者による継続的改善が実を結んだことがわかる。また、非正規労働の増加も含めて、労働時間の短縮やフレキシブル化という要因もあっただろう。その結果、「快適性」を追求する――うまくいけば座れるかもしれない――工夫の余地が現れ、「電車マナー本」の語り口に笑いをさそう余裕も出てきたのではないだろうか。

　しかも、コロナ禍によって混雑率はさらに急減している。たとえば、マスクの普及は、かなり強い「関与シールド」として作用するだろう。化粧をせずにすんだり、会話を抑制したりできるだろうし、またよだれをたらすかどうかもあまり気にしなくてもよくなる。その一方で、その公共交通における着脱をめぐってはコロナ禍においてはかなり激しい規範的な議論があったことは記憶に新しい。新型コロナによって、マスクなどで消極的回避を可視化し、プライベートな時間と空間を確保しやすくなったと同時に、その確保がきちんとされているかが強く問われるようになったともいえるだろう。

　１９９０年代のマナー論争は、特定の内容・評価に収束しない、規範が分散した状況を可視化した。ただし、それは「規範の劣化」や「秩序の喪失」とはいえないとも述べた。むしろ、なにが「正解」なのかが不安になるなかで、より規範に切迫する。また、説教調の啓発的言説の攻撃的な激しさには、ずけずけと遠慮のない「積極的関与」のコミュニケーション様式も残っていた（現在では、ＳＮＳ上でみることができるものかもしれない）。しかし、「マナーにもいろいろな考え方があるらしい……」となれば、できるだけ気を遣いつつ、なるべく余計なことをしないほうがましだろう。そうなれば、抑制的にふるまう「消極的回避」にますます引き寄せられる。とりわけ自虐調のユーモア的言説は、遠慮がちのコミュニケーション様式のひとつであるし、その範囲で自分の快適を追求していけばいい。そして、そんな恐る恐るのふるまいは、環境管理的な装置とも相性がいいこともすでに指摘した通りだ。鉄道規範の変化は、こうしたコミュニケーション様式の現代的変容のなかに位置付けることもできる。

「守るべきマナー」や「あるべき社会」を声高にいうのではなく、「自分は効率よく過ごしたいし、こうすると快適になる」という論法――「社会的な規範」を直接説くよりも、それを前提としつつ、「個人的な快適」の論理をユーモラスに伝達する。もちろん、こうした「個人的な快適」が他者も同様といえるかはわからない。また、こうした著作はかつてのマスメディアほど多くの人びとに読まれているわけでもないし、ニッチなものだろう。ただし、実際に読まれているかは別としても、大都市の電車通勤者たちだけが共感できるようなちょっとした「あるあるネタ」や「Ｔｉｐｓ」であり、ハイコンテクストなユーモアになっている。だとすれば、２０００年代の電車マナー本の文体は、大都市の多くのひとが毎日のように電車を利用しているからこそ成立している。逆にいえば、あまりにも細かな電車に乗る工夫は、混雑する電車にそれほど乗らない人や公共交通のマナーを熟知しない人にとっては意味がわからないか、ただ滑稽なだけだろう。

『図解 電車通勤の作法』や『通勤電車で座る技術！』に挙げられた「テクニック」中心のマナーは、メールマガジンやブログで公開され、読者からの情報・知識の募集も含まれている。「個人的なテクニック」が、インターネットという媒体とユーモアという形式を通じて、「共感や賛同」を得ながら、双方向的、またネットワーク状に集積し、マナーを前提とした「快適さ」の規範を構成していく。怒ったり、叱ったりして居丈高にいうのではなく、ユーモアやアイロニーでもって笑いあいながら、規範を共有できるようになっているとすれば、そのこと自体、マナーがかなり成熟していることの表現だろう。ただし、そのような情報ネットワークには、監視・管理の強化や「晒し行為」や「私人逮捕」等の規範意識の暴走も含まれており、それらとどのように付き合っていくかが、鉄道マナーの現在でもある。

では、「社会の縮図」としての鉄道の現在はどのようなものとしてとらえられるのだろうか。検索サイトで「電車ａｎｄ縮図」等で検索すれば、そのように鉄道を語るサイトを複数みることができる。その程度には定着しているフレーズといえるだろう。しかし、その「縮図としての社会」を、かつてのように家庭から国家までを含む「内部」として包括したり、欧米という「外部」と対照させたりして、その内包と外縁をくっきりとさせて語ることは難しい。もちろん、鉄道のマナーはいまもなお各種メディアを介して流通し続けている。「規範良化」論が知られるようになり、過去の日本や海外の文化に規範のモデルをもとめることが難しくなれば、マナーのセルフ・モニタリングは自走しはじめる。その意味では、かつてほど「社会の縮図」という大きな語り口で電車のなかを論じる必要はなくなったのかもしれない。けれども、鉄道マナーは語り続けられ、規範意識へのよりかかりが連鎖状に広がっていき、そこから外れてしまう人びとをやんわりと遠ざける——そこに、輪郭はぼんやりとしながらも、「個人的な快適」を手放さずに私たちをつなぎとめる「社会の縮図」としての公共交通の現在地を見出すことができるのではないか。公共交通においてもとくにみられたように、新型コロナ禍における日本社会の「自粛」の強さは、そうしたことをよりみえやすくした機会だったといえるだろう。新型コロナ禍とそれへの対応は、ある意味では、日本社会にハマリすぎていたのかもしれない。

現代日本の「穏やかな電車」は、遠慮がちで、控えめの消極的なコミュニケーションによって支えられているが、その細やかさはしなやかに私たちを縛る「網の目状の糸」となっている。その繊細な糸は切れやすく、切れてしまえば、「穏やかな電車」は、本書冒頭のような苛立たしい容貌になる。不機嫌さと隣り合わせの穏やかさ——それは本書で描いてきた鉄道規範の歴史のなかで形作られた現代日本の姿のひとつである。ただし、そうしたマナー感覚を共有しない人にはそもそも見えない糸であろうし、そのような感覚をあてにできなくなれば、日本の公共交通の在り方も変わるだろう。

おわりに、あるいはon the move：公共交通の比較社会学、そして移動の社会学へ

ここまで日本における鉄道乗客の規範言説の歴史と現在を分析してきた。近代的なテクノロジーとシステムとしての鉄道が日本社会に導入され、広がり、定着していくなかで、多数の多様な人びとが車内に乗り合わせることになる。こうした大量の人びとがいかにして安定的・効率的に乗降し、共に在ることができるのか——鉄道の規範は、そうした課題を背負っていたといえる。また、そこが「社会の縮図」とくりかえしいわれてきたのは、日本の大都市が鉄道システムを都市構造と都市生活の基礎にしたためでもあった。この「社会の縮図」としての鉄道には、その外部にある家族、生産、消費、ジェンダー、コミュニケーション、メディア、テクノロジー、国家などの変化がもちこまれ、その内部の秩序や規範が問われ続けることになる。

たとえば、戦前・戦中期には「交通道徳」ということばで規範を説諭し、車内空間を「家庭の延長」として位置付け、内部化することで秩序維持をはかった。それは「想像の共同体」ともいわれるナショナリズムの理想に合致するものであった。しかし、戦後になると「エチケット」という欧米由来のことばで規範を啓発し、車内空間を市民社会的・民主主義的な秩序として実現しようとする。その一方で、高度成長期になると満員電車の混雑はピークに達し、通勤ラッシュは乗客たちが科学的テクニックを駆使しながら、物体・物質のようになって効率的に乗降する時間と空間となった。こうした変化にともない、車内空間を「家庭の延長」として内部化することは困難となる。むしろ、家庭という「私的空間」から分離し、外部化した「公的空間」としての秩序維持が試みられる。とりわけ20世紀後半になるとエチケットよりも「マナー」という用語が一般的になり、規範の比重も「積極的関与」から「消極的回避」へと移っていく。このときマナーは、つかのまの他人同士としての人間関係を維持するための最低限の部分を担うとされた。しかし、各種メディア上のマナー論争を経ることで、規範はより細やかなものになり、その期待水準が上がっていくことになる。

　おおむね穏やかだが、ひとたび踏み外すとご機嫌斜めの面持ちになる日本の電車——それは人びとが相互にセルフ・モニタリングしながら、高度なマナーという気遣いのネットワークをはりめぐらせるなかで形成されてきたものといえるだろう。そして、そのような規範意識は、現代社会のなかで情報技術や各種工学を用いた環境管理化と相互に支え合いながら、より緻密なものとなっている。

ただし、マナーとよばれる規範を重視することだけが、公共交通の秩序形成の唯一の方策ではない。しばしば指摘されるように日本社会のマナーは特異ともされる。この点は、ケータイマナーの厳しさについてのところでも触れた。だとすれば本書の分析は、公共交通の比較社会学、あるいはより広く移動の社会学へと展開できるだろう。

たとえば、シンガポールであれば、電車での飲食、ゴミのポイ捨て、ドリアンの持ちこみなどに罰金が科せられている。このように「法律的規範」（ルール志向）に則って公共交通を利用する人びとを厳格に統御（他者管理）することもできる。

一方、アメリカの地下鉄は治安状況によって独特の緊張感が漂っている。１９８０年代には「無法状態」と表現されるようになり、90年代に回復したとされるが、ふたたび治安が悪化しているという（『東京新聞』２０２２年5月11日）。ニューヨークの地下鉄もかなり事細かに罰金が定められ（ルール志向）、警備・警察の巡回も多いが、安全確保のためにはマナーよりも「自衛」（自己決定）に頼らざるをえないところがある。そして、その冷たく硬い椅子は、日本で期待されるような規範をあまり信じていないことを表現している。

インドなどの国では、ドアを開け放したまま乗客がはみ出した状態で鉄道が運行されている地域がある。車両が動いたまま飛び降り・飛び乗りがされることもある。そういう状態で乗降するため、助け合いが必要になることもあるし、車内もずいぶんと賑やかだ。日本社会からみると危険極まりないのだが、もっとそれぞれの個人や状況任せの「おおらかなマナー」で利用されているといえるだろう。

このように公共交通の仕組み、利用の仕方、秩序のありかたはかなり多様なものといえる。図表6－1の見取り図はあくまで便宜的・理念的なもので、より実地調査をして検証する必要がある。当然、どのような地域にも特有のルールやマナー、自己決定や他者管理は存在する。したがって、日本社会のようにマナーに偏重した秩序維持以外の可能性を示したものと考えてほしい。

本書では「公共交通には大量の多様な人びとが乗り合わせる」と何度も書いてきた。しかし、そこで想定される「多様性」や「異質性」は日本より高いことも多く、治安感覚もかなり異なる。そういう意味では、日本のほうが特殊だろう。日本社会における鉄道規範の歴史を追ってきたが、後発型近代であるがゆえに欧米にキャッチアップしようとして、それに対

図表6-1：車内秩序の四象限

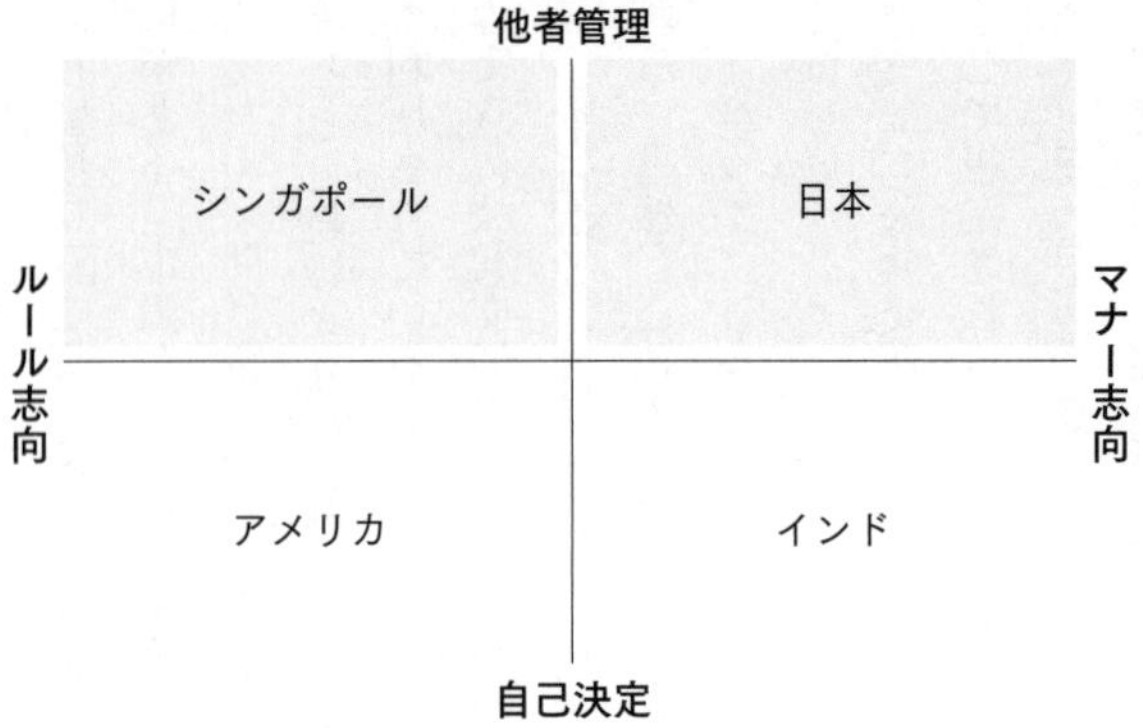

抗したり、追従したりしながら、それ以上の規範意識をインストールしてしまった——そして似て非なるとされる交通文化をつくりあげてきた——ようにみえる。

もちろん、日本社会においてもセキュリティ意識は高まっている。また、日本社会における「多様性」と「異質性」がどのようになるかはまだ見通せない。それが大きく変わるようであれば、マナー頼りの日本の公共交通は大きく変わるかもしれないし、ふたたび「マナー問題」が活況を呈するかもしれない。ただし、シンガポールのルール志向型やアメリカの自己決定型が主流になるようには、いまのところみえない。かといって、インドなどのような「鷹揚さ」でもって日本の公共交通を運営することは難しいだろう。日本の鉄道システムはあまりにも緻密に組み立てられているし、乗客たちの規範意識や身体感覚もそうしたあっけらかんとした「自由さ」に耐えられないのではないか。本書で述べてきたように、乗客たちのマナー感度の高さは鉄道システムの緻密さの一部でもあるし、そのような細やかさによって電車の「穏やかさ」は維持されている。２０００年代以降の公共交通において並存した規範の「悪化論／良化論」という正反対の言説が「マナー頼り」というコインの表裏であることは、他国との比較においてよりはっきりするだろう。ただし、そうした秩序維持の手法はつねにあたりまえではないし、大きく変化することもありうる。

ほかにも、ロンドンの地下鉄構内にはストリートミュージシャンの演奏スポットが用意されており、パリの地下鉄の電車内ではミュージシャンが乗り込んできて、チップを要求することもある。私自身、パリの地下鉄車両のなかでホームレスらしき人が書籍の一部を朗読してお金を要求されたことがあった。公共交通であっても、抑制的ふるまいだけが求められる「消極的第三空間」のみならず、表現活動にも一部解放された「積極的第三空間」になっているといえるだろう。

近代的なテクノロジーとシステムとして世界的に普及した鉄道だが、それがどのように導入、運営、利用されるかにはすくなからぬ差異がある。また、「社会の縮図」的言説も鉄道という公共交通以外に見出されることもあるだろう。本書でも「社会の縮図」という言説が日本の鉄道においてくりかえされ、それが公共交通の秩序維持のためにいかなるものとして召喚されてきたかを考えてきたが、そこで参照される「社会」は一様ではなかった。その意味で、公共交通に関する研究は、歴史と比較へとさらに開かれている。

近年では、社会をひと・もの・ことの「動き」のありようとしてとらえる「モビリティ論」や「移動の社会学」が現れている（ジョン・アーリ『モビリティーズ』作品社、吉原直樹・伊藤嘉高訳、２０１０年、原著は２００８年）。ただし、ともすれば抽象的な議論に終始することもあるし、モビリティ論の前身であった観光社会学的な研究がいまなお主流にみえる。社会学の王道ともいえる社会移動論（地域・階層の移動研究）をリバイズしたものをモビリティ論と指すこともある。これらの研究の重要性は疑いえないが、本書でおこなってきたのは、もうすこし具体的な、身体をもった人びとの日常的な動きのありようのひとつであった。「鉄道都市・東京」といういいかたを用いたように、こうした移動は鉄道に限らないし、都市と交通の関係も別様にありうる。「移動の社会学」もまた、より多様な移動現象へと開かれている。

あとがき

本書は、社会的関係の結節点として編み込まれた個人的経験から生まれています。そして、そこで育まれたもつれのような謎を別のかたちで辿りなおし、解きほぐすようにして書かれました。

いつも思い出すのは、父親の転勤にともない三重県から東京都に転居した小学生のときのことです。引っ越してすぐのころ、親と一緒に電車に乗っていると、どういう理由かはわからないのですが、大きな声で怒鳴っているおじさんが車両を右往左往していました。周りはちらっとそちらをみるだけで平気そうにしているのですが、大都市の電車に乗りなれていなかった私はすこし怖かったことを覚えています。また別の機会に、自分と同じくらいの年頃の制服姿の小学生がひとりで電車に乗っているのをみたときも、とても驚きました。すごく大人びてみえて、都会の子はかっこいいなと思った記憶があります。田舎の子どもだった私にとって最初の都市経験は、怖いようにも思えた電車をひとりでうまく乗りこなせるようになることでした。いま思えば「子どもだけで電車通学」は日本の都市と交通の特徴を表現しているようにもみえます。

高校生のとき、郊外から都心の学校に一緒に電車通学したA君のことも忘れられません。電車ですれちがうことがあった他校の女子生徒から彼がいつのまにか手紙をもらっていたと聞いたときは、「そんなこともあるんだなぁ」とびっくり。私にはそうしたことはついぞありませんでしたが、いまなら電車も「(積極的)第三空間」になることもあるのだなと思えます。本書ではマナーという規範を扱ったため、やや息苦しく、お説教めいた言説が多くなったかもしれません。もちろん日本の「穏やかな電車」はそうしたマナーに支えられているというのが本書の論点です。その一方で、文芸、漫画、映像などの作品における電車の描写を扱えば、日本の電車の安らぎやフレキシブルさにもっと焦点をあてることができるように思います。

さて、大学に進学するまでには電車通学にもだいぶ慣れていました。けれども、大学でバックパッカーのような旅行をして海外の公共交通を利用するようになると、今度は日本の電車のありようが特殊にみえてきました。学部ゼミの恩師である浜日出夫先生が電車のなかをテーマのひとつにして社会学のお話をされており、こういうことも研究テーマになるのだな、と思ったこともきっかけのひとつだったと思います。そのときにお話しされていた内容は、有斐閣の『新版　社会学 New Liberal Arts Selection』に所収されています。その意味で、本書は浜先生の学恩に負っています。ただ、このころはまだ自分も父親のように「サラリーマン」になって通勤するようになると思っていましたし、父親もそう思っていたようです。結局、その期待には応えられず、社会学的な都市論を専門とする若林幹夫先生にあこがれて大学院にうっかり進学してしまいました。そこで戦前期東京の公共交通に関する歴史社会学的研究で博士論文を書くことになりましたが、若林先生の都市論のコアのひとつにK・マルクスのいう「交通 verkehr」があったことはいまでも大きな支えになっています。若林先生に受けた学恩はまだお返ししきれていませんが、本書を先生の都市論の高みを仰ぎ見るときの自分なりの一里塚にして、今後も都市論を続けていきたいと思っています。いずれにしても、本書がなにがしかの社会学になっているとすれば、浜先生から社会学の「秩序問題」を、若林先生から都市論の「モダニティ」を、二つの根本問題として学ぶことができたからです。ありがとうございます。

このころすでに21世紀に入っていましたが、20世紀的な「サラリーマン文化」も大きく変容しており、自分もそれとは異なるキャリアをたどることになりました。けれども、いまの自分があるのは父親が毎日、満員電車で通勤してくれたからだと思います。現在の私も電車通勤をしていますが、職業柄、時間の使い方は比較的フレキシブルです。むしろ、毎日決まった時間に電車通勤しているのは妻のほうです。かつて高校の美術教師だった母親は専業主婦になり父親の通勤生活を郊外で支えましたが、いまであれば仕事を続けて、同じように電車通勤をしていたかもしれません。ここにも通勤文化の現代的変容をみることができます。その意味で、本書の執筆は電車通勤を担ってきた家族に多くを負っています。とくに感謝を記しておきたいと思います。

また、編集担当の杉本洋樹さんにもお礼を申し上げます。本書のテーマは、新入社員向けの研修で当時新入社員だった松井美晴さんのアイデアとして出され、それを杉本さんが引き取ったと伺いました。博士論文執筆後、気のおもむくままいろいろなテーマで論文を書き散らしてきたものの、戦後の都市交通については棚上げになっていました。すこしずつ資料を集めてはいたのですが、その膨大な資料の海におぼれて「うーん、だいぶ時間がかかりそうだなぁ」などと言い訳をして、みてみないふり。そんなときにこのタイトルでの依頼があり、はからずもその数週間前に冒頭のように電車で怒られたことを思い出し、「あ、このコンセプトなら、とりあえず通して書けるかもしれない」と決心できました。正直にいえば、中間まとめとしてここでなにか書かないと、結局、書かずに終わるという恐れもありました。そんな偶然がいくつか重なり、あわてて乗りこんで、たまたま電車で乗りあわせたかのようにして本書の企画は進みました。杉本さんが節度あるマナーでもって、最後まで本当に丁寧に付き添ってくださったおかげでなんとか書き終えることができました。そして、最初のアイデアを出してくださった松井さんがいなければ、本書は発車しなかった企画です。ありがとうございました。

日本女子大学の同僚である遠藤知巳さんとは、いつも笑いながら研究の話を楽しくさせていただいていますが、本書についても重要なアドバイスをいただきました。とくに、その怪物的著作『情念・感情・顔』を読み直しながら（まだ理解しきれていないところが多々ありつつも）、自分にできる範囲で本書を「日本社会論」として書くことを意識することができました。また研究者としての先達である慶應義塾大学の近森高明さん、横浜市立大学の角田隆一さんにも、いつものようにとても的確なコメントをいただきました。そのほかにも感謝を述べなければならない方は多くいらっしゃいますが、ここでは割愛させていただきます。

私は、いわゆる「鉄道オタク」ではありません。ですから本書は、「非鉄オタ」、あるいは一般的な乗客の鉄道論になっていると思います。ただし、普通の社会人としても私の鉄道の知識はだいぶこころもとない。いつものルートならいいのですが、そこから外れるといまでもよく乗り間違えたり、駅で迷ったりしています。最近、駅が大きく変化し、路線が複雑な大都市で暮らしていると、それがけっこう普通だったりするのでは……と言い訳めいたことを思ったりもしますが、どうでしょうか。とはいえ、かりにそうだとしても、鉄道網、車両、技術、仕組みの変化についてのもっと詳細な知識をもとにして分析できたところも多いと思います。交通史・鉄道史には多くの優れた専門的研究者がいますし、鉄道関係のライターのかたも多くいます。こんなことまで調べているのかと思わされることもあり、こういってよければ「鉄オタ業界」の裾野の広さに圧倒されることもしばしばです。本書も、直接言及しなかったものも含めて、そうした多数の研究・文献を参考にしていますが、「鉄道好き」の方たちの知識に私自身はおよぶべくもありません。「鉄道好き」ではなかったからこそ、本書を社会学的な記述として書き通せたと思いたいのですが、その一方で鉄道一般に関する思わぬ間違いや基本的な知識不足もあると思います。読者諸賢にご教示いただければ幸いです。また、調べきれなかった資料やテーマも多くあります。マナーポスターにしても営団地下鉄

（東京メトロ）のものを主として扱っており、他の事業者のものをみれば地域性（関東・関西等）や路線文化などが明らかになるかもしれません。

掘り下げが不十分で、誤りも多くあるだろう本書の内容は〈on the move〉の状態です。私はここでいったん下車しますが、別のかたちで乗り継がれることがあればとてもうれしいです。

田中大介（たなかだいすけ）

1978年生まれ。日本女子大学人間社会学部教授。慶應義塾大学文学部卒業、筑波大学大学院人文社会科学研究科修了。現代都市のインフラ（公共交通、消費空間、情報環境など）について社会学的に研究している。共編著に『ネットワークシティ』（北樹出版）、『ガールズ・アーバン・スタディーズ』（法律文化社）などがある。

電車《でんしゃ》で怒《おこ》られた！　「社会《しゃかい》の縮図《しゅくず》」としての鉄道《てつどう》マナー史《し》

2024年6月30日初版1刷発行

著　者 ―― 田中大介
発行者 ―― 三宅貴久
装　幀 ―― アラン・チャン
印刷所 ―― 萩原印刷
製本所 ―― ナショナル製本
発行所 ―― 株式会社光文社
東京都文京区音羽1-16-6（〒112-8011）
https://www.kobunsha.com/
電　話 ―― 編集部03(5395)8289　書籍販売部03(5395)8116
制作部03(5395)8125
メール ―― sinsyo@kobunsha.com

　ISBN 978-4-334-10351-4

光文社新書

1314

ナショナリズムと政治意識

「右」「左」の思い込みを解く

中井遼

政治的な左右と結びつけられがちなナショナリズムの概念を政治学の知見と国際比較からとらえなおし、日本人の政治意識が世界においてどれだけ普遍的もしくは特殊なものであるか検討する。

978-4-334-10323-1

1315

電車で怒られた！

「社会の縮図」としての鉄道マナー史

田中大介

「バッグが当たってんだよ！」。時に些細なことで殺伐とする電車内。なぜ人は電車でイラついてしまうのか？「車内の空気」の変遷を丹念にたどり、その先にある社会までを見通す一冊。

978-4-334-10351-4

1316

なぜBBCだけが伝えられるのか

民意、戦争、王室からジャニーズまで

小林恭子

大戦による「危機」、政権からの「圧力」、そして王室との「確執」まで——。報道と放送の自由のために、メディアは何と向き合ってきたのか？ 在英ジャーナリストと辿る「BBCの一〇〇年」。

978-4-334-10352-1

1317

「ふつうの暮らし」を美学する

家から考える「日常美学」入門

青田麻未

家の中の日常に「美」はあるか？ 椅子、掃除、料理、地元、ルーティーンを例に、若手美学者が冴えわたる感性で切り込む。「美学」の中でも新しい学問領域、「日常美学」初の入門書。

978-4-334-10353-8

1318

フランス　26の街の物語

池上英洋

フランスの魅力は豊かな個性をもつそれぞれの街にある——。美術史家が、人、芸術、歴史、世界遺産の観点から厳選した26の街を訪ね歩き、この国がもつ重層性と多面性を、新視点で綴る。

978-4-334-10354-5